U0934399

余映潮

YU YING CHAO

中学语文散文名篇教学实录及评点

余映潮 ◎ 著

长江出版传媒 | 长江文艺出版社

图书在版编目（CIP）数据

余映潮中学语文散文名篇教学实录及评点 / 余映潮著. -- 武汉 : 长江文艺出版社， 2017.6（2020.12 重印）
ISBN 978-7-5354-9625-6

Ⅰ. ①余… Ⅱ. ①余… Ⅲ. ①阅读课－课堂教学－教学研究－中学 Ⅳ. ①G633.332

中国版本图书馆 CIP 数据核字(2017)第 075895 号

责任编辑：黄海阔　　　　责任校对：毛　娟
封面设计：周　佳　　　　责任印制：邱　莉　杨　帆

出版：长江出版传媒 | 长江文艺出版社
地址：武汉市雄楚大街 268 号　　邮编：430070
发行：长江文艺出版社
电话：027—87679360
http://www.cjlap.com
印刷：荆州市翔羚印刷有限公司

开本：710 毫米×970 毫米　1/16　印张：19.375　插页：1 页
版次：2017 年 6 月第 1 版　　2020 年 12 月第 2 次印刷
字数：239 千字

定价：36.00 元

自 序

在中小学课堂阅读教学的创新与实践中，我重点关注三个方面的研究。

第一个方面的内容是“站位”较高的起着“制高点”作用的教学理念的建立。如对什么样的课是好课的教学研究，我提出了8个方面的观点：

“充分利用课文，有效设计学生的实践活动”的课是好课
“非常重视‘语言学用’的教学”的课是好课
“教给方法，训练技能”的课是好课
“教学思路明晰”的课是好课
“课堂提问简洁”的课是好课
“集中教学视点，增加训练力度”的课是好课
“教材处理既‘得体’又‘得法’”的课是好课
“提高效率意识，崇尚教学技艺”的课是好课

为此我撰写了8篇长文共约40000字来阐释这些观点，它们连载于湖北省《新课程研究》2014年至2015年的杂志上。首篇文章刊出时，刊物的主编还特地加上了“编者按”：

> 好课是一种追求，好课是一个美梦。能够上出一堂公认的好课，对于每一个老师来说，都是一种极大的精神享受。
>
> 只是说到“好课”，说到“公认”，就很不容易了。因为这是一个充满争议的话题。课堂教学的即时性、开放性和不确定性，使“好课”

的界定标准呈现开放、多元态势，不同学科、不同内容、不同类型的课，评价标准也各不相同。对于什么是“好课”，众说纷纭，莫衷一是，专家、学者、教师都有各自的一番见解。但是，也有例外。那就是各个学科处于全国领跑者地位的老师，大家对他们的课好评如潮，如余映潮先生。

余映潮先生既是一线老师，又是资深教研员，还是著作等身的学者，是名副其实的语文教学专家。

余老师在对课堂教学深入思考和研究的基础上，对“好课”有自己独特的见解，形成了一套先进的教学设计理念。他认为“好课”是有较高的教学效率的课，“好课”是学生能够充分地占有时间，能够在教师的指导下学习语言、习得技能、发展智能与训练思维的课。

在对好课研究热情持续高涨的情况下，由他来谈谈什么是好课，那是再合适不过了。从本期起，我们将发表余映潮先生的“好课系列”，希望能够引起大家广泛关注。

第二个方面的内容是关于高效的课堂阅读教学设计的基本规范及实施要领的研究。

我提出了关于高效阅读教学的“六关注”：

关注语言学用
关注技能训练
关注知识渗透
关注集体活动
关注气质养成
关注时间效益

我提出了关于“教学设计”的基本要求：

非常讲究“课文研读”

十分重视“教学思路”
关键在于“课堂活动”
时时关注“能力训练”
精心考虑“积累丰富”

我提出了关于“高效课堂”的五“有”要求：

有集体训练
有语言训练
有技能训练
有动笔训练
有当堂训练

我提出了关于“改变陈旧或时髦的技能弱点”的八“变”：

变“教学课文”为“利用课文”
变“轻慢语言”为“着力学用”
变“泛谈感受”为“精读训练”
变“碎问碎答”为“实践活动”
变“思路不清”为“板块思路”
变“读过问过”为“积累丰富”
变“只读不写”为“读写结合”
变“平俗手法”为“高雅教学”

还提出了优秀教师提高课堂教学技能需要突破的五个关口：

第一关：高强的研读教材的本领。
第二关：利用教学资源设计学生丰富的课堂实践活动的能力。
第三关：精于语言学用、技能训练和知识渗透的教学。

第四关：胜任文学作品特别是小说作品的欣赏教学。

第五关：克制教学中的一切碎问与碎读；回避平俗手法。

上述我所提出的观点、看法、做法与要求，我都通过自己的课堂教学实践进行了充分的验证。

第三个方面的内容是关于文体教学特点的研究与实践，特别关注文学作品教学的特点的研究。

我这样阐释过中小学阶段的文学作品的教学：

一要梳理、明确文学作品教学的基本任务。

根据新课标的说法并参考教学评价的有关内容，可对小学阶段、初中阶段文学作品教学的基本任务作如下梳理：

1. 指导学生区分写实作品与虚构作品。

2. 指导学生了解诗歌、散文、小说、童话、寓言、神话、戏剧等文学体裁的基本特征及主要表现手法。

3. 在文学作品的朗读训练中感受、品味、传达作品的思想内涵和感情倾向，从而提高修养，涵养心灵，培养气质，养成高雅的艺术趣味。

4. 在教学中指导学生感受文学作品美的语言，品味美的语言，积累美的语言，学用美的语言，通过阅读欣赏的训练，提升能力，陶冶情性。

5. 训练、指导学生感受形象，品味手法，体会艺术表现力，从中获得对自然、社会、人生的有益启示。

6. 进行语感训练，进行审美教育，进行美的熏陶，培养学生的审美意识和审美情趣，促进学生情感的丰富和发展。

7. 在教学之中指导学生精细阅读一定数量的文学作品课文；落实对学生的朗读、概括、划分、品析、欣赏、阐释、评价等基本阅读能力的训练。

8. 指导学生积累数量众多的文学常识；背读、积累一定数量的经典文学作品或片段；积累一定数量的文学术语。

9. 学习、欣赏中国古代优秀作品，为形成一定的传统文化底蕴奠定基础。

10. 在7~9年级，可通过考查学生对形象、情感、语言的领悟程度，来评价学生初步鉴赏文学作品的水平。

明确这些基本任务的目的，是让我们对文学作品的教学内容与难度有比较全面、清醒的认识并提醒、警示自己：文学作品的教学，对教师的教学能力、教学技艺提出了严峻的挑战。

二要训练与提高语文教师对文学作品的欣赏能力。

比如对课文《临死前的严监生》的品读。

临死前的严监生

自此，严监生的病，一日重似一日，再不回头。诸亲六眷都来问候。五个侄子穿梭过来陪郎中弄药。到中秋已后，医家都不下药了，把管庄的家人都从乡里叫了上来。病重得一连三天不能说话。晚间挤了一屋的人，桌上点着一盏灯。严监生喉咙里痰响得一进一出，一声不倒一声的，总不得断气，还把手从被单里拿出来，伸着两个指头。大侄子走上前来问道："二叔，你莫不是还有两个亲人不曾见面？"他就把头摇了两三摇。二侄子走上前来问道："二叔，莫不是还有两笔银子在那里，不曾吩咐明白？"他把两眼睁的滴溜圆，把头又狠狠摇了几摇，越发指得紧了。奶妈抱着哥子插口道："老爷想是因两位舅爷不在眼前，故此记念。"他听了这话，把眼闭着摇头，那手只是指着不动。赵氏慌忙揩揩眼泪，走近上前道："爷，别人说的都不相干，只有我晓得你的意思！你是为那灯盏里点的是两茎灯草，不放心，恐费了油。我如今挑掉一茎就是了。"说罢，忙走去挑掉一茎。众人看严监生时，点一点头，把手垂下，登时就没了气。

对于此文，语文教师应该读出这样一些基本的内容与味道：

人物形象是文学作品中主要运用描写的手法塑造出来的有一定性格特点和代表意义的人物。课文中的严监生，是一个典型的吝啬鬼形象。

对特定的时间与地点中的多个人物的活动及其氛围所进行的描写叫作场面描写。课文中的场面描写是在严监生的“屋”中展开的。“屋”是这个故事的“场景”。

对人物从神情、语言、动作、心理等细节方面所进行的描写是细节描写。课文对故事中的人物进行了语言简练、角度精彩、入木三分的细节描写。

文学作品中塑造人物形象、表现故事情节、渲染情景氛围、表达故事主题所运用的具体的表现方法叫作表现手法。《临死前的严监生》中的细节描写，处处有讲究，处处有手法，每一处的描写都有生动丰富的表达效果：

“病重得一连三天不能说话”点示了故事的背景，“喉咙里痰响得一进一出”非常巧妙地设置了严监生用手势与人“对话”的情景，“五个侄子”、“晚间挤了一屋的人”是后续故事中众人问话的铺垫，“桌上点着一盏灯”为整个故事埋下了精彩的伏笔，“伸着两个指头”设置了故事的悬念，大侄子、二侄子、奶妈、赵氏询问的反复描写渲染了氛围、写出了波澜、多角度地表现了严监生的生活细节，对严监生动作神情不同角度的描写极为生动表现了人物的心理活动，“忙走去挑掉一茎”是对前文“点着一盏灯”、“两茎灯草”的照应，作者在描写中运用反复、渲染、夸张的手法表达了对严监生的深刻讽刺……

这样一些理解与赏析的内容，不论在教学中用不用得上，都是语文教师应该品析得出来的。语文教师有了一定的欣赏水平，就能够对学生进行知识熏陶，进行潜移默化的影响，而决不至于荒唐地让学生在课堂去做严监生的“代言人”，或者让人匪夷所思地叫学生对严监生“说一句话”。

三要着力设计文学作品富有美感的课堂实践活动。

研究文学作品的教学设计，要尊重阅读教学的基本规律。即，文学作品的教学，同样要落实阅读教学的基本训练任务：注重语言的积累、感悟和运用，注重基本技能训练，让学生打好扎实的语文基础。研究文学作品的教学设计，要突现其本身的基本特征。即，聚焦于体味文学作品的美感，让学生在审美的学习氛围中提升能力，增加知识，陶冶身心。如下面一些美好的课中活动设计的角度：

美在朗读吟诵，
美在发展语感，
美在品词论句，
美在感受形象，
美在欣赏手法，
美在趣味写作，
美在积累知识，
美在习得术语。

大多数教师在教学之中不关注术语的运用，教学语言贫瘠，教学缺乏美感，所以在文学作品的教学之中，教师应该先有习得术语的义务。诸如思路、层次、节奏、韵律、意境、意象、景语、情语、联想、想象、描述、抒情、画面、色彩、实写、虚写、比喻、象征、铺叙、用典、情味、意味、主旨、意蕴等，都是可以自然地渗透于教学之中的。

我的散文阅读教学的实践与研究，首先做到符合上述内容的原则、高度、深度、美感等方面的要求。

本书编选的20篇经典散文的教学实录，无一不遵循非常讲究“课文研读”、十分重视“教学思路”、关键在于“课堂活动”、精心考虑“积累丰富”、时时关注“能力训练”的教学设计要求。也无一不实践“板块思路、主问设计、诗意手法”的技术标高，但同时也表现着我自己在散文教学方面的一些细节性的探索。

我认为，在散文的教学上，或者说在文学作品的教学上，语文教师需要有足够的专业水平与教学能力。大体而言，需要有五个方面的熟练技能。

一是“资源提炼能力”

语文教师的第一教学能力，就是提取、组合课文中的教学资源，由此才可能形成学生实践活动设计的"抓手"。

如课文《春》的读写训练资源：除了字音字形认读、学用雅词习练、美妙叠词积累、精妙用词品析等教学资源，还有更为美好的可用教学素材：

1. 句式学用的丰富材料：

①山朗润起来了，水涨起来了，太阳的脸红起来了。②嫩嫩的，绿绿的。园子里，田野里，瞧去，一大片一大片满是的。③踢几脚球，赛几趟跑，捉几回迷藏。④风轻悄悄的，草软绵绵的。⑤红的像火，粉的像霞，白的像雪。⑥像牛毛，像花针，像细丝。⑦有名字的，没名字的，散在草丛里像眼睛，像星星。⑧舒活舒活筋骨，抖擞抖擞精神。⑨有的是工夫，有的是希望。

2. 语感训练的美好段落：

小草偷偷地从土里钻出来，嫩嫩的，绿绿的。园子里，田野里，瞧去，一大片一大片满是的。坐着，躺着，打两个滚，踢几脚球，赛几趟跑，捉几回迷藏。风轻悄悄的，草软绵绵的。

3. 可进行分区描写、以物衬景、虚实结合等美点品析训练的美段：

桃树、杏树、梨树，你不让我，我不让你，都开满了花赶趟儿。红的像火，粉的像霞，白的像雪。花里带着甜味儿；闭了眼，树上仿佛已经满是桃儿、杏儿、梨儿。花下成千成百的蜜蜂嗡嗡地闹着，大小的蝴蝶飞来飞去。野花遍地是：杂样儿，有名字的，没名字的，散在草丛里像眼睛，像星星，还眨呀眨的。

4. 多种感官写景、由物及人、修辞手法优美的可供背诵的美段：

"吹面不寒杨柳风"，不错的，像母亲的手抚摸着你。风里带来些新翻的泥土的气息，混着青草味儿，还有各种花的香，都在微微润湿的空气里酝酿。鸟儿将巢安在繁花嫩叶当中，高兴起来了，呼朋引伴地卖弄清脆的喉咙，唱出宛转的曲子，跟流水轻风应和着。牛背上牧童的短笛，这时候也嘹亮地响着。

5. 由叙而议、结构明晰的可供段落仿写的材料：

天上风筝渐渐多了，地上孩子也多了。城里乡下，家家户户，老老小小，也赶趟儿似的，一个个都出来了。舒活舒活筋骨，抖擞抖擞精神，各做各的一份儿事去。“一年之计在于春”，刚起头儿，有的是工夫，有的是希望。

6. 表现“以实写虚”手法的精妙结尾：

春天像刚落地的娃娃，从头到脚都是新的，它生长着。

春天像小姑娘，花枝招展的，笑着，走着。

春天像健壮的青年，有铁一般的胳膊和腰脚，领着我们上前去。

……

在善于提炼教学资源的教师的眼中和手中，课文中可以用于语言学用、技能训练活动的材料比比皆是，有了这样的资源提炼，扎实优美的阅读活动就能生动有序地进行。

二是“朗读吟诵能力”

“朗读”是什么？

朗读，是对作品进行品味、感受的阅读活动。

朗读，是进行语言、情感熏陶的一种学习方法。

朗读，是讲求语音准确、语流顺畅的充满诗意的文学活动。

朗读，是用声音来传达作品内蕴的丰富细腻的情感活动。

朗读，是让同学们认知文字、感受声律、体味词句、领会情感、品味意境、发展语感的充满情致的实践活动。

朗读，对学生进行着审美熏陶，进行着情感陶冶，进行着气质培养。

朗读，是语文教师课堂教学中的一道风景。

所以，优美朗读一定要是语文教师的一种基本的教学能力；美的语文课上，如果没有了教师的范读和朗读指导，则会显得风景黯然。

教师的朗读能力，需要建立在自我训练的基础之上；教师的自我训练，需要关注五个要点：把握基调，体现语气，调控语速，注意轻重，融情于文。如下面的微文，就是极好的自我朗读训练的材料：

雷 雨

满天的乌云，黑沉沉地压下来。树上的叶子一动也不动，蝉一声也不叫。

忽然一阵大风，吹得树枝乱摆。一只蜘蛛从网上垂下来，逃走了。

闪电越来越亮，雷声越来越响。

哗，哗，哗，雨下起来了。

雨越下越大，往窗外望去，树哇，房子啊，都看不清了。

渐渐地，渐渐地，雷声小了，雨声也小了。

天亮起来了。打开窗户，清新的空气迎面扑来。

雨停了。太阳出来了。一条彩虹挂在天空。蝉叫了，蜘蛛又坐在网上。池塘里的水满了，青蛙也叫起来了。

三是“章法欣赏的能力”

“章法”，是特别美妙的文学术语。

“章法”，用于文章写作，一般的解释是：诗文布局谋篇的法则，诗文布局谋篇的技巧与方法。

“章法”重在形式之美，它所讲究的是，顺序合理，思路完整，脉络清晰，形式美观，手法生动。

由于“章法”主要指诗文布局谋篇的技巧与方法，那么，从阅读欣赏的角度来看，其视点就显得丰富而深刻。如：起承转合，重章叠句，开合有度，抑扬有致，虚实相映，先疏后密，轻波微澜，一波三折，悬念层叠，前伏后应，一线串珠，一词经纬，反复穿插，首尾呼应，叙议结合，夹叙夹议，倒叙顺叙，插叙补叙，先总后分，横式结构，纵式结构等等，其细节性的技巧奥妙无穷，不胜枚举。

从欣赏的角度来看，几乎都与“精深美妙”四个字有关。

于是我们似乎可以说，语文教师关于文章章法的阅读分析与鉴别欣赏的能力，可能是教师阅读赏析能力的核心组成部分。

如下面微文：

阳　光

阳光像金子，洒遍田野、高山和小河。

田里的禾苗，因为有了阳光，更绿了。山上的小树，因为有了阳光，更高了。河面闪着阳光，小河就像长长的锦缎了。早晨，我拉开窗帘，阳光就跳进了我的家。

谁也捉不住阳光，阳光是大家的。

阳光像金子，阳光比金子更宝贵。

有“章法”语感的教师，一眼能够看出其“引出事物——描述事物——因物寄意”的结构特点，一眼能够感受到其“由实到虚”、“由现象到哲理”的写作思路。

如果一位语文教师缺少章法欣赏能力的支撑，其散文教学也好，其他文体文章的教学也好，都会少了许多雅趣、韵味。

四是“手法赏析能力”

文章的写作方法，其内涵丰富、种类多样。从教学的角度而言，语文教师要重点知晓“表现手法”，即文学创作中塑造形象、反映生活所运用的各种具体方法和技巧。如叙议结合、夹叙夹议、写景抒情、叙事抒情、融情于景、情景交融、景为情生、借物言情、托物言志、咏物抒怀、烘云托月、以动衬静、以虚写实、虚实相生、欲扬先抑、以小见大、寓褒于贬、夸张讽刺、言此意彼、意在言外等，又如照应、线索、详略、张弛，波澜、反复、象征、用典、联想、想象、对比、夸张，反常，白描，工笔，伏笔，悬念，铺垫、渲染，巧合，误会，讽刺，幽默等。

即使是同一类别的文章。其构思与表达的手法也是丰富多姿，以“咏物”文章的构思手法为例，就有对物抒情、托物寄意、写物喻人、借物言情、写物忆趣、咏物明理、物我交融、即物抒怀、象征手法等不同表达角度的细微区别。如：

贝 壳

席慕蓉

在海边，我捡起了一枚小小的贝壳。

贝壳很小，却非常坚硬和精致。回旋的花纹中间有着色泽或深或浅的小点，如果仔细观察的话，在每一个小点周围又有着自成一圈的复杂图样。怪不得古时候的人要用贝壳来做钱币！在我手心里躺着的实在是一件艺术品，是舍不得拿去和别人交换的宝贝啊！

在海边捡起这一枚贝壳的时候，里面曾经居住过的小小的柔软的肉体早已死去，在阳光、砂粒和海浪的淘洗之下，贝壳中生命所留下来的痕迹已经完全消失了。但是，为了这样一个短暂和细小的生命，为了这样一个脆弱和卑微的生命，上苍给它制作出来的居所却有多精致、多仔细、多么地一丝不苟啊！

比起贝壳里的生命来，我在这世间能停留的时间和空间是不是更长和更多一点呢？是不是也应该用我的能力来把我所能做到的事情做得更精致、更仔细、更加地一丝不苟呢？

请让我也能留下一些令人珍惜、令人惊叹的东西来吧。

在千年之后，也许也会有人对我留下的痕迹反复观看，反复把玩，并且会忍不住轻轻地叹息："这是一颗怎样固执又怎样简单的心啊！"

这篇美文，从构思表达的角度看，综合运用了咏物抒情、写物喻人、物我相融的表现手法。如果教师的手法欣赏能力弱一点，也许就无法辨识与赏析。

教师的"手法赏析"能力，应该成为学生文学知识积累和欣赏能力形成的聚宝盆。

五是"教学设计能力"

语文教师散文教学的设计，决不能停留在解读课文内容的层面，决不能像一般通俗的教学那样，运用背景介绍、字词认读、文意概说、文句解析、畅谈感受的肤浅流程组织教学，而需要立足于文学欣赏训练，通过朗读、品析与想象，让学生大体感受作品的情境、节奏和韵味，引导学生感受形象、体验情感、品味语言；要非常注意通过对重要段落和语句的细致阅读，让学生具体感受作品的形象语言、手法；提高学生初步鉴赏文学作品的水平。

散文教学的课堂，应该有选择性地表现出如下审美教学的意境：有朗读训练、有情感体味、有语言品析、有手法欣赏、有形象评析、有妙点揣摩、有片段精读、有句段美写、有语言学用、有知识积累、有集体训练。

如美文《散步》的教学。

有精美的导语：

让我们一起走进美文《散步》。这里，有南方初春的田野，有铺展着生命的新绿，有阳光下的金色菜花，有水波粼粼的鱼塘……更有相亲相爱一家人的情感涟漪……

有情感体味训练：

话题：深情渗透在这一句

“我们在田野散步：我，我的母亲，我的妻子和儿子”。此句意味深长，表现出了浓浓的亲情。

“她现在很听我的话，就像我小时候很听她的话一样”，这句话写母子关系，相映成趣，情意浓浓。

“小家伙突然叫起来：‘前面也是妈妈和儿子，后面也是妈妈和儿子。’我们都笑了。”这句话充满生活情趣，表现了家庭的幸福温馨。

“母亲摸摸孙儿的小脑瓜，变了主意：‘还是走小路吧’”。写出了“我的母亲”对孙子的深深疼爱。

我和妻子都是慢慢地，稳稳地，走得很仔细，好像我背上的同她背上的加起来，就是整个世界”一句，写出了呵护，写出了温馨，写出了责任感。

……

有景物描写的赏析训练：
活动：朗读并赏析下面景物描写的美好作用。

这南方初春的田野，大块小块的新绿随意地铺着，有的浓，有的淡；树上的嫩芽也密了；田里的冬水也咕咕地起着水泡。这一切都使人想着一样东西——生命。

有精美文段的品读训练：
话题：这一段文字意味深长

这样，我们在阳光下，向着那菜花、桑树和鱼塘走去。到了一处，我蹲下来，背起了母亲，妻子也蹲下来，背起了儿子。我的母亲虽然高大，然而很瘦，自然不算重；儿子虽然很胖，毕竟幼小，自然也轻。但我和妻子都是慢慢地，稳稳地，走得很仔细，好像我背上的同她背上的加起来，就是整个世界。

……

有深情的结语：

让我们徜徉在美文《散步》里。这里，有春意，亲情，孝敬，关爱，呵护，温馨瞬间，还有中年人的责任感……

这样的课堂教学，美，实，活，新，丰。

这样的课堂教学，表现出“利用课文资源，设计训练活动”的意境与韵味。

2016年8月1日
于武汉　映日斋

目录
CONTENTS

《春》课堂教学实录及评点

执　教：余映潮

评　点：杨雪桥

授课时间：2015 年 10 月 13 日

授课地点：乌鲁木齐市华兵中学

案例导读

好食材需要好厨师，好乐曲需要好乐师，好军队需要好军师，好课文需要好教师。“相遇”固然重要，“相知”更加难得。这节课里，朱自清的《春》遇到了知它懂它的人。下面就让我们跟随余老师一起走进《春》这片旖旎的春光中，感受春的诗情画意，感受春的勃勃生机，感受春的万般风情。

师：这节课我们一起学习美文《春》。一起读起来，朱自清，读。

[屏幕显示，学生齐读]

朱自清（1898—1948），江苏人，字佩弦，现代著名诗人，散文家，学者。中小学教材中的朱自清作品有《匆匆》《绿》《春》《背影》《荷塘月色》等，都是脍炙人口的名篇。

师：继续朗读。

[屏幕显示，学生齐读]

这篇写春的精美散文，不知拨动过多少人的心弦！春的美景，春的气息，春的声响，都通过作者的生花妙笔表现出来了。

师：好，旁批，在课题的旁边批上十六个字：精美散文，生花妙笔，脍炙人口，拨动心弦。

评点 简洁导入，精美笔记。春，就这样扑面而来。

师：开始我们的美读教学过程。

[屏幕显示]

美读《春》

师：第一次训练：认读训练——识记文中美词。

[屏幕显示]

认读训练

识记文中美词

师：一起来读，第一类，字音字形。

[屏幕显示，学生齐读]

字音字形

zhǎng	cáng	sǒu	niàng	wǎn	hè
水涨	迷藏	抖擞	酝酿	宛转	应和
lǒng	bó	liáo	zhǎ	yùn	suō
笼着	薄烟	嘹亮	眨眼	黄晕	蓑衣

师：注意“迷藏”的“藏”的写法，“抖擞”的“擞”的写法，“薄烟”的“薄”的读音，有时候我们会读成“báo”烟，这儿为什么读“bó”呢？第一，它不是“很薄，有厚度”的那个含义，它是“淡淡的”意思；

第二，它是一个复合词“薄烟”，如果单独地读“很薄 báo”大概就是这样的一种要求。“báo”“bó”很难分清楚。再看“蓑衣”的“蓑”，我们不妨把它理解为“古老的雨具”，我们小时候就读过这样的诗歌吧：“孤舟蓑笠翁，独钓寒江雪。”那个时候对“蓑”字就有了解了。好，再来读一遍吧。水涨，读。

（学生再次齐读生字。）

师：好，第二类，常用的雅词。雅词就是书面语汇。好，大声读起来。朗润，读。

［屏幕显示，学生齐读］

常用雅词

朗润　　迷藏　　气息　　润湿　　酝酿　　清脆

宛转　　应和　　嘹亮　　寻常　　烘托　　静默

繁花嫩叶　　呼朋引伴　　轻风流水　　花枝招展

师：“润湿”好像没有读清楚。再来一遍，“朗润”，读。

（学生再次齐读雅词。）

师：第三类，精妙用词。注意，加横线的字词都是作者用得非常精致、美好、有表现力的字词。“欣欣然张开了眼”“太阳的脸红起来了”，加横线的字词读得稍微重一点。“欣欣然——”，读。

［屏幕显示，学生齐读］

精妙用词

欣欣然张开了眼　太阳的脸红起来了　小草偷偷地从土里钻出来　蜜蜂嗡嗡地闹着　散在草丛里像眼睛，像星星　都在微微润湿的空气里酝酿　呼朋引伴地卖弄清脆的喉咙　跟流水轻风应和着　密密地斜织着　人家屋顶上全笼着一层薄烟　小草儿也青得逼你的眼

师：“散（sǎn）在草丛里”，“散（sǎn）开”。这些精妙的用字、用

词，大家在课文中把它们圈画出来。

（学生圈画。）

评点 认读训练，识记美词。走进《春》，触目皆是琳琅珠玉。生字、雅词、妙词，三个角度的字词教学，既为学生赏《春》铺平了道路，也让学生初步感知到《春》之美。

师：下面进入我们的第二次训练活动：概说训练——课文段意美说。实际上是美写训练。

［屏幕显示］

概说训练

课文段意美说

师：大家拿起笔，做笔记。第一段，老师这样概括：望春，抒盼春之情。“盼望着，盼望着，东风来了，春天的脚步近了”——盼望之情。

第二段，写物，表观春之喜。“一切都像刚睡醒的样子”，首先写“一切”，然后写山，写水，写太阳——观春之喜啊！

观察老师的语言格式，接着批注。第七段，写人，描迎春之乐；第八九十段，颂春，“春天像刚落地的娃娃”，“像小姑娘”，“像健壮的青年”，表春美之赞。三段、四段、五段、六段，大家一定明白这是谁来做的事了。对，大家的事，分工合作。这一组两排，第三段；第四段；第五段；第六段。

（把全体学生分成四组，每两排为一组。）

［屏幕显示］

《春》的结构美

首段，望春，抒盼春之情；

二段，写物，现观春之喜；

三段，

四段，

五段，

六段，

七段，写人，描迎春之乐；

八九十段，颂春，表春美之赞。

师：首先提醒大家观察老师的语言格式，只准用这种格式来写。好吧，各自完成自己对那个段落的概括的任务。

（学生思索，动笔；教师巡视，观察。）

师：好吧，开始各抒己见。好，你的第四段。

生1：我觉得第四段是写物，描绘春之景。

师：哦，第一，你和老师的话重复了。这个概括段意有讲究的，要注意各自的个性特点，谢谢你首先发言。请你来，第五段。

生2：第五段是写风，勾勒春之深。

师：哦，你用了两个字的动词：勾勒。不合规矩吧？观察力稍微弱了一点，或者不小心了，谢谢你。请你来，第六段。

生3：第六段我写的是：写雨，描春雨之悦。

师：哦，这个同学的格式就到位了。用两个动词领起两个层次的概括。你最后一个字是什么呀？

生3：悦

师：悦。注意了没有？表现了一种情感。情、喜、乐、赞都有情味在里面，这就好。好，第三段，还需要人说。请你来。

生4：抒发春之趣。

师：前面两个字。

生4：赞草。

师：赞草。接着说那五个字。

生4：抒发春之趣。

师：“抒发”呢？只能用一个字，就像刚才那位同学那样的。第四段还需要有人说呀。

生5：我觉得是写树，献花之美。

师：写树，献花之美。这个概括要注意。到底是写树呢，还是写树上的有特征的事物呢？

生5：应该是写树上的有特征的事物。

师：你来，帮着说一下。

生6：第五段我写的是写风，写春风之信。

师：很好，很对。再来。

生6：我想帮刚才那位同学说一下第四段，我觉得是写花，表春物之爱。

师：对，桃树、杏树、梨树都开满了花赶趟儿，就是写花的。

师：好，一起来吧同学们，请做笔记。观察老师的语言和你们的语言的相同和相异之处。赞草，显游春之悦。咏花，呈闹春之欢。“咏”字很重要，我们要学会用这个字。赋风，“赋”，就是描写的意思，写沐春之醉。绘雨，叙润春之美。

[屏幕显示]

《春》的结构美

首段，望春，抒盼春之情；
二段，写物，现观春之喜；
三段，赞草，显游春之悦；
四段：咏花，呈闹春之欢；
五段：赋风，写沐春之醉；
六段：绘雨，叙润春之美；
七段，写人，描迎春之乐；
八九十段，颂春，表春美之赞。

师：刚才大家都表现得不错。请把“赞草”“咏花”“赋风”“绘雨”“写人”这五个词再在课文的有关部位旁批一次，你就能够感受到它们给你的思维方面的启迪和写作方面的启迪。《春》啊，先总写一笔，抒情；然后，过渡，写物；接着，赞草、咏花、赋风、绘雨、写人，多角度地绘景抒情，写人抒情；最后，用议论、抒情的方法收束。极完美的写景抒情的文章，但处处又写到了人。所以，欣赏这篇文章的最大的秘诀在于它其实每一部分都写了人。哦，很多同学马上把这一句话批上了。

评点 概说训练，美说段意。统一句式，提高要求。教师示范较难概括的部分，学生仿写较易概括的部分。这一环节的训练，既是概括训练，也是仿写训练；既是思维训练，也是语言训练。这一环节完成了对《春》的宏观把握、整体观照，使《春》的轮廓尽收眼底。

师：好的，开始我们的第三次训练：品析训练——精段美点赏析。

［屏幕显示］

品析训练

精段美点赏析

师：一起来关注美妙的写花段，我们读起来吧。桃树、杏树、梨树，读。

［屏幕显示］

桃树、杏树、梨树，你不让我，我不让你，都开满了花赶趟儿。红的像火，粉的像霞，白的像雪。花里带着甜味儿；闭了眼，树上仿佛已经满是桃儿、杏儿、梨儿。花下成千成百的蜜蜂嗡嗡地闹着，大小的蝴蝶飞来飞去。野花遍地是：杂样儿，有名字的，没名字的，散在草丛里像眼睛，像星星，还眨呀眨的。

（生齐读。）

师：好的，看着课本读。第一读，含情朗读。我刚才听不出大家语音中的情感，为什么？就是语速太快。“桃树、杏树、梨树，你不让我，我不让你，都开满了花赶趟儿。”这样读，情感就出来了。第一读，要有情味。桃树、杏树、梨树，读。

（生齐读。）

师：这次好了一点，但是语速仍然偏快。第二读，根据自己的体味把有关的重音强调一下。比如“红的像火，粉的像霞，白的像雪”，把这个音节要强调一下。“花下成千成百的蜜蜂嗡嗡地闹着”，要非常注意读好的一个字就是“蝴蝶”的“蝶”。“大小的蝴蝶飞来飞去”，这个“蝶”就不要读成轻声了：“大小的蝴蝶飞来飞去”。“野花遍地是”，后面有两个短语“像眼睛，像星星”，都要读得重一点。好吧，刚才有的同学就傻傻地看着老师，其实你的笔就应该马上做记号。好，一起来吧，把有关的重音凸现一下。注意语速。“桃树，杏树，梨树”，读。

（生齐读。）

师：有进步。第三读，把一个地方读得很陶醉。感觉到没有啊？“花里带着甜味儿；闭了眼，树上仿佛已经满是桃儿、杏儿、梨儿。”多么美妙的让人陶醉的想象啊！一起来整段朗读。把甜味儿的味道读出来，把闭了眼的美好的想象读出来。“桃树，杏树，梨树”，读。

（生齐读。）

师：好。最难读的是把层次读清楚，大家看：第一层写的最高处，美丽的花儿；第二层，花下的蜜蜂和蝴蝶；第三层，地上的野花儿。多么精致的片段，从上到下的顺序。每位同学各自读，不齐读，体味一下它的层次。开始吧。

（生各自朗读。）

师：啊，真好！各自读比齐读好听多了，因为在体味文中的情感。

评点 这里有四次朗读指导：一读，降低语速；二读，强调重音；三读，关注想象；四读，理清层次。每一遍读都有具体要求，层层递进，渐臻佳境。好文不厌百回读，精段亦应反复吟。

师：下面就要说话了。我先说两句话，这一段表现出修辞手法之美，比喻、拟人、排比、对偶都用上了。我说过的话你们就不能说了。我再说一句话，就是刚才告诉大家的，这段话层次的明晰之美。

［屏幕显示］

修辞手法之美

层次明晰之美

师：好，各自说说你发现的美是什么。其实刚才已经暗示给大家很多很多的美了。快速思考，可以马上说话。

生 7：我觉得应该是情感意境之美。

师：啊，多好啊！热爱、歌颂春的情感，清新、优美的意境。我帮你把话说得更好听了。

生 8：我觉得是陶醉春物之美。

师：嗯，陶醉在美好的春色、春景之中了。好，两位同学都说到了情感之美，第三位就不要再说了。

生 9：我想到的是用词丰富之美。

师：嗯，用词丰富、精练、有表现力，比如“嗡嗡地闹着”的“闹”。

生 10：我觉得是节奏明显之美。有长句，有短句，读起来就特别舒服。

师：是啊，最短的句子就是三个字，而且四个字的句子特别好看，读起来特别好听。长句“花下成千成百的蜜蜂嗡嗡地闹着”，短句“像眼睛，像星星”。这位同学的语感很好。

生 11：我把刚才同学的那句话补充一下，我觉得说文章的韵律之美更合适。

师：韵律更多地是用在诗歌上，我们可以说它的句式很美，可能比韵律美更确切些。

生 12：我觉得应该是画面明晰之美，作者用生动形象的语句写出了闹春之花，有很强的画面感。

师：好！最重要的一个词被这个同学说出来了，画面之美啊，赶快批上。画面，《春》给我们呈现出斑斓多姿色彩丰美的画面。继续，因为有画面就一定会有色彩，因为有画面就一定有动静，于是这些美感就都会涌现在我们面前。

生12：我觉得还有联想。他不但写了眼睛看到的东西，还写了闭上眼睛想到的桃子等。

师：非常重要！这些联想极有诗意，他其实是用侧面的手法来赞美眼前的景物。我们还可以把这种体味放到第二篇文章中去，《济南的冬天》同样有“闭了眼”的写法。哦，原来那些大文豪们的文笔也有相同的地方。要说话吗？请你来。

生13：“红的像火，粉的像霞，白的像雪”表现出动态。

师：好吧，又要做一点笔记了。大家说了那么多，我们把它归纳一下。化静为动之美，我们哪里看得出花是静态的呢？都是动态的，但其实它们就是静态的，是作者的手法让它们动起来了。穿插想象之美，再深入一点说，这叫虚写。不是眼前的景物，是想象中的景物。句式很美啊，“你不让我，我不让你”“红的像火，粉的像霞，白的像雪”“像眼睛，像星星”，都是美好的句式。色彩描写之美，映衬手法之美，情感抒发之美。整个落脚到情感抒发上来。还有好多好多的美点，我们来不及小结了，比如用字用词很精练，等等。

[屏幕显示]

修辞手法之美
层次明晰之美
化静为动之美
穿插想象之美
句式运用之美
色彩描写之美
映衬手法之美
情感抒发之美

[屏幕显示]

全段用动静结合、色味结合、高低结合、虚实结合的描写，绘出一幅色彩鲜艳、春意盎然的春花图，使人仿佛置身于春花烂漫的美景之中。

师：我要考大家一下，映衬手法表现在哪里？试一下。

生 14：我觉得应该表现在“红的像火，粉的像霞，白的像雪”。因为前一句描写了桃树、杏树、梨树之间开满了花，后面再描写它们的颜色就更能体现出春天的色彩之多。

师：嗯，相互映衬，也是一种说法。还有更美妙的映衬，写花就只是写花吗？你来。

生 15：“花下成千成百的蜜蜂嗡嗡地闹着，大小的蝴蝶飞来飞去。”蜜蜂、蝴蝶映衬了花的香。因为花是特别香的，所以这些蜜蜂和蝴蝶才会赶来。

师：是啊，就是用蜜蜂、蝴蝶的采蜜飞舞来侧面烘托花之美、花之盛、花之香啊，这叫映衬手法，这里是以物衬物。请大家看写小草的段落，它就不是以物衬物了。以什么衬什么呢？对，太聪明了，以人衬物。小草是多么的好啊，多么的青啊，多么的柔美啊，不就写小草吗？但是非得写人在上面快乐地嬉戏、休憩，这就侧面烘托了小草的可爱，以人衬物。好，把“渲染烘托的手法”旁批在这一段。好，这个环节大家都能够很好地思考和品析，谢谢同学们的努力！

评点 品析训练，美点赏析。《春》，段段皆美，每段都可圈可点。但课堂时间有限，不可能面面俱到，也没有必要无微不至。所以弱水三千，取一瓢饮，选一个美丽的“春花段”重点品析，以期举一反三，触类旁通。

师：我们继续完成训练任务。下面的任务很简单，读背训练——写景美段背诵。

[屏幕显示]

读背训练

写景美段背诵

师：写风的片段。我先给大家点示一下，它的层次同样美好。第一层，抚摸，触觉；第二层，花香，嗅觉；第三层，小鸟的歌唱，牧童的短笛，听觉。和写花又不同。为什么没有味觉呢？写花的时候已经把味觉用上了。甜味，用上了。所以这里就不再用味觉了。多精明的比较啊。好了，老师不讲了。你们的任务就是背诵，各自读背“春风”段，开始吧。

[屏幕显示]

“吹面不寒杨柳风”，不错的，像母亲的手抚摸着你。

风里带来些新翻的泥土的气息，混着青草味儿，还有各种花的香，都在微微润湿的空气里酝酿。

鸟儿将巢安在繁花嫩叶当中，高兴起来了，呼朋引伴地卖弄清脆的喉咙，唱出宛转的曲子，跟流水轻风应和着。牛背上牧童的短笛，这时候也嘹亮地响着。

（学生各自背诵。）

师：好的，一起来。大家观察一下，这一段的结构太美了。老师先说了，写景，必须要写人，它就写到人们的身上来了，由景及人，五觉写景，用各种感官来写景。好吧，“吹面不寒”，背。

（学生齐背。）

师：真不错！又要做几个字的笔记了：五觉写景的手法。

评点 “春风”一段，读背训练。先从“五觉”的角度将段落分为三层，告诉学生本段的逻辑脉络再让他们背诵，背起来便如顺水行舟了。

师：今天的作业很简单：“春风”段“十美”欣赏。我相信对大家来说不再是很困难的事了。好，同学们，这节课我们用了很多不同的学习方法：朗读，说话，写作，品析，笔记。

[屏幕显示]

学习方法

读，说，写，品，记

师：好，同学们辛苦了，下课！

生：谢谢老师，老师辛苦了！

师：谢谢同学们！

评点 布置作业，归纳学法。作业的布置很有创意，有了“春花”段的赏析范例，“春风”段的“十美”便不在话下，比如：层次之美，顺序之美，“五觉”之美，修辞之美，虚实之美，写“人”之美，儿化之美，衬托之美，动静之美，情感之美……这样的作业，是本节课的延伸，可谓余音袅袅。

实录赏析

听了余老师的很多精品课，渐渐发现他的“板块式”教学与一些经典课文在艺术手法上的相通之处，有时甚至产生这样的想法：莫非余老师少年时代烂熟于心的名家名篇草蛇灰线、伏脉千里，若干年后与自己的“板块式”相遇，从而水乳交融、浑然一体？

下面我们就来看看余老师的《春》这个课例和朱自清的《春》这篇文章的相似之处吧！

非常明晰的结构：朱自清的《春》可分为“盼春”“绘春”“赞春”三个部分，“绘春”又可分为“春草”“春花”“春风”“春雨”“迎春”五个部分。余老师教学的《春》有“认读训练（识记文中美词）”“概说训练（课文段意美说）”“品析训练（精段美点赏析）”“读背训练（写景美段背诵）”四个大板块，有的大板块里面也包含小板块。二者都有非常简明清晰的结构，这既可以对学生的作文构思进行潜移默化的熏陶，也可能对学生思维方式的形成产生深远的影响。

不断变换的节奏：朱自清的《春》大多数段落描写的是春景的动态之美，五幅图画里，“春草图”“春花图”“春风图”“迎春图”，描写的都是热闹的景象。但若一味地热闹下去，行文会显得单调，于是作者在其中穿插了一幅静态的“春雨图”，动静的交织，也是一种行文节奏的变换。余老师教学的《春》有读、说、写、品、记等各种学习形式，主次分明，张弛有度，动静相宜，这也体现了教学节奏的变换，有利于提高学生的注意力，增强课堂的感染力。

合乎逻辑的顺序：朱自清的《春》，“盼春”“绘春”“赞春”的整体构思自不必说，单是那五幅图画于顺序的安排上就可见功力：草是报春的使者，是春天到来的第一抹新绿，花随后才盛开，所以先写草，后写花；之后的先写风，再写雨，符合自然的规律；最后的“迎春图”由重点写景转向重点写人，人物活动需要一定的环境，所以安排在景物描写之后集中写人。余老师教学的《春》，从基础的认字识词到“高端”的概括品析，从整体的文意把握到局部的片段精读，从课上“春花”段的精析到课下“春风”段的精练……都有内在的逻辑顺序。

化用《苏州园林》中的一句话作结：似乎《春》的作者和执教者一致追求的是：务必使学生无论站在哪个点上，眼前总是一幅完美的图画。为了达到这个目的，他们讲究结构的明晰，讲究节奏的变换，讲究顺序的安排，讲究细节的雕琢，讲究语言的锤炼……总之，一切都要为构成完美的图画而存在，决不容许有欠美伤美的败笔。

《散步》课堂教学实录及评点

执　教：余映潮

评　点：于福义

授课时间：2012 年 3 月 24 日

授课地点：北京市海淀区北京 19 中

案例导读

美文是语文教材的基础，美文是阅读教学的基地，美文必须美教！莫怀戚的《散步》就像是春风中摇荡的小荷，展现出婀娜的身姿，散发出迷人的清香。以此文为依托，余映潮老师执教的《散步》则是美教的典型范例。以美读为基础，以能力训练为核心，品情、赏景、析意，层层深入，板块清晰，诗意盎然。余老师在此课例中，以明晰的目标为导引，以恰当的语言来激励，以如诗的语言来小结，在娓娓道来的教学艺术中，给我们带来美的享受。

师：今天我们一起学习一篇美文《散步》。

[屏幕显示]

散步

师：这节课我们阅读欣赏《散步》，并且对大家进行阅读能力训练。

[屏幕显示]

阅读赏析　能力训练

评点 直接导入，语言简洁，明确学习目标。

师：好，课本请打开。

[屏幕显示]

让我们一起走进美文《散步》。那里有——

师：让我们一起走进美文《散步》。那里有——请看书，思考：有什么？

（学生默读，思考问题。）

师：好吧，一句话简说。

生 1：那里有我、我的母亲、我的妻子和儿子，还有菜花、桑树和鱼塘。

师：这位同学的发言说了课文中有我们一家人。还说了背景，有美好的春天的景色。人和景他一下子就概括出来了。

生 2：有我们一家人，有南方初春的田野，还有我们一家人温暖的爱。

师：还有亲情！也就是这位同学所说的暖暖的爱意。

生 3：有我们一家人，有美美的春天，有我们一家人在美美春天里的活动。

师：还有美美的散步。

生 4：（迟疑地）还有诗意？

师：还有诗意！这个诗意表现在两个方面，一个是文章本身的表述有诗意，一个是文中的故事有诗意。

生 5：它里面写了一种很微妙的母子关系。比如“她现在很听我的话，就像我小时候很听她的话一样”，这种母子关系是很微妙的细节。

师：很细腻的母子之情，还有祖孙之情等等。

师：谢谢同学们。这个环节我们就大致地了解了一下课文的意思。好，我们一起来读。

[屏幕依次显示总结内容，老师分别指引学生齐读]

1. 让我们一起走进美文《散步》。那里，有南方初春的田野，有铺展着生命的新绿，有阳光下的金色菜花，有水波粼粼的鱼塘……更有相亲相爱一家人的情感涟漪……

2. 让我们一起走进美文《散步》。那里，有老年人，中年人，少年；有慈祥的奶奶，孝顺的儿子儿媳和天真可爱的孙子，有三代人之间深挚的爱……

3. 让我们一起走进美文《散步》。那里，有春意，亲情，孝敬，关爱，呵护，温馨瞬间，还有中年人的责任感……

评点 这是文意把握能力训练，快速阅读后，一句话概括文章大意，这是全文学习的基础。

师：是啊，《散步》表现的就是生活中的温馨瞬间。让我们走进《散步》，感受它的美好，感受它的诗意，感受它的亲情。

[屏幕显示]

品情

师：第一次训练活动：品情。

[屏幕显示]

品析能力训练之一

话题：深情渗透在这一句

师：请注意，话题是：深情渗透在这一句。拿起笔，边读书，边批点，抓住你认为写得很有情意的那一句，然后进行分析。

（学生默读，思考批注。）

师：谢谢同学们的圈点勾画。我们现在来交流，各抒已见。

生 6：我觉得是全文的最后一句："我和妻子都是慢慢地，稳稳地，走得很仔细，好像我背上的同她背上的加起来，就是整个世界"。从"慢慢地，稳稳地"、"很仔细"就可以看出他们对亲人的关爱，"就是整个世界"又显出心情之重。

师：多么慎重啊！感觉到肩头的担子压在自己的身上，又是多么地幸福啊！

生 7：我想说的也是这一句，说明家庭对作者来说是重于一切的，就是整个世界就等同于是作者的世界一样。

师：多好啊！情在这一句。作为中年人，小一辈、老一辈，就是他的世界。

生 8："一霎时，我感到了责任的重大。"就像民族领袖在严重关头时那样，这也表现出作者作为中年人的责任感，还有家里每个人对作者的依赖。

师：是啊，责任的重大就是在抒情，他抒发的是责任的感觉。

生 9：我也是说全文的最后一句。我背的是母亲，说明我对母亲的孝顺；妻子背的是儿子，对儿子我有我的父爱，说明这一家四口对我的重量很大。

师：一家啊，三代啊，"我"和妻子就是顶梁柱，就要把这个家庭呵护得好好的。

生 10：我说的是第 7 自然段的第一句话："但是母亲摸摸孙儿的小脑瓜，变了主意：'还是走小路吧。'"说明我的母亲对孙儿的偏爱。

师："摸摸"这个词用得多好啊，也是一种呵护，也是一种疼爱。你看：母亲摸摸孙儿的小脑瓜，变了主意："还是走小路吧。"

生 11：我觉得第 6 自然段"我的母亲老了，她早已习惯听从她强壮的儿子；我的儿子还小，他还习惯听从他高大的父亲；妻子呢，在外面，她总是听我的"表明一家人对我的依赖与信任。

师：整个家庭的和谐，这句话就是写得这么动情。

生 12：我想说第 2 自然段最后一句："她现在很听我的话，就像我小时候很听她的话一样”，这句话表现出母子之间浓浓的情，表现出儿子大了对母亲的照顾，母亲对大了的儿子的依靠。

师：分析得好！这句话写出了几十年的历史啊。在“我”小的时候母亲是呵护“我”的，在母亲老的时候“我”要疼爱她呀！

生 13：我想说第 3 自然段“有一些老人挺不住，在清明即将到来的时候就死去了。但是春天总算来了。我的母亲又熬过了一个酷冬。”这句话中带着一点淡淡的忧伤，表现作者对母亲的依恋，不想让母亲离他而去，心中也想在母亲身边多待一段时间。像第 6 段最后一处“我决定委屈儿子，因为我伴同他的时日还长，我伴母亲的时日已短”和上文一样，也说明作者对他的母亲十分依恋，不想让她离自己而去。

师：对，有年老的母亲健康地活着，活在我们的身边，那是一种怎样的幸福之情啊！所以作者说“春天总算来了。我的母亲又熬过了一个严冬。”句句含情，字字含情。

生 14：我想说第 7 自然段最后一句“‘我走不过去的地方，你就背着我。’母亲对我说。”表达了母亲对儿子的一种依恋。

师：母亲要照顾她的孙子，母亲又要依赖我，于是她就说道：“我走不过去，你就背我吧！”这个“背”字啊，说得多么动情啊！年老的妈妈，现在需要儿子来背她了。谢谢同学们，你们欣赏得很好。

[屏幕显示]

“我们在田野上散步：我，我的母亲，我的妻子和儿子”。此句意味深长，不用“三代人散步”，而用这样的写法，表现出了浓浓的亲情。

师：我们来看，第一句话啊，如果它简单地说“我们一家人在田野散步”，那是多么地乏味啊。“我们在田野上散步：我，我的母亲，我的妻子和儿子”。这就是诗，这就在抒情。同学们，应该说“我”尊敬“我”的妈妈，要把“我”的妈妈放在第一个写：我的母亲，我，我的妻子和儿子。但是你们注意到这个细节没有：是把“我”放在第一位来写的。大家知道原因吧？“我”是家中的顶梁柱啊，老的小的都要“我”呵护！所以这个

“我”字就一定要写到前面。

师：这位同学分析到了：“她现在很听我的话，就像我小时候很听她的话一样”，大家说这句话写了什么？一起读。

[屏幕显示，学生齐读]

“她现在很听我的话，就像我小时候很听她的话一样”，这句话写母子关系，母亲明理，儿子孝顺，相映成趣，情意浓浓。

师：句式基本上是对称的，读起来也是一种诗意的美。好，请大家大声地读。

[屏幕显示，学生齐读]

“小家伙突然大叫起来：‘前面也是妈妈和儿子，后面也是妈妈和儿子。’我们都笑了。”这句话充满生活情趣，既表现了小家伙的天真、聪颖，又表现了家庭的幸福温馨。

师：小家伙怎么叫的啊？你们叫一下，“前面也是——”

众生：前面也是妈妈和儿子，后面也是妈妈和儿子。

师：（笑）是啊，你们现在是长大了，如果你们像那个小孩一样就不是这样叫了。那是天真的、可爱的、童年的叫声。好，这是你们品析到的，读。

[屏幕显示，学生齐读]

“母亲摸摸孙儿的小脑瓜，变了主意：‘还是走小路吧’”。摸摸，多么慈爱的动作，变了主意，多么无私的做法，“还是走小路吧”写出了“我的母亲”对孙子的深深疼爱。

师：这篇文章既写“我”，写小孩，也写老人对下一代、下两代的呵护。下面的你们也品析到了，“我和妻子——”，读。

[屏幕显示，学生齐读]

“我和妻子都是慢慢地，稳稳地，走得很仔细，好像我背上的同她背上的加起来，就是整个世界”一句，写出了呵护，写出了温馨，写出了责任感。

师：情在这一句啊，它能够带动我们对这篇文章几乎所有的字句进行欣赏。

评点 活动设计话题明确，涵盖全文，默读、思考、批注，指导明确，用时充分，训练有抓手。学生各抒己见，教师诗意总结，师生和谐对话，绽放出美丽的思维之花。

[屏幕显示]

赏景

师：好的，我们继续训练，继续欣赏。第二个大的活动是：赏景。请大家读“这南方初春的田野”这一句，读起来。

[屏幕显示，学生齐读]

这南方初春的田野，大块小块的新绿随意地铺着，有的浓，有的淡；树上的嫩芽也密了；田里的冬水也咕咕地起着水泡。这一切都使人想着一样东西——生命。

(学生朗读语气较为平淡。)

[屏幕显示]

品析能力训练之二

话题：景物描写的作用真美好

师：第二次能力训练，话题是：景物描写的作用真美好。我们再来读一次，注意朗读啊，未成曲调先有情。这是一家人在美好的春天里散步，所以读景物的描写这一段也要读出情感来。大家听——

师（深情范读）：“这南方初春的田野，大块小块的新绿随意地铺着，有的浓，有的淡；树上的嫩芽也密了；田里的冬水也咕咕地起着水泡。这一切都使人想着一样东西——生命。”抒情式地读。一起来，“这南方初春的田野……”读——

（众生再读，语调深情起来。）

师：好，先自己思考，然后互相地研究一下：这一段在全文中有什么作用？

（学生默读，思考问题。）

师：好的，可以开始互相地交换看法。

（学生讨论，交流看法。）

师：好的，我们再来交流看法。这位同学又举手了，他先带头，你们继续来。好，谢谢你。

生 15：我认为第 1 自然段真正应该接的是第 4 自然段，因为 2、3 自然段其实是往题外说这件事。我觉得作者写这篇文章不是在写而是在画一幅画一样。他第 1 自然段先说我们在田野散步嘛，包括有哪几个人，构成一幅画面。田野长什么样子，上面站着几个人。然后 2、3 段本来说背景，第 4 段是田野的背景。他把田野说一下什么样子，大家都知道这幅画有几个人站在田野上面。我觉得第 4 段的景物描写应该接第 1 自然段。

师：好的，他的发言很有见地。第 1 段一定是和第 4 段连在一起的，但作者巧妙地运用穿插的手法把有关的家庭的背景讲清楚，然后再写第 4 段，真好。至于什么作用呢，我们过会再讨论，同学们会明白得更多。

生 16：这句话引出全文的主旨，写生命的美好和生命的伟大。因为写我的母亲一开始照顾我，然后母亲老了我又照顾母亲，再然后我的妻子照顾我的儿子，然后生命一个个循环互相照顾，然后写出生命的伟大。

师：很关键啊，这美好的春景让我们想到了生命。生命是一代一代地传承下来的，由此想到了我们的一家人。

生 17：我觉得这一段主要描写的都是生机勃勃，上一段的最后一句话说春天总算来了，母亲又熬过一个酷冬。他写的这个生机是用来表达母亲熬过来后他的喜悦。

师：描写田野的美好的春景，表达的是一种惊喜的感情。春天总算来了，春天什么样呢？太有生命力了，太朝气蓬勃了。

生 18：我们讨论了一下，一个是“在南方初春的田野上”交代散步的地方、散步的环境；最后两个字“生命”，因为第 2 自然段写母亲又熬过一个酷冬，后面还写了我们的儿子，就是一个生命的代表，也是代表我母亲熬过了生命还有儿子的生命。

师：你们的讨论结论非常重要。散步一定要有地方啊，那就是田野；散步一定要有很好的背景啊，那就是初春的田野啊。

生 19：我觉得可能是过渡吧，通过写景来引出下文。

师：既是过渡，也是非常必要的一笔，这一笔的作用真的很重要。好，谢谢你。

生 20：我认为这应该写的是作者看到这一番情景时自己的感受——蓬勃的生命力。作者第 3 段最后一句“春天总算来了。我的母亲又熬过一个酷冬”和上文有一个对比，有承上启下的作用。

师：同样分析得有自己的见解。

生 21：这篇美文它描写了几个画面。第 1 自然段和第 4 自然段连起来写了南方初春的田野上一家四口和乐融融散步的画面。

师：因为画面的美好，所以散步一定是有诗意的。一般而言，写美景就是表达美的情感。有时写美景是以美来“献丑”，但是在一般的情况下写快乐就往往用美景来烘托。在这里就像这位同学分析的，同样用美景来烘托一家人愉悦的心情。

评点 一石激起千层浪。写景抒情，情景交融。一个主问题带动了学生对全文的深入理解。

师：好的，我综合大家的看法小结一下，我们就真的能够知道这样的写景穿插在文章里面到底有什么好处！这个时候需要做笔记，把有关的内容旁批在第4段。

［屏幕显示］

这里洋溢着春的气息。

师：首先是氛围啊，渲染氛围。所以这里的春景的描写洋溢着春的气息。只有这种气息，我们才能够出来散步呀。如果是北风呼啸，我们会出来散步吗？我会带着妈妈出来散步吗？所以这一笔太重要了，渲染春的气息。春的气息笼罩全文，就是因为有这一段，不然怎么叫春天里散步啊。

［屏幕显示］

这里洋溢着春的气息。

这是散步的美妙的背景。

师：这是散步的美妙的背景啊：绿色的田野，金色的小花，水波粼粼的鱼塘，烘托着我们一家人。这种背景是充满生命力的背景，是绿色的背景，所以它是散步这个活动的背景。用我们同学的话说，这是美好的画面。

［屏幕显示］

这里洋溢着春的气息。

这是散步的美妙的背景。

新绿，嫩芽，冬水：生命在召唤，写出了文章的诗意。

师：它的作用表现出诗意：新绿，嫩芽，冬水，生命啊！作者用诗意的写作表现了文章的诗意，所以读这一段我们感受到透露出的浓浓的、美好的诗意。为什么文章有诗意呢？整个来看，它的每一个部分都写得有诗意；局部来看，有的地方特别有诗意，就像这个地方。

[屏幕显示]

这里洋溢着春的气息。

这是散步的美妙的背景。

新绿，嫩芽，冬水：生命在召唤，写出了文章的诗意。

作者借新绿和嫩芽讴歌生命的活力，进一步渲染了散步时的一家人欢愉的心情。

师：表达心情。作者借新绿和嫩芽讴歌生命的活力，进一步渲染了我们一家人散步时候的欢愉的心情。快乐的时候，眼中的景物也是美好的呀！

[屏幕显示]

这里洋溢着春的气息。

这是散步的美妙的背景。

新绿，嫩芽，冬水：生命在召唤，写出了文章的诗意。

作者借新绿和嫩芽讴歌生命的活力，进一步渲染了散步时的一家人欢愉的心情。

这里巧扣“散步”。

师：还有一处非常重要的作用。大家看，为什么看到田野啦？为什么看到新绿啦？为什么看到嫩芽啦？就是散步了，这里写的就是散步——巧扣散步。这一点要反复地品味才有感觉。换四个字：暗写散步。作者这里没有写：啊！我们看见了多么充满生命力的田野啊！他没有这样写，他把那一句省掉了，其实就是在写散步所见。这一段描写还有一个极其重要的作用，大家请看第 7 段：“母亲摸摸孙儿的小脑瓜，变了主意：‘还是走小路吧。’她的眼随小路望去：那里有金色的菜花，两行整齐的桑树，尽头一口水波粼粼的鱼塘。”如果用小说的笔法来分析的话，第 4 段就是伏笔，第 7 段就是照应。没有第 4 段，第 7 段奶奶的眼睛所看到的景物是不是很突然呐。所以第 4 段和第 7 段是密切照应。大家懂了吧，多美好的笔法啊！

评点 景物描写富有诗意，教师的教学亦有诗意。用诗意的语言概括要点，是小结，也是示范，更是扎实有效的指导。

师：谢谢大家的努力，我们继续。

[屏幕显示]

析意

师：析意，这是我们的第三个训练环节。

[屏幕显示]

品析能力训练之三

话题：这一段文字意味深长

师：析什么意？这一段文字意味深长。哪一段呢？最后一段吧，再来朗读，"这样……"读——

[屏幕显示，学生齐读]

这样，我们在阳光下，向着那菜花、桑树和鱼塘走去。到了一处，我蹲下来，背起了母亲，妻子也蹲下来，背起了儿子。我的母亲虽然高大，然而很瘦，自然不算重；儿子虽然很胖，毕竟幼小，自然也轻。但我和妻子都是慢慢地，稳稳地，走得很仔细，好像我背上的同她背上的加起来，就是整个世界。

师：好的，我刚才说了——情，读出情感来。我们再来读，这次读，把两个"蹲"字读出重音，把一个"走得很仔细"的"很"读出重音，你们的感觉就不同了。（示范读）"到了一处，我蹲下来"，情感不同了吧。好，一起来，这两个地方的重音试一下。"这样，我们在阳光下……"读——

（众生齐读最后一段。）

师：再来一次，把最后一句要读得非常有情味。（示范读）“但我和妻子都是慢慢地，稳稳地，走得很仔细，好像我背上的同她背上的加起来，就是整个世界。”听出味道来了吧。一起来把这句试读一下。“但我和……”读——

众生：但我和妻子都是慢慢地，稳稳地，走得很仔细，好像我背上的同她背上的加起来，就是整个世界。（学生深情地读，语速降下来了。）

师：后面四个字极为关键，韵味就在它身上。“好像我背上的同她背上的加起来”，“加”是重音吧，“就是整个世界”，注意“整个”后面是不是有个轻微的拖音呐。“整个”上扬，“世界”下沉，味道就出来了。再来读，“但我和妻子”，读——

众生：但我和妻子都是慢慢地，稳稳地，走得很仔细，好像我背上的同她背上的加起来，就是整个世界。

评点 三次具体的朗读指导，从重音，到节奏，到语调。在教师的指导下，学生的朗读渐入佳境。

师：有很大的进步了。好，我们来看，析意，要说明这一段文字意味深长，意味深长表现在哪里呢？好，思考一会儿。

师：（启发点拨）看这幅画面吧，一家人在一起啊！我背着我的母亲，我的妻子背起了我的儿子。我们的感觉是那样的温馨，是那样的充满责任。

学生默读，思考问题。

师：好的，我们来揣摩一下这篇文章最后一段的含义，它所表达的意味，也就是这一段文章它的重要的作用在哪里。好，请同学们像刚才一样表达自己的看法，请举手。这次先请你来说。

生22：先从小的地方来看。“我蹲下来，背起了母亲，妻子也蹲下来，背起了儿子。”“蹲”字体现了对母亲和儿子的照顾，“背起来”表明了他们的责任很重大，“走得很仔细”就是对母亲和儿子的关心和呵护，“整个世界”就突出了一家三口人对我的重要性。这一段文字总结了全文，突出了我是家里的顶梁柱，我的责任感很重。

师：我觉得你的分析集中到两个字上，就是责任。蹲啊、蹲啊、背啊、背啊、走啊，责任感。这一段意味就在责任感啊！这位同学分析得好吧。

生 23："我的母亲虽然高大，然而很瘦，自然不算重；儿子虽然很胖，毕竟幼小，自然也轻。但我和妻子都是慢慢地，稳稳地，走得很仔细"，他们俩虽然都很轻但走得并不是很快，而且也走得很稳，很仔细，这里基本说出了全文的中心，就是作者的家庭。后面说"好像我背上的同她背上的加起来，就是整个世界"。说明作者的母亲对于作者来说是最重要的，儿子对于我的妻子来说也是最重要的，说明家庭里面互相恩爱。

师：你分析的这里的意味深长就是生命在健康地传承啊！生命必须在这样和谐的亲情中一代一代地传承下去。分析得好！请你来。

生 24：我补充一下。"我的母亲虽然高大，然而很瘦"，作者是不是想表达母亲虽然高大，然而很瘦是为了照顾小时候的我而操劳累坏了身体。还有最后一句"但我和妻子都是慢慢地，稳稳地，走得很仔细，好像我背上的同她背上的加起来，就是整个世界"。"加起来"就是指有母亲和儿子，"整个世界"就是儿子对母亲的爱和母亲对她的儿子的爱，表达母亲对儿子的爱和儿子对母亲的爱，家庭之间的爱。

师：还有我和妻子对我们这个大家庭的爱，都是我们的责任，都是我们的重担。

生 25："这样，我们在阳光下，向着那菜花、桑树和鱼塘走去。""在阳光下，向着菜花、桑树和鱼塘走去"实际上就是一种生活的美好。"我蹲下来，背起了母亲，妻子也蹲下来，背起了儿子"这句话体现了三代人生活的和睦。最后一句话体现了浓浓的亲情。

师：越分析越好。在美好的背景下走向美好。这一段含义、它的意味深长在走向美好。这位同学抓得多准啊！我们在阳光下，向着那菜花、桑树和鱼塘走去啊。

生 26："我蹲下来，背起了母亲，妻子也蹲下来，背起了儿子。"可能作者想起了曾经母亲背起了作者，带作者走过了他自己走不过去的路。

师：这位同学说了自己的看法，我觉得这种看法也非常好。母亲曾经背起我，让我绕过、让我走过那我不能走的路；现在母亲老了，我要背起她走她不能走过的路。我们打个比方，这个两次背啊，实际上就是作者背起了母亲的昨天，背起了儿子的今天和明天呐。

生 27： 通过同学的发言，我总结了一下。因为通过刚才读课文我发现一些动词，比如说蹲下、背啊，就是“很仔细”的，还有“加起来的”的“加”都是需要重读的，就是从读课文中也可以体会到这种感情。

师： 意味就在于作者把自己的情感渗透在这字里行间啊！

生 28： 刚才有位同学说母亲虽然高大，然而很瘦是因为操劳了一生。我觉得下一句儿子“虽然很胖，毕竟幼小”，毕竟幼小，幼小又那么胖，是不是家里喂得也好。

师： 不是喂得好，生活好，环境好，这个喂字就把诗意给破坏掉了。(笑)

生 29： 我补充一下。菜花和新绿，鱼塘和冬水，这代表春天，代表着生命。儿子在第 6 段说小路有意思，在第 7 段小路看到的这些景色，所以可能去的是明天，他去的是一个更美好的未来。

师： 很好。这个路，这个远景，在作者笔下还有一点象征的意义。所以我们品析一段话，把它和全文连起来看，它的表达让我们觉得怎么分析都意犹未尽。

[屏幕逐条显示，教师强调学生做笔记]

意味在于担负责任。

意味在于尊老爱幼。

意味在于走向美好。

意味在于一路同行。

意味在于生命的传承。

意味在于作为中年人，母亲和儿子就是自己的整个世界。

意味在于升华了文章的意境。

师： 意味在于这一段升华了文章的意境，深化了文章的主旨。像这样的美段就要细细地品读。

评点 诗意总结，句句精彩，角度丰富，如锦上添花，似春雨润田。学生笔下记录的，不仅仅是要点，更是美妙的语言，回味久远的诗意。

[屏幕显示]

在我们就要走出美文《散步》的时候，让我们一起深情地吟诵文中最后一段……

师：同学们，在我们就要走出美文《散步》的时候，让我们一起深情地吟诵刚才我们品读的最后一段吧。注意两个“蹲”字，一个“很”字，一个“加”字，还有“整个世界”，要读好。“这样，我们在阳光下”，读——

（众生齐读最后一段。）

师：谢谢同学们。希望《散步》的诗意长时期地萦绕在我们心中。谢谢大家，下课！

评点 在齐声诵读中结束本课，具体的指导，深情的吟诵，悠长的回味，诗意的课堂。

实录赏析

《散步》是一篇清新优美的散文。其构思之精巧，遣词之独特，内涵之丰富，令人叹服。尤其在情理交融上，浑然一体，看似情醉人，其实，不知不觉中，人已为作者蕴含其间的意境和哲理而深深感动。它像一曲感人肺腑的歌，尽情颂扬了生命的美，让人在对生命的感悟上接受了一次洗礼。

读《散步》像是在品尝一杯明前茶，入口清香，入喉难忘。在清新淡雅的文字里，流淌着真情，闪烁着理性，抒发着感悟。初品，看到了自然的景和人间的情；再读，体会的是生命的美；掩卷深思，不禁陡然感觉增加了生命的分量。

富有诗意的美文！富有诗意的教学创意！

诗意表现在“重章叠句”式的教学结构。

首先是一句话简说文意。于是，文中主要的人、景、事、情、意提取并概括出来了。接下来是三次品析能力训练：品情、赏景、析意，一唱三叹，相互联系，又各有侧重。课堂教学在节奏变换中，和谐自然地深入文本，既有整体把握，又有选点精读，角度丰富，训练扎实。

诗意表现在句式工整，语言优美的教师总结。

把余映潮老师出示在屏幕上的总结语联在一起，就是一首首美妙的诗，抑或一篇篇动人的散文。它句式整齐，节奏欢快，内涵丰富，意味悠远，让人叹为观止。每一处的总结，都字字如珠玉走盘，句句像潺潺流水，散发出智慧的光辉，给学生带来美的享受，起到了极好的示范作用。

诗意表现在生动有效的朗读指导。

如果说，余老师的总结示范像春雨一样无声地滋润着学生的心灵，那么，他满含深情的朗读指导就像是那一声声春雷，振聋发聩，震撼着每一位听课者的心灵。这雷声一拨接着一拨，抑扬顿挫，舒缓有致，不禁让人拍手叫绝。

诗意还表现在轻松和谐的师生对话。

真诚有力的赞许，四两拨千斤的引导，导引的机智，交流的深入，课堂掌控，张弛有度。体会文字底蕴，熏陶情感气质，美好中蕴含着一种绵延恒久的渗透力量。

诗意的教学是因为余老师有哲人般的理性思考，诗人般的深情咏叹，科学家的细致安排。

这一切都因为心中有一份热爱……

《夏感》课堂教学实录及评点

执　教：余映潮

评　点：张占营

授课时间：2011年10月21日

授课地点：江苏省淮安市清河区清河中学

案例导读

余映潮老师《夏感》的教学创意是美文细读、能力训练，堪称利用教材进行语言习得能力训练的典范。一篇短短的美文，通过细细地阐释、细细地品味，让《夏感》变得美丽而又奇特：这里有美妙的文学章法赏析，这里有优美的散文语言品味，这里有美好的文学情感熏陶……让我们美美地沉浸在余老师《夏感》的课堂实录中吧，尽情地享受“夏”那紧张、热烈、急促的旋律，微微地荡起对“夏”诗意而磅礴的潮音……

师：同学们！我们今天一起学习梁衡先生的《夏》。

[屏幕显示，教师简介作者]

梁衡先生，著名的新闻理论家，散文家，科普作家。

我们今天学习的《夏》就是他写的一篇短短的美文。

评点 开课揭题，简介作者，简洁洗练。

[屏幕显示]

趣味练习

(　　)夏　夏(　　)

师：我们一起来做练习。第一，根据课文内容在“夏”的前面加一个什么词？第二，根据课文内容在“夏”的后面加一个什么词或者字？（学生思考，小声讨论）你说。

生1：热烈的夏。

师：她扣住了文章第一段的一个词。好，请你来。

生2：忙碌的夏。

师：写农民是那样的辛劳。

生3：热烈的夏。

师：啊，重复了。好，请你来。

生4：紧张的夏。

师：紧张的旋律。

生5：急促的夏。

师：那么快就过去了，田里的植物是那么快就长大了。

生6：沸腾的夏。

师：热浪啊，人们的劳作啊。

生7：生机勃勃的夏。

师：多好，她换了一个说法。这么一换就是对文章内容的概括。

生8：蓬勃的夏。

师：磅礴大气啊。可惜差一个很关键的词啊。

生9：金色的夏。

师：对，金色的夏，金黄的夏。——“夏”字后面加一个什么词？好，谢谢你。

生1：夏闹，“热闹”的“闹”。

师：“夏闹”，结合课文的意境来看，这个字可能还差一点雅趣。好，请你说。

生 2：夏的旋律。

师：作者写的就是夏的紧张的、热烈的、急促的旋律。还有吗？好，请你来。

生 3：夏的色彩。

师："色彩"这个词的力度可能还不够。

生 4：夏的旺盛。

师：旺盛的，夏是个旺季哦。

生 5：夏的升腾。

师：好的。这个字你们可能一会儿还说不出来。文章的标题其实还不是"夏"，是"夏感"，"感受"的"感"。文章通篇都是写的感觉、感受、感悟。

[屏幕显示]

赞美夏

这个词没有找出来吧。根据课文内容最重要的就是这个词：赞美。赞美的内容全部被同学们说出来了。

[屏幕显示]

夏感

夏感，对夏天的感觉，对夏天的感受。好，谢谢同学们。

评点 "趣味练习"指向文意把握，此乃"侧面入手、正面解读"的技法。练习之"趣"，激活思维，紧扣文本，话语纷纭，氛围浓厚。

师：我们继续读这篇课文，学习过程是美文细读。

[屏幕显示，学生齐读]

学习过程：美文细读

细细地阐释

细细地品味

两个环节：细细地阐释，细细地品味。好，开始第一个学习环节。

[屏幕显示]

细细地阐释

话题：每一段都好

师：这篇课文五个段落，我们只有把“每一段都好”这个问题解决之后，才能知道这篇文章为什么好。下面，请各自拿起笔，静思默想，每个人选一个段落分析一下，你觉得这一段为什么好？既要说它在全文中的作用，又要说它为什么好。默读五分钟，开始吧。

(学生读书，静思默想，批注。)

师：(五分钟后）好的，抓紧时间同桌之间互相讲一下。

(学生自由地互相讲。)

师：好的，每一段要两个人说。

生1：第一，写出了夏天的特点，夏天是紧张、热烈、急促的；第二写出了作者对夏的喜爱之情；第三就是给人以想象，夏天是怎样的紧张、热烈、急促呢？

师：我把你的最后一句来解释一下：这一段是概写夏天的特点，便于后面的段落进行详细的描述。

生2：这一句话独立成段，使夏天的特点非常突出，在文章中起到总领的作用。为下文做了铺垫，下文就围绕这“紧张”、“热烈”、“急促”三个词来写的。

师：这一段话不叫铺垫。什么叫铺垫呢？铺垫是很厚实地说一些内容，然后便于后面的内容展开。这是全文的总起，有了这一段，后面的文章就可以展开了，扣住这一段来写。两位同学分析得好，但是我们一起注意一个词“旋律”。除了“紧张”、“热烈”、“急促”之外，还要注意“旋律”

啊。你们观察下文，还有两段写了“旋律”，还有两段没有点出“旋律”这两个字，但是一定是写夏的旋律的。

生3：第二段用了对比的手法，比如第二段中“轻飞曼舞的蜂蝶不见了，却换来了烦人的蝉儿，潜在树叶间一声声地长鸣”。并且通过色、味、形的描写，给人以生命之初的感觉，为第三段的“夏天的色彩是金黄的”做铺垫。第一句通过“终于”可以看出作者对夏的热爱，尤其是最后一句“夏天到了”，无疑是一句点睛之笔，承接下文内容。

师：分析得好！这一段才是铺垫。大家注意一个很关键的词“金色”。把它画下来。金色主宰了世界上的一切。“金色”出来之后，你们看第三段一开始就扣住“金”字来写了，承接得很漂亮。这个同学的分析你们注意到几个关键词了没有？色、声、味。还有触觉嘛，你看“热风浮动着”。还有形态之美啊，“山坡上的芊芊细草长成了一片密密的厚发，林带上的淡淡绿烟也凝成了一堵黛色长墙”。

生4：第二段有“好像”“一样”“一片密密”。我认为这些词也能突出夏的旋律是紧张、热烈、急促的。还有“好像炉子上的一锅水在逐渐泛泡、冒气而终于沸腾一样，山坡上的芊芊细草长成了一片密密的厚发，林带上的淡淡绿烟也凝成了一堵黛色长墙”，我认为也体现出夏的旋律。还有下面“火红的太阳烘烤着一片金黄的大地”，“烘烤”可以看出夏天的温度非常高；“麦浪翻滚着，扑打着远处的山、天上的云，扑打着公路上的汽车，像海浪涌着一艘艘的舰船”，可以看出麦浪翻滚的样子十分优美。

师：谢谢你。这个同学的分析扣住了两个字：旋律。夏天的旋律奏响了。请大家把这些词画下来：细草、林带、蜂蝶、太阳、麦浪、热风……它们奏起了夏的交响乐。好，第三段。

生5：第三自然段主要描写了夏天的色彩和特点。作者把夏天的色彩比作金黄色的，以及后面对田间农作物的描写，衬托出了夏天是旺盛的、夏天是生机勃勃的，让我们感受到了夏天热烈的旋律。

师：这一段写了两个“旺”字，“旺季”，“旺盛”，凸显了夏的蓬勃。好，第二位同学。

生6：这一段开头就写了夏之色与秋之色、春之色的比较，写出夏的热烈。然后用“挑”“举”“匍匐”等词语围绕生命来写，写出了农作物生长的动作，让夏天更充满了活力，更体现了它的旺盛。

师：比喻用得好，动词也用得好。精细地写出了作者的感受。好，第四段。

生7：我觉得第四段写得很好。“田家少闲月，五月人倍忙”，这句诗写出了夏的充实紧张，农民的辛苦忙碌和勤劳。

师：谢谢你。这个同学读出了这一段的层次。她说的这句话是第二层次，前面写了农民的辛劳紧张。最后一层就引用诗句来赞美农民。“田家少闲月，五月人倍忙”，他们肩上挑的是夏秋两季。好，第二位！请你来！

生8：课文第四段通过“快割”“快长”等词语，让我们感到夏天紧张的旋律。最后用“田家少闲月，五月人倍忙”更把生活紧张的气氛表现出来。

师：多好。注意，第四段非常重要，从写夏之热烈、急促，写到了农民的紧张，由景到人。请大家旁批在第四段，要把瞬间的感受变成笔墨记下来。好，第五段！

生9：这段话用了对比、衬托的手法写出了夏的紧张，也是对夏的赞美，这段话起到了总结全文、点明中心的作用。作者也抒发了自己的感情。

师：很好，她的几句话把这段文字的作用分析得很细致。收束全文，运用对比的手法表达自己对夏的赞美，都说到了。

评点 设置话题，读书静思，互讲启发，课堂阐释，师生交流，活动充分，层层推进，彰显章法赏析的广度与厚度。

师：好，老师总结一下大家的发言，请做笔记，每一段记四个字。

[屏幕显示]

第一段：总写一笔。概写夏天的特点。

[屏幕显示]

第二段：宕开一笔。描述春的灵秀之气酿成夏的磅礴之势。

师：什么叫宕开呢？就是延展一下，不直接地写夏天，而是从春天开始写，这篇文章就委婉有致了，描述春的灵秀之气，酿成夏的磅礴之势。宕开一笔，就像同学们分析一样，仅仅写夏天来了四个字是不好看的，远远地写起，啊，夏天终于来了。

[屏幕显示]
第三段：赞颂一笔。讴歌夏是承前启后、生命交替的旺季。

[屏幕显示]
第四段：深化一笔。赞叹在夏的紧张旋律中辛勤劳作的农民。

[屏幕显示]
第五段：收束一笔。再次表达对夏的衷心赞美。

师：五笔，笔笔都有讲究啊。好，再换个角度来理解一下。

[屏幕显示]
第一段：线索设置之美

师：第一段，全文的线索。"热烈""紧张""急促""旋律"，全文就是扣住这四个关键词来写的。它的作用就是设置线索，又是开头，又是总写，又是概写，还表达了情感。

[屏幕显示]
第二段：着力铺垫之美

师：第二段，老师为什么要你们画那么多的词呢？着力地铺垫了春的灵秀之气，酿成了夏的磅礴之势。

[屏幕显示]

第三段：议论描述之美

师：着力铺垫，为的是第三段的出现，议论描述金色的夏，充满生命活力的夏。

[屏幕显示]

第四段：笔锋转折之美

师：第四段的笔法非常漂亮，笔锋一转写到了农民，也许作者全文的意思就是在描写夏、歌颂夏的时候引出对农民的赞美，这是笔锋转折之美。

[屏幕显示]

第五段：直抒胸臆之美

师：第五段，从抒情的角度来看，是直抒胸臆。每一段都好，每一段都有它丰富美好的作用，所以这是一篇美文。

[屏幕显示]

在这个环节中，我们主要进行了“文意把握”、“表达作用”阐释能力的训练。

师：刚才这个环节，我们进行了“文意把握”、“表达作用”阐释能力的训练。你们对“每一段都好”阐释得很美妙。

评点 课中小结，显现余老师对文学章法的审美的提炼；课中小结，调控学习节奏，学生活动由阐释到笔记；课中小结，是文学审美知识的积累，更是促进了学生思维向文本纵深处漫溯。

师：好，现在我们宕开一笔，做一些其他的事。请继续做笔记，我来讲点什么给你们听。

［屏幕显示］

课中微型讲座

《夏》语言的音乐美

对称

课中知识积累：《夏》语言的音乐美。文章的音乐美表现在很多方面，那么《夏》的音乐美表现在哪里呢？两个字：对称。记下来了吧？

［屏幕显示］

句中自对

我们来看，这篇文章的对称表现在句子中间的对称，叫"句中自对"。不是这个句子和那个句子对，是句子中间的自己和自己对。这四个字记好了没有？

生：记好了。

师：好的。有的短语它也是自己跟自己对的，这篇文章中有很多四字短语，它也是前两个字和后两个字对起来了，现在我让你们读一读你们就感觉到了。

［屏幕显示］

山坡上的芊芊细草长成了一片密密的厚发，林带上的淡淡绿烟也凝成了一堵黛色长墙。

火红的太阳烘烤着一片金黄的大地。

麦浪翻滚着，扑打着远处的山、天上的云。

春天的灵秀之气经过半年的积蓄，这时已酿成一种磅礴之势，在田野上滚动，在天地间升腾。夏天到了。

收获之已有而希望还未尽。

春日融融，秋波澹澹；而夏呢，总是浸在苦涩的汗水里。

你看田间那些挥镰的农民，弯着腰，流着汗，只是想着快割，快割；麦子上场了，又想着快打，快打。

春之色为冷的绿，如碧波，如嫩竹，贮满希望之情；秋之色为热的赤，如夕阳，如红叶，标志着事物的终极。

师：你看，有加粗的字吧，试一下只读加粗的字，读一读。

学生自由读。

师：山坡上的……

生：（齐读）芊芊细草。

师：林带上的……

生：（齐读）淡淡绿烟。

师：读起来多美啊！火红的太阳……

生：（齐读）金黄的大地。

师：远处的山。

生：（齐读）天上的云。

师：灵秀之气。

生：（齐读）磅礴之势。

师：在田野上滚动。

生：（齐读）在天地间升腾。

师：收获之已有。

生：（齐读）希望还未尽。

师：春日融融。

生：（齐读）秋波澹澹。

师：弯着腰。

生：（齐读）流着汗。

师：快割，快割。

生：（齐读）快打，快打。

师：春之色为冷的绿，如碧波，如嫩竹，贮满希望之情。

生：（齐读）秋之色为热的赤，如夕阳，如红叶，标志着事物的终极。

师：谢谢同学们！大家再说一遍，这篇文章的音乐美表现在哪里呀？

生：（齐答）对称。

师：特点是……

生：（齐答）句中自对。

评点 穿插微型讲座，丰富教学内容，体会语言特色。师生对读，声韵和谐，由静到动，再起波澜，烘托出浓郁的语言学习氛围。

师：好，咱们开始第二个学习环节。

［屏幕显示］

细细地品味

话题：课文第三段美点欣赏

我们细细地品味：课文第三段美点欣赏。我们一起来读第三段，男生读到“旺季”这个地方，女生接读“你看”，为什么要这样读，你们就要想一下了。“夏天的色彩”，读——

（学生朗读第三段。）

师：老师为什么要这样读？一定有理由。猜一猜或者分析一下。（一生举手）谢谢！

生1：男生读的那一段主要是描述夏的色彩，而女生读的那一段是夏天的活力，以及田间那旺盛的活力。

师：夏的活力。她做了初步分析。还有分析的吗？（面对一位学生）你刚才准备怎么说？好，谢谢！

生2：男生读的只是单单地描写夏季，女生读的是描写夏季的特点。

师：还有说的吗？好，请你来。

生3：男生读的那一层是说夏天是“承前启后、生命交替的旺季”，而女生读的那一层则是对旺季的描绘。

师：分析到位了。这一段有两个层次。第一层议论，第二层描写。第一层充满理性，第二层充满感性。第一层写得大气，第二层写得细腻。你看，我们一下子分析出这么多美好的东西来。

评点 继续设置话题，撷取一段细读。着眼层次，以读带析，手法新颖。师生对话，把对文脉层次的理解巧妙地升华到了理性，品文辞之妙，得为文之法。

师：那么，这一段我们还需要读什么呢？每位同学拿起笔静默思考吧，注意它的手法之美，它的……我不说了，自己思考吧。

(学生静默思考。)

师：默默地想应该怎么说。每个人用一两句话表达自己的欣赏，可以说话了吗？可以就举手。(老师观察）好，把你的见解讲给大家听。

生1：我的感受是，这一段用了一系列拟人的手法描写了夏天的生机勃勃。

师：他说的是第二层，拟人的手法用得很精致。

生2：这段话中的动词描述了田间农作物很享受这个季节，紧紧地抓住这美好的季节来自我完善。

师：动词用得好。能否举一例说明呢？

生3：如“你看，麦子刚刚割过，田间那挑着七八片绿叶的棉苗”。这句话中的“挑”字，让我们感受到棉苗心里有个喘息。

师：我觉得这个“挑”字不一定是喘息。这个“挑”字表示的是一种自豪，棉苗的绿叶生长出来了，它“挑”着绿叶，似乎在展示。“挑”，多好的动词啊！好，请你来！

生4：这一段用了对比的手法，第一层是颜色的对比，第二层的“细滋慢长”和“蓬蓬勃发”，这是一种很好的对比。

师：对，已经不是在春风中慢长了，而是“勃发”、“冲刺”。继续。

生5：我觉得前面写了春季和秋季的色彩，更写出了夏在春华秋实之间是一个承前启后、生命交替的旺季。

师：这是一个很关键的句子。作者说，夏“是一个承前启后、生命交替的旺季”啊！这是文章中最重要的感受之一。继续啊。请你说一下。

生6：这一段话用了拟人的手法，夏天的农作物也具有人的风采、气度和灵秀。

师：分析得很好。但我觉得前面几位说得有点粗，还要说细点。比如“无不迸发出旺盛的活力”，“迸发”用得好不好？“活力”用得好不好啊？要这样来说话就更好听了。（稍停）好，谢谢你。

生7：我觉得这段有许多地方承接得很好。如它前面说这夏“正是一个承前启后、生命交替的旺季”，后面就举例说“麦子刚刚割过”以及“那朝天举着喇叭筒的高粱、玉米”。上文说出了夏天的特点，下文举例子着重描述了夏天的旺盛以及生机勃勃。

师：很喜欢你分析的这两个字“承接”之美。旺季，是很重要的词。后面的描写都是来支撑“旺季”这两个字的。

生8：通过旺季我们联想到夏天的蓬蓬勃发，它就像一棵棵幼苗长成参天大树，更体现出夏天的旺盛与活力。

师：“蒸腾”、“勃发”、“冲刺”、“旺盛”等等都是写活力的，都是写旺季的。

生9：把春、秋、夏这三季的颜色对比，体现出三个季节不同的特点。比如，春是“贮满希望之情”的，秋是“标志着事物的终极”，夏是“收获之已有而希望还未尽，正是一个承前启后、生命交替的旺季”。

师：好的。这一部分也是承接得非常好的。优美的两个比喻句引出的就是作者的重要的感受。谢谢同学们。

评点 聚焦美段欣赏，将语言的学习引向课文深处。多角度地品味，使学生的欣赏视野顿然宏阔；教师极富文学韵味的“点染”，使语言学习变得高雅；及时跟进的点拨、引导，使课堂学习更为高效。

师：再听老师小结：

[屏幕显示]

《夏》第三段美点欣赏

清晰层次

精妙动词

比喻美句

拟人精段

优美穿插

深刻感悟

诗意地赞美夏之蓬勃生命力。

这一段有极清晰的层次。有非常精妙的动词运用。有极耐咀嚼的比喻美句。我们把第二层当作一个小小的段落来看，有第二层这样的拟人精段。还有优美的穿插。穿插什么呢？“按绘画的观点”这几句话，这个比喻就是穿插，使文章有了波澜。还有深刻的感悟。我又要考大家一下：深刻的感悟是哪句话？一起读。

生：“这时她们已不是在春风微雨中细滋慢长，而是在暑气的蒸腾下，蓬蓬勃发，向秋的终点作着最后的冲刺。”

师：这是形象的说法。理性的说法在哪里啊？

生：“正是一个承前启后、生命交替的旺季。”

师：这一段话是诗意地赞美夏之蓬勃的生命力。有了这一段，再笔锋一转来尽情地赞美农民就是顺理成章的了。

[屏幕显示，教师读]

在这个环节中，我们进行的是“精段品读”、“语言欣赏”能力训练。

同学们很能进行分析，一个小小的弱点是对精妙的词语的品析能力，说明它的表达作用，说明它为什么用得好，还需要加强训练。好不好？

生：好。

评点 课中小结，理性概括并精要讲析美点，与第一板块的课中小结形成教学结构的建筑之美。指出品析弱点，明确努力方向，更见崇高师德。

［屏幕显示］

学习小结

美文细读

能力训练

师：谢谢同学们！这节课我们进行了美文的细读，我们进行了能力的训练。大家很辛苦。好，下课。

评点 学习小结，凸显目的，自然收课。

实录赏析

《夏感》教学实录，犹如一篇立意高远、层次清晰、极富意蕴的散文，读后给人以感情激荡、余韵悠长的感觉。

文学乃心灵的图像，藏在语言结构中。阅读散文的上乘境界就是站在一定的高度去审视文章的构思与笔法。余映潮老师设置“每一段都好”的话题，激活对文学章法的赏析，逐步建构起精致散文的五种笔法的行文体系，学一文知一类，大大提升了学生的文学欣赏能力。

余老师引领学生理清作者情感喷薄的动态轨迹后，再次设置“课文第三段美点欣赏”的话题，由第一板块的“面”到这一板块的“点”，通过多角反复地亲近语言，让语言焕发出美的光彩。诸多美点的赏析，让我们再次感受到余老师诗意课堂的韵味和魅力。

《夏感》教学实录中的两个话题，简约而厚实，集中体现了余映潮老师“得体得法”的语文教学艺术。

得体，就是关注文体特点。散文教学的核心，既要引领学生“细心领会作者对于自然和人生的描述与感悟，又要认真品评作者表达这种感悟所用的形式”。（见人教版九年级下册《语文》附录《谈谈散文》第 232 页）

余老师高度整合提炼，将二者自然融为一体，教学角度别致，可谓“大手笔”。在交流第一个话题时，老师根据学生发言顺势点示：“第四段的笔法非常漂亮，笔锋一转写到了农民，也许作者全文的意思就是在描写夏、歌颂夏的时候引出对农民的赞美，这是笔锋转折之美。”余老师把“得体的教学”做到了“天与云与山与水，上下一白”的境界。

得法，就是选择适宜的学习方法。默读、思考、交流、笔记、朗读，有静有动，有张有弛。有学生思维的碰撞，有教师精彩的讲座。尤其让我们年轻语文教师敬仰的是：余老师总是把充足的时间留给学生去读书，静思默想，有了静思才有高质量的对话，语言实践活动充分，这是对学习规律的尊重；余老师总是面向集体，让每一位学生都投入到细细地阐释、细细地品味中，让每一位学生都切切实实地提升语文能力，这是对学生的尊重。

为什么这一课珍藏在我心怀？因为它关注学生发展，着眼能力训练，“立意高远”……

《风雨》课堂教学实录及评点

执　教：余映潮

评　点：吴慧玲

授课时间：2013 年 10 月 30 日

授课地点：东莞市光明中学

案例导读

《风雨》教例，何其美妙！智慧的声音在活动中彼此呼应；时时有引领，处处有习得，教与学应该就是这样和谐默契，水到渠成吧。当学生表达了阅读的感受，就习得了归类的学习方法；当他了解了一种说法，就由一篇知道了一类；当他知晓了一种章法，就学会了举一反三；当他品味了一处描写，就由一例探求了一理；当他吟诵了一段文字，就享受了创造性学习的快乐。积累词语、知晓章法、分析写法、实践诵读，怎样才能让学生在语文课上大有收获，《风雨》教例可以带给我们诸多启示。

(学生大声朗读课文。)

师：读得好。作者是贾平凹（wā）。我们了解一下作者："贾平凹"，读。

[屏幕显示，学生齐读]

贾平凹，陕西作协主席，中国书协会员，当代著名作家。贾平凹是我国当代文坛屈指可数的文学大家和文学奇才，曾多次获文学大奖。

评点 朗读课文，入情入境；简介作者，知识铺垫。

师：咱们今天学的《风雨》就是奇才写的奇文。大家刚才读了课文，现在我们要来表达一种感受。什么感受呢？用一个四字短语说一说你感受到的风雨的内容。这个应该立即有感受。

[屏幕显示]

表达一种感受

用一个四字短语形容《风雨》的内容。

生 1：风狂雨猛。

师：这个就是感受。有风和雨。原来《风雨》就是写很大的风，很大的雨呀。你呢？

生 2：我跟她一样。

师：一样？哦，要变化，除了风狂雨猛。继续说话。老师说的是除了"风狂雨猛"，还有更多的四字短语。

生 3：疾风骤雨。

师：哦，又是一个。"疾风"啊，多猛的风；"骤雨"，突然来到的雨。

生 4：惊心动魄。

师："惊心动魄"，我们就好像身处在这狂风猛雨之中。说得好。

生 5：风雨交加。

师："风雨交加"，又是很恰当的形容。还有吗？谢谢。

生 6：狂风暴雨。

师："狂风暴雨"。我们就从多个角度感受了《风雨》的内容。大家看，还有一个"风雨如磐"，很大很大的风雨呀，这个"磐"就是"大石头"。

[屏幕显示，老师朗读]

风雨交加

风雨如磐

暴风骤雨
狂风暴雨
风狂雨骤
疾风暴雨

师：这就是《风雨》的内容。我们大家一定很明确地感受到了写风雨却没有“风雨”两个字，过一会儿，我们继续来品味文章的写法。现在我告诉大家一种学习词语的方法——用四字短语、成语来形容某一种自然现象是可以的。下面，我们继续来看课文，从第二段开始看，有一个词叫“刹那”，很短很短的时间。这篇课文里面写“很短很短的时间”的词不少，把它们一个一个地圈下来，这就叫学习一种方法。这种方法就是分类地把有关的意思相近的词语积聚在一起。这篇课文里面恰好有这一种资源。

（生静思默想。）

师：哪一位同学来汇报你的发现？好的，请你来，从“刹那”说起。

生7：“刹那”、“立即”、“随即”、“一下子”、“倏乎”、“突然”、“唰地”、“猛地”，就找了这么多。

师：好的。还有一个很重要的词，“倏乎”后面——“瞬间”。那么“唰地”，它又是一种象声词，里面还有速度很快的意思，但是它和“刹那”、“立即”、“随即”、“一下子”、“忽地”、“忽然”、“倏乎”、“瞬间”还有一点差别。那么“唰地”“啪地”，就是另外一类——象声词。谢谢大家那么用心地画出来。

评点 表达感受，整体把握；语言表达，学以致用；词语积累，分门别类；方法指导，思维训练。

师：好，下面我们继续学习，“了解一种说法”。

［屏幕显示］

了解一种说法

请大家看课后的第一个练习，有一种说法叫作——“不著一字，尽得风流”。这个说法就是说这篇文章没有写一个“风”，没有写一个“雨”，用古人的话来评价这篇文章的艺术手法。我们现在要了解的就是“不著一字，尽得风流”这八个字。好，现在请大家看屏幕，一起来读一读吧。

[屏幕显示，学生齐读]

了解一种说法

“不著一字，尽得风流”：文学作品的一种表意含蓄的艺术手法。主要用侧面烘托的笔法咏物、绘景、写人、说理。

师：“不著一字，尽得风流”，这个“风流”的含义就是指有文采。没有写这方面的内容，其实也非常漂亮。好，这要做笔记，增加知识积累。

（学生做笔记。）

师：我们现在通过例证来再一次知道什么是“不著一字，尽得风流”。一起来朗读这首诗，你们小时候都读过。“风”，读。

[屏幕显示，学生齐读]

风

（唐）李峤

解落三秋叶，
能开二月花。
过江千尺浪，
入竹万竿斜。

师：写的就是风，写的就是风的力量。“解落三秋叶，能开二月花。过江千尺浪，入竹万竿斜。”再来看。“早发白帝城”，读。

[屏幕显示，学生齐读]

早发白帝城

（唐）李白

朝辞白帝彩云间，
千里江陵一日还。
两岸猿声啼不住，
轻舟已过万重山。

师：“不著一字，尽得风流”，这里的“风流”一字在哪里呢？“两岸猿声啼不住，轻舟已过万重山。”有感受吗？哪一位告诉我们，你感受到怎样的内容？

（学生静心思考。）

师：好，老师点拨一下。“朝辞”、“一日”，朝辞白帝彩云间，千里江陵一日还。（老师重读“一日”）你来试一下，看看有没有感觉。

生8：我认为这是写水流的湍急，因为“千里江陵一日还”，就说明船行得很快，这也说明水流得也很湍急。

师：这就是感觉。速度，这首诗写的就是速度，很夸张的笔法，同时写的是心情，快乐呀。这里的风流就是速度和心情。大家看，“朝辞白帝彩云间，千里江陵一日还”，怎么能不是速度呢？这就是“不著一字，尽得风流”，而且心情一定很好，写的是美好的感觉。

[屏幕显示]

行者见罗敷，下担捋髭须。
少年见罗敷，脱帽著帩头。
耕者忘其犁，锄者忘其锄。
来归相怨怒，但坐观罗敷。

师：再来看，有一个美女叫罗敷，“行者见罗敷，下担捋髭须。少年见罗敷，脱帽著帩头。耕者忘其犁，锄者忘其锄。来归相怨怒，但坐观罗敷”。“但坐”，只是因为看罗敷的原因呀。你们感觉这是写谁的？

生齐答：写罗敷。

师：写谁的什么？

生齐答：罗敷的美。

师：罗敷之美呀，美到什么程度呢，美到看到她的人什么事都不能做了。“不著一字，尽得风流”。

[屏幕显示]

整个老城像烧透了的砖窑，使人喘不过气来。狗趴在地上吐出红舌头，骡马的鼻孔张得特别大，小贩们不敢吆喝，柏油路晒化了，甚至于铺户门前的铜牌好像也要晒化。街上非常寂静，只有铜铁铺里发出使人焦躁的一些单调的丁丁当当。

生齐答：热。

师：还有……

生齐答：闷。

师：“甚至于铺户门前的铜牌好像也要晒化”，热，还有太阳光很猛烈。

生齐答：骄阳似火。

师：学会用四字词语来概括这种感受了。好，我们终于比较深刻地了解到什么是“不著一字，尽得风流”了。

评点 随文点拨，积累新知；精选案例，旁征博引；由点及面，触类旁通；习得规律，视野开阔。

[屏幕显示]

知晓一种章法

师：这个就更有意思了。大家看课后练习题第一题的第 2 个小题，它这样问我们：有人说结尾说到大雨了，你是怎么看的？我觉得这个问题很好解决，你们一下子就可以看出来。难的是后面一问——结尾的场景和情调跟前面的相比有什么不同？现在大家就来思考这样一个问题，就是第8段和前面几段有什么不同？

（生安静思考。）

师：可以表达你的观点了。最后一段和前面几段的不同在哪里？

生10：前面几段是在写景，这一段是在写人。

师：这是一种不同。

生11：我认为前面只是单纯地写风雨，后面一段还包含了作者的感情。

师：写出了小孩子们的快乐，很恐怖的场景，但是仍然有很快乐在里面。分析得好。

生12：后面运用了“惊喜”一词，前面都是一味地在写狂风暴雨，而后面写出了惊喜，这是两种不同的情境。

师：这是写了人的情感，人的情调。前面也点到了人，但是没有情绪的表达。分析得好。

生13：与前面植物和鸟儿的表现不同。

师：小孩子们在大风大雨的屋内，外面是大风大雨，孩子们和老人在屋内。其实最后一段也写了风大雨大，门都关住了，窗也都关住了，但是油灯还是点不着啊，孩子们叠着小船一只一只地放出去享受风雨中的快乐。这就是场景和情景的不同，写室内，写人、写孩子们的高兴，所以我在这里就要告诉大家一种章法。做笔记。

[屏幕显示]

知晓一种章法

写景的诗文，有时用最后一笔写人，以变化节奏，深化意境，增加韵味。

（老师朗读，学生做笔记。）

师：知道了这个方面的知识，就增加了我们阅读的经验。我们再来看例证。这就是我们上过的课文，“天净沙”，读起来。

［屏幕显示］

天净沙　秋思

马致远

枯藤老树昏鸦，

小桥流水人家，

古道西风瘦马。

夕阳西下，

断肠人在天涯。

（生齐读。）

师：这首小令写景就是为了写人，最后一笔写人。

［屏幕显示］

三　峡

郦道元

自三峡七百里中，两岸连山，略无阙处。重岩叠嶂，隐天蔽日，自非亭午夜分，不见曦月。

至于夏水襄陵，沿溯阻绝。或王命急宣，有时朝发白帝，暮到江陵，其间千二百里，虽乘奔御风，不以疾也。

春冬之时，则素湍绿潭，回清倒影。绝𪩘多生怪柏，悬泉瀑布，飞漱其间，清荣峻茂，良多趣味。

每至晴初霜旦，林寒涧肃，常有高猿长啸，属引凄异，空谷传响，哀啭久绝。故渔歌者曰：“巴东三峡巫峡长，猿鸣三声泪沾裳。”

师：我们再来读《三峡》：写景啊，写景，写景，最后一段“每至晴初霜旦，林寒涧肃，常有高猿长啸，属引凄异，空谷传响，哀啭久绝”。最后一句是什么呀？一齐读。

师生齐读：故渔歌者曰："巴东三峡巫峡长，猿鸣三声泪沾裳。"

师：这就写了人呀，于是就增加了情味、情调。

师：我们再来读——

[屏幕显示，学生齐读]

"吹面不寒杨柳风"，不错的，像母亲的手抚摸着你。风里带来些新翻的泥土的气息，混着青草味儿，还有各种花的香，都在微微润湿的空气里酝酿。鸟儿将巢安在繁花嫩叶当中，高兴起来了，呼朋引伴地卖弄清脆的喉咙，唱出宛转的曲子，跟轻风流水应和着。牛背上牧童的短笛，这时候也成天嘹亮地响着。

师：再看你们的课文《秋天》，最后一笔——"秋天梦寐在牧羊女的眼里"。这都是告诉我们，诗文最后一笔把人点一下，文章的意境马上就更加优美起来。

评点 深入文本，知晓章法；问题引领，先思后教；导之引之，不愤不启；尊重感受，理性升华；内容丰厚，融会贯通；拾级而上，豁然开朗。

师：好，我们继续学习。品味一处描写。

[屏幕显示]

品味一处描写

师：要说一说你认为《风雨》这篇文章用了什么方法写风的。这就是欣赏。我们有感觉，但是要用语言把它概括出来却是一件难事。好吧，思考，在你有感觉的地方写上旁批，过一会儿咱们交流。

[屏幕显示]

品味一处描写

《风雨》写"风"方法品析。

（学生思考问题，做批注。）

师：好的。发表见解，写风的方法欣赏。可以举手了。这位同学来。

生 14：我认为本文运用了大量侧面描写，通过对树林、芦苇、鸟儿等植物动物的描写，烘托出了风的猛烈。

师：侧面描写自然是的，全篇都是侧面描写，我们还能不能说细一点呢？试一下。

生 15：本文第一段的第一句话“树林子像一块面团，四面都在鼓，鼓了就陷，陷了再鼓”，这句话运用了比喻的修辞手法把树林子比作一块面团，再通过后面的动词“鼓”“陷”描写出了树林子被风吹得左摇右晃的情形，生动形象地写出了风的大和猛。

师：说得多好啊。（听课师生鼓掌）但是，我还要把你的话说得更简洁，我不说比喻行不行？也是可以的。这是写事物的形态发生了变化，哦，用事物的形态的猛烈变化来写风的力量。

生 16：第一段一整段一长串动词对风进行了细致的描写，惊心动魄，直奔主题，仿佛直接把我们带到了那一阵疾风面前。

师：用描写的方法，特别是用有关感受的词语来写风的力量。谢谢，又有了新的发现。继续发现。

生 17：“然后一切都在旋，树林子往一处挤，绿似乎被拉长了许多，往上扭，往上扭，落叶冲起一个偌大的蘑菇长在了空中”，这句话运用了一系列动词形象地写出了风的无处不在。

师：同样是写形状。现在提炼一下你们说话的弱点，怎么都在说第一段呢，后面难道没有写风吗？下面的发言，不准说第一段的内容了。

生 18：第 3 段“一个穿红衫子的女孩冲出门去牵羊，又立即要返回，却不可能了，在院子里旋转，锐声叫唤，离台阶只有两步远，长时间走不上去”，这句话运用了“两步远”和“长时间”这两个词语形成对比，突出了风的强劲，让人身临其境。

师：你的看法就和他们不同了，这不是事物形状的变化，这是写人在风中很困难地行走来写风大。又发现了一种写风的方法。

生 19：老师既然你说不能说第 1 段，那我就说第 2 段最后一句话。

师：那请你说慢一点，我一句话也没有听见。

(师生同笑。)

生 20：我说既然你说不能说第 1 段，那我就说第 2 段最后一句吧。

师：那当然可以。

生 21："那片芦苇便全然倒伏了，一节断茎斜插在泥里，响着破裂的颤声"，这里面的动词用词精当，形声齐备，未见"风"字，但是风声却早已灌耳。

师：分析得好。(听课师生鼓掌）我给你补充，你看这芦苇，声音不应该是很大的，但是他写"响着破裂的颤声"，风很猛啊，芦苇一下子就断了，因为风猛啊，声音就很大。这也是事物形态的变化。

生 22：第 6 段一整段也是写风的，用了两个"突然"，再次交代了风的猛烈和风向的变化。

师："一会儿"，"一会儿"，写了风向的变化，更有趣的是第 6 段写了一只猫，那只猫一下子就跳到屋顶上了，这是用什么来写风呢?

生 23：我想说的是第 5 段，他用了很多的动词，比如说"飘""斜""颤""翻""旋""倏乎""瞬间"等词语，写出了鸟儿在风雨中的软弱无助，从侧面写出了风的力量之大。

师：可怜的鸟儿只怕都摔死了，"倏乎在空中停止了，瞬间石子般掉在地上，连声响也没有"，摔坏了，这是一个小小的故事，用鸟儿的故事来写风大雨猛。好的，同学们，我们一起来梳理一下。《风雨》写风的技巧实在是太美妙。

[屏幕显示]

巧用"形状"写风

垂柳全乱了线条，当抛举在空中的时候，却出奇地清楚，刹那间僵直了，随即就扑撒下来，乱得像麻团一般。杨叶千万次地变着模样：叶背翻过来，是一片灰白；又扭转过来，绿深得黑清。那片芦苇便全然倒伏了，一节断茎斜插在泥里，响着破裂的颤声。

师：把六个字的笔记写完整——巧用“形状”写风。这是最主要的笔法，到处都是写形状的变化。

［屏幕显示］

巧用“时间”写风

一个鸟巢从高高的树端掉下来，在地上滚了几滚，散了。几只鸟尖叫着飞来要守住，却飞不下来，向右一飘，向左一斜，翅膀猛地一颤，羽毛翻成一团乱花，旋了一个转儿，倏乎在空中停止了，瞬间石子般掉在地上，连声响儿也没有。

师：巧用“时间”写风，有很长的时间，也有很短的时间，特别是第5段“猛地”“倏乎”“瞬间”，第3段写小女孩“长时间”走不上去都是用时间来写风的威猛。

［屏幕显示］

巧用“声音”写风

池塘里绒被一样厚厚的浮萍，凸起来了，再凸起来，猛地撩起一角，唰地揭开了一片；水一下子聚起来，长时间的凝固成一个锥形；啪地摔下来，砸出一个坑，浮萍冲上了四边塘岸，几条鱼儿在岸上的草窝里蹦跳。

师：这就不用说了，我们怎么没有发现呢？巧用“声音”来写风。特别是写池塘的这一段，“猛地撩起一角，唰地揭开了一片”“啪地摔下来”，既是写水的形态的变化，也是着力地用声音来表现风的力量。

［屏幕显示］

巧用“重量”写风

窄窄的巷道里，一张废纸，一会儿贴在东墙上，一会儿贴在西墙上，突然冲出墙头，立即不见了。有一只精湿的猫拼命地跑来，一跃身，竟跳上了房檐，它也吃惊了；几片瓦落下来，像树叶一样斜着飘，却突然就垂直落下，碎成一堆。

师：这又是一个奇妙的地方，巧用“重量”写风。那只猫一跃身跳上了房檐，风把它吹上去的。瓦片落下来像树叶一样斜着飘，还有葡萄藤一下子就掉下来，更不用说那些纸啦，连羊都一下子被吹倒在地上，连人在风中都不能行走……这都含有用重量来写风的味道。几种了？

生齐答：四种。

师：四种。继续。

[屏幕显示]

巧用“事件”写风

一头断了牵绳的羊从栅栏里跑出来，四蹄在撑着，忽地撞在一棵树上，又直撑了四蹄滑行，末了还是跌倒在一个粪堆旁，失去了白的颜色。一个穿红衫子的女孩冲出门去牵羊，又立即要返回，却不可能了，在院子里旋转，锐声叫唤，离台阶只有两步远，长时间走不上去。

师：第3段写得非常漂亮，他编写了一个小小的故事，一只羊出来了，摔倒在地上，一个小女孩就要去牵它，结果回不了家。而且巧用了色彩，白色的羊，还有穿红衣服的小姑娘点缀在风雨中。这是个小小的情节，它和一般的描写如描写树林形态的变化完全不同，因为它是一个小故事。

[屏幕显示]

巧用“场景”写风

最北边的那间小屋里，木架在吱吱地响着。门被关住了，窗被关住了，油灯还是点不着。土炕的席上，老头在使劲捶着腰腿，孩子们却全趴在门缝，惊喜地叠着纸船，一只一只放出去……

师：巧用“场景”写风。室外的都是一些画面，作者又写到室内了，写到家中，连家里都有很大的风，这就更写出了风的强劲，门窗都关着还点不着灯。如果我们继续发现，可能还有更微妙的方法来告诉我们作者是如何“不著一字，尽得风流”的。

[屏幕显示]

巧用“形状”写风

巧用“时间”写风

巧用“声音”写风

巧用“重量”写风

巧用“事件”写风

巧用“场景”写风

多角度　多层次　多事物

情境感　画面感　镜头感

师：啊，那么多的好方法呀，多角度，多层次，多事物；啊，那么好的方法呀，给我们情境感，画面感，镜头感。这些话在语文学习里面都可以学着去用。

评点 选点精读，深度思考，智慧对话，思维碰撞；技法归纳，拨云见月，独具慧眼，鞭辟入里；生动讲析，醍醐灌顶，奇人奇文，有章可循。

[屏幕显示]

吟诵一段文字

以声绘景　以声传情

师：好的，最后完成一个小小的练习，每个人吟诵一段文字，最好把它背下来。要用你的声音来表达，要把景物表现出来。要用你的声音把作者的情感传达出来，大家听。

[屏幕显示，老师朗诵]

吟诵一段文字

一个鸟巢从高高的树端掉下来，在地上滚了几滚，散了。几只鸟尖叫着飞来要守住，却飞不下来，向右一飘，向左一斜，翅膀猛地一颤，羽毛翻成一团乱花，旋了一个转儿，倏乎在空中停止了，瞬间石子般掉在地上，连声响儿也没有。

师：要像这样朗诵，把速度和停顿都要把握好。建议大家把第3段读一读，或者选第5段，或者选第7段，总之任选一段，大声地以声绘景。

（学生自由选段，大声朗读。）

[屏幕显示]

吟诵一段文字

一头断了牵绳的羊从栅栏里跑出来，四蹄在撑着，忽地撞在一棵树上，又直撑了四蹄滑行，末了还是跌倒在一个粪堆旁，失去了白的颜色。一个穿红衫子的女孩冲出门去牵羊，又立即要返回，却不可能了，在院子里旋转，锐声叫唤，离台阶只有两步远，长时间走不上去。

师：我们来试读几句话，就读那个小女孩，一口气读下来，不能停，在什么地方停下来呢，在“离台阶只有两步远”停下来，然后读“长时间走不上去”。一起来。“一个穿红衫子的女孩”，读。

（生齐读。）

师：味道出来了吧。“一个穿红衫子的女孩冲出门去牵羊，又立即要返回，却不可能了，在院子里旋转，锐声叫唤，离台阶只有两步远，长时间走不上去。”（师吟诵）老师这一下子快憋住了，哈哈。（师生同笑）再来一次啊。“一个穿红衫子的女孩”，读。

（生齐读。）

师：这就叫控制力。好，一起来吟诵这一段话，也是在“连声响儿也没有”之前换一口气。“一个鸟巢”，读。

[屏幕显示]

吟诵一段文字

一个鸟巢从高高的树端掉下来，在地上滚了几滚，散了。几只鸟尖叫着飞来要守住，却飞不下来，向右一飘，向左一斜，翅膀猛地一颤，羽毛翻成一团乱花，旋了一个转儿，倏乎在空中停止了，瞬间石子般掉在地上，连声响儿也没有。

（生齐读。）

师：好大的风啊。下课。

（教室里瞬间安静，随即响起热烈的掌声。）

师：这就叫余味无穷啊。下次，咱们再见。

生：老师再见。

师：谢谢。

评点 吟诵文字，绘景传情，趣味横生；由静而动，变化节奏，形式丰富；听说读写，能力训练，环环相扣；师生同诵，高潮迭起，余味无穷。

实录赏析

余老师《风雨》一课实在美！它如行云流水，静观万变，无一时不体现思维之美。

《风雨》以其含蓄手法，奇妙构思，精妙描写最能显示“鬼才”贾平凹的灵气，余老师开课即称之为“奇人”的“奇文”，高远的评价与文中奇景异象相映成趣，极大地激发了学生的阅读兴趣。

“表达感受”，氛围美妙！这个活动有教师对学生阅读经验的尊重和信任，有对学生阅读发现的期待和鼓舞，于是学生就在无比美好的气氛里完成了文意把握。随文渗透的美词既是内容概括，又是语言积累，然而还不够，还要归纳“这种方法就是分类地把有关的意思相近的词语积聚在一起”，还要演绎“这篇课文里面写“很短很短时间”的词不少”，方法引领，思维开启，春风化雨，润物无声。

“了解说法”，“知晓章法”，手法巧妙！来语言文字的美妙世界里徜徉吧，品诗说文，古今印证，游历语言文字的名山大川，寻幽探胜，看那千帆尽过，看那万鸟归林，众山遍览，自然胸中有丘壑。精简的知识点拨，丰富的语言例证，引导学生在大量的语言实践中体会、把握运用语文的规律，语感培养，思维发展，循循善诱，尽得风流。

“品味描写”，点拨高妙！“你认为《风雨》这篇文章用了什么方法写风的?”于是安静地思考，感性认识沉淀为理性发现。赏奇，更要知其所以为奇，唯其如此，凭这个例子才能使学生举一反三，练成阅读和作文的熟练技能。“巧用‘形状’写风……”，道而弗牵，强而弗抑，开而弗达，学生在恍然大悟中感受到语言文字规律别有洞天的神奇感和美妙感。启发、补充、优化、深化、升华，余老师引导学生于平常之处读出蕴含其中的最奇崛的风景，智慧对话，思维撞击，犯其至难，图其至远。

“吟诵一段文字”，这是最后一个活动。曼妙声音传情达意，“一个小小的练习”，掀起了大大的高潮。巧妙灵动的活动设计不仅调节了教学节奏，活跃了课堂气氛，更是以近乎游戏的读书方式训练了学生的朗读能力，妙趣横生，天籁之音，戛然而止，耐人寻味。

《济南的冬天》课堂教学实录及评点

执　教：余映潮

评　点：董鹏

授课时间：2009 年 10 月 27 日

授课地点：镇江市外国语学校

案例导读

一堂精细的训练课，一首恣意流淌的婉约之歌，一幅精美的课堂教学艺术作品。整堂课，老师的教学设计由面到点，由点入精。学生的活动由静而动，由动而深。在本堂课中，细腻的教材研读、别致的课文处理、灵动的教学思路、诗意的教学手法和精巧的细节设计，你会处处觅得踪迹、悟得真谛。

（一学生例行课前三分钟演讲——“我喜爱的名著”）

师：谢谢这位同学，我听出了她的这一个片段的主要信息是——“收藏美丽”，那么我们今天是不是可以用这样的理念来学习我们的课文呢？我想是可以的，学习《济南的冬天》，收藏它的美丽。好，上课！同学们好！

生：老师您好！

师：请坐。先看背景材料，读起来，老舍，读。

[屏幕显示，学生齐读]

老舍（1899—1966），现代著名作家。原名舒庆春，字舍予，北京人。代表作品有：《骆驼祥子》《四世同堂》；话剧《龙须沟》《茶馆》等。

师：这是文学常识。这一篇精美文章的作者是谁？

生：老舍。

师：好，谢谢。

评点 机智地抓住学生课前演讲的关键词——美丽，用“收藏美丽”这个理念导入新课，为课堂教学做了美丽的铺垫。

师：我们这节课的主要任务就是训练我们的阅读品析能力。什么是“品析”呢？——品味欣赏。我们有三个学习活动，都是让同学们进行阅读能力的历练的。

（一）紧扣几个词语，总体把握济南冬天的特点

[屏幕显示]

“宝地”、“温晴”、“奇迹”、“有山有水”、“慈善”、“理想的境界”这几个词和短语中，哪一个最适合于概括“济南的冬天”的特点？

师：请你看课文，把“宝地”、“温晴”、“奇迹”、“有山有水”、“慈善”、“理想的境界”圈出来，然后联系全文内容来证明哪一个词最适合于概括济南的冬天的特点。开始独立思考。

评点 问题的提出是教师细腻研读教材的结果。联系全文内容，独立思考，巧妙地引学生进入课文，既是提炼概括能力的训练，又是学生的一次思辨过程。

师：好的，我们来试一下。用概述的方式来表述你的观点，发言大致上是两个层次，第一，你认为哪个词，然后阐述你的理由。可以举手发言了。

生1：我觉得应该是用“温晴”这个词。因为课文的开头就是和济南的冬天作对比，指出济南的冬天“温晴”的特点，并以此为课文的主线，贯穿全文。接着就先总后分地聊起了济南的冬天的山顶和水色，最后以“这就是冬天的济南”结尾，从而点题。

师：好的，听她的发言，关键词咬得很准。文章的首段开头，然后文章的结构，然后文章各个部位之间的关系，都点到了，表扬。好，继续来。

生 2：我认为应该是“理想的境界”这个短语。因为除了济南，在我们这边的冬天是寒冷的，是刺骨的，是凛冽的，而济南的冬天却十分温暖，不怎么刮风，所以在济南的人们和我们都梦想着有这样一个冬天，能够很暖和地很舒适地度过一个本应该寒冷的季节，所以我觉得这是我们的一个理想，然后济南的冬天为我们实现了。

师：嗯，好！有那么温煦的阳光，有那么温馨的水色，怎么不是“理想的境界”呢？继续！

生 3：我也认为“理想的境界”应该是最能概括济南的冬天的特点。因为第二段的第一句就提到了“设若单单是有阳光，那也算不了出奇”。说明即使只有“温晴”，而没有山水的衬托，那这个冬天也不是最理想的。只有有山有水有阳光，还有温暖的怀抱，真是一个理想的地方，不仅是有气候的温暖，而且有温暖在心里流淌。

师：啊，是的是的。有山有水，而且气候是那样的温暖，让每个人心里都有笑意，怎么不是“理想的境界”呢？好，继续。

生 4：首先，如果我觉得，它说概括全文一个大体写的东西的话，那么，“理想的境界”可以用来概括，但它这个问题是说概括济南的冬天的特点，特点不一定要那么大体，而“理想的境界”这个词显得有些太统一了，很多地方都可以成为理想的境界，而它说是济南冬天的特点，所以，在文章的开头，老舍先生就把济南的冬天和伦敦、北平还有热带进行了比较，从而突出了济南是个温晴的地方，所以我认为，这篇《济南的冬天》，它的特点应该是“温晴”。

师：谢谢。她的分析思路是：先从一般事物的角度来分析“理想的境界”到处都有，然后从特别的环境的角度来肯定“温晴”在这篇课文中可能就是济南的冬天的特点。谢谢你！继续来。

生5：我觉得应该是用“奇迹”，因为“温晴”、“宝地”或者“有山有水”，在江南的一些地方都是比较常见的，只有在北方才是用“温晴”的，如果光用“温晴”、“宝地”、“有山有水”，不足以概括济南的冬天的特点；正因为它“温晴”，所以才让人感觉这是一种奇迹，也正因为它让人感觉非常的奇妙，所以人们才认为它是一种“理想的境界”，我觉得“奇迹”是最能概括的。

师：嗯，你是从逻辑关系的角度来逐步地进行推理的，只有“温晴”才能够创造“奇迹”，因为“奇迹”而形成“理想的境界”，好，谢谢你！再来说。

生6：我认为应该是“温晴”，因为在第一段，作者就说“可是在北中国的冬天，而能有温晴的天气，济南真得算个宝地”，说明作者认为济南之所以是个宝地，是因为济南有“温晴”的天气，那么我认为“温晴”是济南冬天的主要特点。

师：正是因为“温晴”所以才是“宝地”，正是因为“温晴”所以才是“奇迹”，这又是一番道理。还有吗？

生7：我认为应该是“慈善”最能概括济南冬天的特点。因为在别的地方的冬天，花草都凋谢了，树叶都凋落了，而济南的冬天，人们会感到很温暖，人们心里有一种安慰，就觉得也许春天就要到了，就给他们的心灵上带来了一次安慰。

师：嗯，这样的慈善呐，小山是那样的美，水色是那样的俊，怎么不让我们感到这样的地方是慈善的呢？好，还有两位同学要发言。你先说，他再说，我们再来看怎么样。请你来。

生8：我认为是“慈善”，因为济南的冬天是有温晴的天气，是慈善的，因为是一个理想的境界，给人很温暖的感觉，所以它是慈善的，前面的词都可以用来看出济南的冬天是一个很慈善的季节。

师：嗯，是啊！大自然就像母亲，大自然的造化使济南这座老城就像安适地躺在一个小摇篮里，这样的冬天怎么不慈善呢？

生9：我觉得济南冬天的特点应该是“宝地”。因为从气候特点上来说，它与北京比是没有风声的，与伦敦比是没有雾的，与热带比是没有毒日的；

从景色特点上来说，它有山有水，才像一块空灵的蓝水晶，所以说是一块宝地。

师：宝地。适合于我们居住啊，这个宝地是那样的慈善，这个宝地是理想的境界，这真让我们费解啊！

生 10：我认为是“宝地”。因为济南下雪的时候就像是一幅水墨画，而且冬天下雪的时候，水面上不结冰，这种种迹象在我们看来都是很宝贵的，都算是一种奇迹，所以我认为应该是“宝地”。

师：因为有这样的奇迹，所以才算是宝地，哎呀，我觉得我很难说服你们了。我认为这个问题，当然，如果我们说，你自由地选用文中的这些词语来概括济南冬天的特点，大概每一个都可以用一下。但是，我们是在全文的基础上来进行分析的。首先我们注意课文第一段的两个关键词：“温晴”，“宝地”。可以这样说，济南是温晴的宝地，因为温晴才是宝地，这是一；第二，再从全文看，因为温晴才创造了许多自然的奇迹，因为温晴才有那样的山、水，和人们的心理感受。我想，“温晴”这个词，还要从其他的角度来看。下面，我给你们再逐条地、仔细地分析一下。

[屏幕显示]

扣着“温晴的天气”这条主线，描绘着济南的“山”和“水”，作品铺展了一幅又一幅淡雅秀美的山水画。

师：全文是扣着“温晴的天气”这条主线来写的，所有的景物描写都要突出“温晴”两个字：正因为扣住“温晴”描绘着济南的山和水，作品才铺展出一幅幅淡雅秀美的画面。

[屏幕显示]

绘天绘地，写雪写水，作者的笔触由暖阳描画到暖城、暖山，描画到不结冰的水，所表现的都是“温”和“晴”。

师：第二个道理，看顺序，绘天绘地，写雪写水，由暖阳描画到暖城、暖山，描画到不结冰的水，表现的都是“温”和“晴”。

［屏幕显示］

第二段主要写全景，三、四段主要写雪中山色，第五段主要写水上美景，这几幅画图在“温晴”的基调上统一起来，给人以和谐一致的美感。

师：继续看。第二段，全景；三段、四段，雪中山色；五段，水上美景。没有哪一幅是写阴冷的，都是“温晴”。因此，这些画面在“温晴”的基调上统一起来，给人和谐一致的美感。

［屏幕显示］

即使写雪景，也在表现着温晴：因为暖和，所以“最妙的是下点小雪”；因为晴朗，所以“快日落的时候，微黄的阳光斜射在山腰上……”。

师：还有理由，即使是写雪景，也在表现“温晴”。因为暖和，所以“最妙的是下点小雪啊”；因为晴朗，所以“日落的时候，微黄的阳光斜射在山腰上，那点薄雪好像忽然害了羞，微微露出点粉色……”晴朗的天气，晴空下的雪上。好，我们再从另外一个角度来看其他几个短语或词，它们往往在一个段落里面起着重要的作用，可以概括这一段的大意或者集中表现作者赞叹的情感。

师：好的，谢谢同学们，通过这个环节，我们很好地到课文里来了。我们的思绪很活跃，下面的内容就比较容易了。

评点 教学的第一个环节，足足用了16分钟，让学生充分地表达自己的观点，尽情地思辨争论，老师把自己作为学生中的一员，共同探讨，各自阐述自己的观点。更为可贵的是教师没有把自己的观点强加给学生，而是在平等对话中有理有据阐述自己的观点。这个环节让学生思辨性地走进了课文，阅读、思考、质疑、阐释之思维火花尽现。

（二）抓住一种修辞，品析比喻修辞带来的表达效果

［屏幕显示］

下面四个比喻中，你最能够欣赏的是哪一个？

“小摇篮”、“ 带水纹的花衣”、“小水墨画”、“空灵的蓝水晶”。

师：第二次品读欣赏：画出“小摇篮”，它在第二段；画出“带水纹的花衣”，它在第三段；画出“小水墨画”，它在第四段；画出“蓝水晶”，它在第五段。如果说作者使用了高妙的修辞技法，在每一个段落里都用了一个关键的比喻来写美丽的济南的冬天的话，那么这四个比喻在每一段里面的作用都值得我们欣赏。注意老师的表述，老师没有说“你最喜欢欣赏的是哪一个”，老师说的是“你最能够欣赏的是哪一个”，那么，也就是说，你要欣赏，还要讲出你欣赏的内容出来。好的，开始思考。

师：是不是可以讲述观点了？好，我们试一下。请你来。

生1：我认为我最能欣赏的应该是空灵的蓝水晶。按照课文里的说法，就是从“看吧，由澄清的河水慢慢往上看吧……”一直到“整个的是块空灵的蓝水晶”，从这样的描述里看的话，水晶给人的感觉本身就是玲珑剔透的，而空灵的意思就是说很清净，这样的话，就可以感觉到这块水晶从内到外是没有一丝杂质的，而课文里生动的描写就觉得这是一个春天的景象，万物都给人一种生机勃勃的感觉，但这明明就是济南的冬天，而这样更能衬托出济南冬天的“温晴”，而且它的语言非常生动，“蓝水晶”、“澄清的河水”，这样很贴切的比喻更让我们好像看到一幅风景秀丽的画卷一样。

师：嗯，分析得多么的好啊！ “空灵的蓝水晶”表现的是一种纯净的美。

生2：我最能欣赏的是第二段的把小山比作一个摇篮，首先，这个比喻很生动，因为有了小山，所以人们感到心里有了依靠，有了安慰，而且它让人们感到舒适，感到暖和，也体现了济南的冬天的温晴。

师：对，不仅表现了“温晴”，还表现了另外一个“温情”，情感的情。

继续。

生 3：我更能欣赏的是“带水纹的花衣”，因为课文前面一句话写的是“山坡上，有的地方雪厚点儿，有的地方草色还露着；这样，一道儿白，一道儿暗黄”说明雪没有完全把山给覆盖着，所以是带水纹的花衣，这个比喻形象又准确地写出了雪草覆盖的状态，进一步说明了济南的冬天的温晴。

师：嗯，美丽，山色的美丽，这个比喻还让我们展开思绪，想到“带水纹的花衣”，它的整体的美可能就是一个漂亮的小姑娘。

生 4：我最能够欣赏的是第五段的“空灵的蓝水晶”，大家都知道，水晶给人以纯洁的感觉，蓝水晶能让人身心舒适，而济南呢，就像一块空灵的蓝水晶，纯洁得让人不愿意去碰，就好像是个奇迹。在这一段中，作者用大量的绿来衬托，放眼望去，满眼都是盎然的绿，连水都不忍得冻上，更何况是人呢？绿水与蓝天应和，它们相得益彰，即使之间相差了十万八千里也是那么地融为一体。

师：啊，这样诗意的表达呀，太让我惊叹了！而且我还建议你，如果还加上一句话的话，就是“美丽的色彩，那么蓝汪汪的”。好，谢谢。

生 5：我最能理解的也是“带水纹的花衣”，因为从这一句话看出山的色彩美，黄白相间，并不像其他地方，冬天的山总是嶙峋的，死气沉沉的，从中也能看出济南冬天的温晴。并且，风儿吹过，那些没有被雪覆盖的草在风中摇摆，也能看出这座山生机勃勃。

师：嗯，给我们一种美丽的动感，好，谢谢。还有一个地方没说到吧？

生 6：我觉得“小水墨画”这个比喻最好，因为它后面加了一句“也许是唐代的名手画的吧”，这张小水墨画肯定是非常富有诗意的，这就更衬托出济南的山景的美。

师：好，如果说把你的“唐代的名手画的吧”再引申一下，就是古朴。啊，这个冬天，这种色彩显得很古朴，那种画面的构图显得很古朴。

生 7：我也认为“空灵的蓝水晶”，因为天上和水中都是蓝颜色的，这蓝颜色融为了一体，仿佛让我们置身于一幅画中，所以我认为“空灵的蓝水晶”是很好的。

师：嗯，好，小结一下，做记录。

[屏幕显示]

小摇篮

秀美的山形地貌

舒适的冬暖环境

师：摇篮太美了！写出了秀美的山形地貌、舒适的冬暖环境。

[屏幕显示]

带水纹的花衣

雪后山色的斑斓

飘逸美好的情韵

师：带水纹的花衣，表现的是雪后山色的斑斓和大自然的、小山的飘逸美好的情韵。

[屏幕显示]

小水墨画

山村的疏朗点缀

色彩的古朴淡雅

师：小水墨画，凸显的是山村的疏朗点缀，山村点缀在小山上，远远看去，那样的美丽，而且因为是冬天，所以它的色彩是古朴淡雅的，这足见作者用小水墨画来比喻冬天的济南的城内的小山的精致之美。

[屏幕显示]

空灵的蓝水晶

天光水色的清净

温晴泉城的亮丽

师：空灵的蓝水晶，则显示了天光水色的清净和温晴泉城的亮丽。

[**屏幕显示**]

小摇篮　带水纹的花衣

小水墨画　空灵的蓝水晶

以小喻大

画意诗情

师：总的来看，这篇文章表现手法最高妙的地方就是——以小喻大，以小绘大，以小描绘大，从而表现出景物的画意诗情。

师：这一个学习环节，我们同样表现了同学们的良好的阅读习惯和很好的听读能力。

评点 两个环节的设计，通过“品析比喻修辞带来的表达效果”让学生从整体内容的感知走向语言运用的美妙，师生的对话同样精彩，教师的诗意小结提纲挈领，教与学的过程动静相宜。

（三）聚焦一个段落，从内容到表达多角度品析

师：继续来，把我们的视点集中在一个精致的片段上，我们要做一次集体的训练——书面作业。我们先来读一下，注意朗读：语速慢一点，读出语气词的味道，读出有些意思不太明显的，但是又有表情作用的词的味道。（范读）你看，“最妙的是下点小雪呀。看吧，山上的矮松越发的青黑”，再听“就是下小雪吧，济南是受不住大雪的，那些小山太秀气！”，还有“山尖全白了”。这些词好像都没有什么实在的意思，但是都是表达情感的。好，一起来读，最妙的……读！

[**屏幕显示，学生齐读**]

最妙的是下点小雪呀。看吧，山上的矮松越发的青黑，树尖上顶着一髻儿白花，好像日本看护妇。山尖全白了，给蓝天镶上一道银边。山坡上，有的地方雪厚点，有的地方草色还露着；这样，一道儿白，一道儿暗黄，给山们穿上一件带水纹的花衣；看着看着，这件花衣好像被风儿吹动，叫你希望看见一点更美的山的肌肤。等到快日落的时候，微黄的阳光斜射在山腰上，那点薄雪好像忽然害了羞，微微露出点粉色。就是下小雪吧，济南是受不住大雪的，那些小山太秀气！

师：好了，开始集体训练，每个人都要完成四道题，然后选做一道，我开始读题目，你就开始做作业了。给这段文字进行“画面命名”，要求富有诗意；圈出全段文字中像线索一样贯穿全段的一个字；用单竖线“划分”的方法表现你读懂了这段文字的层次结构；要品析“顶”字为什么用得好，“镶”字为什么用得好；然后还是自由选做，还可以发现这段文字的一个美妙之处。好，抓紧时间做作业。

[屏幕显示]

1. 对这段文字进行诗意的“画面命名”。
2. 圈出像线索一样贯穿全段的一个字。
3. 用“划分”表现你读懂了这段文字精美的结构。
4. 说说“顶”字、“镶”字为什么用得好。
5. (选做) 还可以说说你发现的这段文字的一个美妙之处。

评点 读一个段落，四个问题有内容理解，有手法赏析；有整体把握，有选点品析。是在前两个环节的基础上的一次精细实践训练过程。分析、概括、理解、欣赏等能力训练扎实有效。更值得欣赏的是提出了一个选做的问题，给学生一个个性发现的空间。

师：好的，我们来交流一下。第一题，诗意的画面命名。

生1：我给这段命名的题目是“落雪风景”。

师：“落雪风景”，写的雪写的景，但是“落”字好像不太好听，好的，谢谢，继续思考。

生2：我取的名字是“雪中山色”。

师：“雪中山色”，很聪明，我们刚才有个地方好像出现过一次，“雪中山色”，而且，这段好像就是写的雪中山色。

生3：回答不出。

师：好，继续思考，为难了，这就是概括。

生4：我写的是“山中雪景”。

师：嗯，“山中雪景”，小山雪景。

生5：我写的是“秀山淡雪”。

师：秀美的山，淡淡的雪，“秀山淡雪”，这个组合得不太通俗，谢谢。你呢？

生6：我写的是“秀山粉岭”。

师：粉岭，比较雅，但是人家一下子听不懂。

生7：我写的是“小雪中温暖的济南”。

师：“小雪中温暖的济南”，把济南改成小山？可能好一点。

［**屏幕显示**］

对这段文字进行诗意的“画面命名”。

小山雪霁

雪后斜阳

师：好的，我拟的是——注意，你们要学习一个字，“小山雪霁”，这个“霁”是雨后、雪后初晴。你可以拟它“小山雪霁”，也可以拟它“雪后斜阳”。“雪后斜阳”它就概括得全面一点。好，这对同学们是一个考验。

师：第二题，圈出贯穿全段文字的一个字，你说一个字。

生1：我觉得是“妙”。

生2：我觉得应该是“雪”。

生3：我觉得应该是“妙”。

生4：“白”。

生5：我写的是“雪”。

生6：我写的也是“雪”。

师：好，这个又让我为难了，贯穿全文的是“白”呢，是“雪”呢，是“妙”呢，是“小”呢？我们来看，“最妙的是下点小雪啊”，哪里妙呢？是不是后面都写“妙”啊。文中的主要内容是写雪，但是文中每一个层次表现的都是雪之妙。

[屏幕显示]

圈出像线索一样贯穿全段的一个字。

妙

师：这是一个难题，同时也考查我们对某一个关键词贯穿全文作用的理解，因此，这个题，如果说，给全分的话是“妙”字，如果说给一半分数的话是“雪”字，给三分之一的话是“白”字。“妙”字是最妙的，它贯穿全段，而且表达的是作者赞赏的感情啊！

师：第三题用划分表示你读懂了这段的层次。好，你来说。你的层次划分，出来没有？

生1：“最妙的是下点小雪呀”这单独为一个层次，“看吧”一直到“露出点粉色”是第二个层次，“就是下小雪吧”一直到“太秀气了”是第三个层次。

师：嗯，好的，谢谢。你的划法？

生2：我觉得“最妙的是下点小雪呀”是一个层次，“看吧”一直到“更美的山的肌肤”是一个层次，还有“等到快日落的时候”到“出点粉色”是一个层次，然后最后一句是一个层次。

师：嗯，你是四个层次，他是三个层次，还有没有别的划法，你有没有划法？你呢？说一下。

生3：我的是“最妙的是下点小雪吧”是第一个层次，然后到“更美的山的肌肤”是第二个层次，然后一直到最后。

师：嗯，好的。这里面两种答案，而且两种答案里面还有各层次里的正误之分。我们现在来想这样几个道理：第一，总体地说一个景然后分步去描写，这就很自然地把两个层次划分开了。我们再来看，所谓的叙议结合，就是对事物有了一个描叙，或者在事件有了一个记叙之后最后会有一个抒情句或者是一个抒情段或者是一个议论段，在这段当中是不是表现为最后一句啊？这样一分析层次就出来了。

[屏幕显示]

用“划分”表现你读懂了这段文字精美的结构。

最妙的是下点小雪呀。

看吧，山上的矮松越发的青黑，……微微露出点粉色。

就是下小雪吧，济南是受不住大雪的，那些小山太秀气！

师：“最妙的是下点小雪呀。”画竖线，“看吧，山上的矮松越发的青黑，……微微露出点粉色。”都是表现“最妙的是下点小雪”的，然后是议论抒情，收束全段。这才是正确的答案。

师：第四题，我们选两位同学，或者两位同学自动站起来。第一，品析一个“顶”字；第二，品析一个“镶”字。

生1：我品析“顶”字。我觉得这个“顶”字用得很恰当，因为它把“树尖上顶着一髻儿白花”比作“日本看护妇”，“日本看护妇”指的是日本的护士，而护士大家都知道是一个十分圣洁的职业，所以我觉得它把山上的矮松顶着一髻儿白花，感觉它十分的圣洁，十分的美丽。写得非常好。

师：嗯！突出了它的色彩、位置，都写清楚了，谢谢你。一个“镶”字，好，你来。

生2：“镶”字贴切地表现了白色山尖连接蓝天就如一道银边围在蓝天边缘的形状。

师：嗯！形状。

生2：这样就显得特别的美。

师：显得特别的美，你能说一下吗？补充一下呢？

生3：“顶”字表现了山上的一髻儿白花的形状，这个字很贴切地展现了山的秀美。

师：而且表现了一种手法，谢谢。这两个字用得很精妙。

[屏幕显示]

说说“顶”字为什么用得好。

写出了形态美

写出了轻盈感

师：我们来看，“顶”字为什么用得好？形态之美，如果用“扣”字，就不好听了也不好看了；轻盈感，压在头上，扣在头上，覆盖在头上，都不好听——形态美，轻盈感。

[屏幕显示]

说说“镶”字为什么用得好。

线条逶迤

轮廓亮丽

师：“镶”字，表现的是线条逶迤，不断地在起伏延长，同时轮廓亮丽，雪山和蓝天，由雪峰上的那条线把它区别开来。

师：好，下面的内容，我给大家讲一下，做好记录。

[屏幕显示]

多角反复（山上，山尖，山坡，山腰）

师：美妙之处——这一段用了反复的手法，写晴朗的日子里的小雪，写了山上，写了山尖，写了山坡，写了山腰，反复地写。

[屏幕显示]

化静为动（这件花衣好像被风儿吹动）

师：化静为动，带水纹的花衣，就给我们这样的感受。

[**屏幕显示**]

以虚写实（叫你希望看见一点更美的山的肌肤）

师：这个术语要知道，以虚写实，叫你希望看见一点更美的山的肌肤，我们是看不见的，我们要想象，就像朱自清的《春》的结尾一样，“春天像小姑娘，春天像小伙子”，都是虚的，以虚写实。

[**屏幕显示**]

段末点题（就是下小雪吧，济南是受不住大雪的，那些小山太秀气！）

师：更重要的是，段末点题呀，在描叙景物之后有一个抒情式的点题，使整个段落在结构上、在情感上都显得很精致，段末点题，就是下小雪吧。所以这是它的基本的美点。

评点 环节的设计，让学生在实践中深切体会作者老舍在这篇文章中语言运用的高妙之处，学生充分表达自己观点，教师及时总结提升，师生对话中不断走向字里行间的更深处。水到渠成，润物无声，细节关注，高度拔节。

师：好，这一节课，我们其实是实践的文章的一种读法：先整体，再部分，再精段。同学们表现很好，我就觉得在精段的品读上我们还要加把力就更好，谢谢同学们的努力，同学们很辛苦，下课！同学们再见！

生：老师再见！

实录赏析

《济南的冬天》是一篇经典的老课文，名师关于这一课的教学案例很多，而余老师的这节课却独具风格。精美的板块式、精妙的主问题、精细的训练过程、精致的课堂节奏，无一不让人以为妙绝。

第一个板块：紧扣几个词语，总体把握济南冬天的特点

这个主问题设计，巧妙地将学生引进了课文，学生要阐述理由，就要在整体把握课文内容的基础上独立思考，分析判断。两分半钟的阅读思考时间，13 分钟的阐述时间，10 位学生的发言，足见余老师的大气从容，这也是余老师“活动充分，训练有力”思想的体现。更令人钦佩的是余老师不是把自己的观点强加给学生，而是以教师精细、精深、精美的分析来征服学生。

请我们再来欣赏余老师的表达：

“下面，我给你们再逐条地、仔细地分析一下……”

“第二个道理……”

“继续看……”

“还有理由……”多么细致的课文研读，多么优美的语言表达，多么严谨的逻辑思维，余老师娓娓道来，示范作用尽在潜移默化中。

第二个板块：抓住一种修辞，品析比喻修辞带来的表达效果

“小摇篮”、“带水纹的花衣”、“小水墨画”、“蓝水晶”，是余老师精深的课文研读的发现。余老师告诉学生不仅要欣赏，还要讲出欣赏的内容。这个主问题带着学生美美地走进了老舍的语言运用的高妙境界。

教学过程由第一板块整体内容把握的“面”走向了第二板块的语言运用赏析的“点”，教师对学生展开了精细的语言欣赏能力的训练过程，学生的细细品析，余老师细腻而诗意的小结提升，学生既欣赏了老舍语言运用的精妙，也分享了余老师小结语言的精美。

第三个板块：聚焦一个段落，从内容到表达多角度品析

课堂至此，由第一板块的面，到第二板块的点，而到第三板块的段落精读。形成了精美而精致的课堂节奏和韵致。

尤为值得欣赏的是，第三板块的学习是由朗读开启的，而且老师有重点地进行了范读，这使课堂一下子有了更美的韵致，前两个板块都是由默读沉思进入的，第三板块的美美的朗读使课堂节奏更美妙了起来。

我们再来看看五个问题的设计：

1. 对这段文字进行诗意的“画面命名”。

2. 圈出像线索一样贯穿全段的一个字。

3. 用“划分”表现你读懂了这段文字精美的结构。

4. 说说“顶”字、“镶”字为什么用得好。

5. (选做) 还可以说说你发现的这段文字的一个美妙之处。

这些问题有内容理解，有语言赏析；有整体把握，有选点品析。是在前两个环节的基础上的一次精细实践训练过程。分析、概括、理解、欣赏等能力训练扎实有效。选做问题设计则是余老师教育理念的体现，为学有余力的学生搭建了一个更高的台阶。

最后，余老师总结：“这一节课，我们其实是在实践文章的一种读法：先整体，再部分，再精段。”我想说：语文老师的教材研读方法何尝不可以如此呢？

《雪》课堂教学实录及评点

执　教：余映潮

评　点：柳咏梅

授课时间：2008 年 12 月 26 日

授课地点：南京市雨花台区共青团路中学

案例导读

阅读文学作品，无论以何种形式欣赏、品评、理解，读者都是为了获得感受。带着学生走进字里行间，深入文本，激发、碰撞、提升学生的阅读感受，是语文教师课堂上的第一要务。此课以“感受”为线，以“略读—比读—精读”为珠，编织了一串精美的阅读教学之链。以简单的流程教出丰厚的内容，以板块的形式组成完美的结构，以点睛的评价提升发言的质量，以深情的示范训练高质的朗诵，这些元素的完美组合造就了如《雪》一样庄重而又热烈的精彩课堂。

师：同学们好！

生：老师您好！

师：请坐！

师：咱们今天要学习的课文是鲁迅先生的《雪》。

师：我先来朗读一首小诗，大家听一下。（师朗诵）雪是洁白的，她悄无声息地一路走来，当大地歌吟她的壮美，当田野感谢她的滋润，雪，只有洁白的沉默。

师：你感觉到了什么？

生1：我觉得雪是默默无闻的。

师：洁白的沉默，默默无闻。

生2：我觉得雪是一直在乐于奉献的，当别人感谢它，它并没有过多地夸耀自己，仅仅只是在装饰着天地，是很美丽的。

师：谦逊，纯洁。

生3：我觉得雪在最需要它的时候，它降临了；而在春天到来的时候，它随着渐渐升高的温度而融化了。

师：它滋润着春天的田野。好，刚才三位同学表达的就是作品感受。看了一首诗，看了一篇散文，看了一篇小说，我们多多少少会有感受。我们今天学习《雪》，也是四个字：作品感受。因为是作品感受，所以它的难度不是很大的；又因为是作品感受，所以它是有味道的，有趣的。

[屏幕显示]

我们的学习活动

作品感受

评点 以深情朗诵同题小诗开场，贴近教学内容又不乏诗意。结合学生的发言，自然引出这一课的学法——作品感受，激发学习兴趣，降低学习难度。

师：我们先来看《雪》的背景材料。

[屏幕显示，学生齐读]

《雪》写于1925年1月。鲁迅当时生活的北平处在北洋军阀的黑暗统治下，反动势力猖獗。鲁迅通过对江南和北方的雪景的对比描写，抒发了自己的情思与情怀。

师：作品这样写的关键是，1925年1月，那时北平是北洋军阀的统治，很黑暗，鲁迅这个人呢，是富有战斗精神的，在这样的情况下，他的生活、工作、创作都受到了威胁。所以他通过这样一篇文章来抒发自己的情思和情怀。冰心先生告诉过我们怎么读这一类的文章。

[屏幕显示，学生齐读]

阅读导引

冰心教我们读诗文的一句话：

古今中外写景状物的诗文，都是作者从自己主观眼光和心情中，赋予了他所接触的景或物以特殊的性格和生命。

（《自然·生活·哲理》序）

师：这一句话非常重要，这可以说是冰心的创作经验。作者要写景，要状物，肯定是要在写景状物之中来表达自己的情怀的；一定不会单纯地去写景。《雪》就是写景状物的文章，所以是从作者的眼光里来写雪的，用雪来表达一种特殊的性格和生命；有韵味，有意蕴。读这样的文章，要记住这句话来看作品的意蕴。好，那么怎样来感受呢？三步：略读感受，比读感受，精读感受。我们来三步感受一下。

[屏幕显示]

我们的学习活动：

略读感受

比读感受

精读感受

评点 巧妙穿插。穿插写作背景介绍，穿插具体学法介绍，丰富“作品感受”的具体要求，增强学生的学习目标感。

师：我们先来读课文。朗读时我们要注意这个问题，一二三段写的是什么地方的雪啊？（生齐答：江南的雪）那么读得温润一点吧。四五六段写的是朔方的雪，就读得粗犷一点吧。

（生齐读全文。）

师：读得好！一二三段的情感氛围与四五六段的情思情怀都表达出来

了。表扬！我们看话题。

[屏幕显示]

我们的学习活动：略读感受

认识课文——说说《雪》是一篇什么样的文章。

师：交流略读感受，随便谈。说《雪》是一篇什么样的文章，简单到“这是鲁迅先生的一篇文章”，就这么短都可以。

生4：这是鲁迅先生一篇用来借物抒情的文章。

师：借物抒情，状物抒情。

生5：我觉得不仅是借物抒情。文章还写了塑雪罗汉，也写出了江南的雪和北方的雪的区别。这篇文章像散文。

师：这是散文，也可以说是散文诗。

生6：我觉得他是在赞美雪的品质；他在自比北方的雪。

师：把自己的情怀寄托在对北方的雪的描写当中。

生7：我感觉鲁迅用《雪》这篇文章来表达自己的孤傲甚至孤寂。

师：整个来讲呢，还是一部分呢？

生7：我觉得是一部分吧。

师：可能是后面一部分可以强烈地表现出他的心理。而前面一部分呢，把南方的雪写得那么的美好，是不是怀有另一种情怀呢？对美好、自由、幸福生活的向往，淡淡地表现在对江南的雪的描写中。

生8：这篇文章将雪人格化了，把南方的雪和北方的雪对比来写出自己对雪的感受，通过两种完全不同的感受来突出鲁迅想表达的情怀。

师：好！更确切地说，将朔方的雪描写得比较人格化，写南方的雪倒是像故事一样浸润着我们的心灵。

生9：我觉得这是一篇非常有思想的文章，因为鲁迅先生投入了自己很多的情感进去。这篇文章充满了生命力，尽管在大冬天，雪冻死了许多生物，但是我们依然看到了许多生机勃勃的景象，所以我觉得这一篇文章很有生命力。

师：我们感受到一种豪壮、奋战的精神。好！

生 10：这篇文章，我觉得表达了作者向往江南春天一般美好的理想，而憎恶朔方冰冷的冬天。

师：后面一段，带有一点憎恶的思想情感。憎恶朔方，把那样美丽的雪变成了如粉如沙的雪，这也是一种看法，是他的感受。

师：好的，我们把大家的发言综合一下，还可以把大家没有说到的地方点出来。我们来看。

[屏幕显示，师讲解]

《雪》是：

鲁迅先生的一篇咏雪的文章。

一篇吟咏江南的雪和朔方的雪的文章。

一篇以南方雪的柔美来衬托北方雪的壮美的文章。

一篇详略有致、层次分明、内容对比强烈的文章。

一篇着力歌咏在孤独境遇下奋力抗争的北方的雪的文章。

一篇咏雪抒情的散文诗。

师：这是鲁迅先生一篇咏雪的文章。注意这个“咏雪”，对雪的描写是吟咏。这是一篇描写江南的雪和朔方的雪的文章，这是以江南雪的柔美来烘托朔方的雪的壮美的文章，也可以说是以北方雪的壮美来烘托南方雪的柔美的文章。第四点没有人说出来，写江南的雪是详写，写朔方的雪是略写，它们的层次是极为分明的，内容对比的强烈也是我们感受得到的。好，我们来看第五点，一起读一下。

生（齐读）：这是一篇着力歌咏在孤独境遇下奋力抗争的北方的雪的文章。

师：所以它是一篇咏雪抒情的散文诗。我们现在再来感受一下后三段，读出那种急迫感，那种热烈感，那种粗犷感。

（生读课文后三段。）

师：是的，在晴天之下，旋风忽来，便蓬勃地奋飞，在日光中灿灿地生光，如包藏火焰的大雾，旋转而且升腾，弥漫太空，使太空旋转而且升腾地闪烁。这就是朔方的雪。好，我们对这一篇文章的初步感受就进行到这儿。

评点 教学板块一：略读感受。齐读之后即谈初感，“随便谈”，降低难度，拓宽角度；从内容、手法、结构、主题、文体等多方面进行提升式小结。

师：下面我们来进行比读感受。这个话题会让我们进入课文，分析体会。

[屏幕显示]

我们的学习活动：比读感受

对比分析——以“从……看，本文的前三段……，本文的后三段……”为话题，自选角度，用一两句话谈谈自己的阅读感受。

师：这个话题是：本文的前三段怎么样怎么样，后三段怎么样怎么样；也可以理解为，前三段写的是什么，后三段写的是什么；前三段表达的是什么，后三段表达的是什么。好，自读课文，结合这个话题，思考，再来表达自己的感受。开始。

（生独自思考，写感受。）

师：好的，我们可以交流了吧？哪位同学最先举手的？好，请你！谢谢！

生11：从文章的情感角度来看，前三段写了塑雪罗汉，还有前面对雪的那种赞美，给人比较轻松的感觉；从文章后三段看，总体来说表现了磅礴有力的战斗精神，给人一种有力量的感觉。

师：前三段给我们的是妩媚多姿的感觉，后三段给我们的是一种磅礴的气势。你们注意一下这位同学的发言，是有角度的：情感的角度。很好，谢谢！比读感受开始了。

生12：我是从语言的角度来看的，前三段我觉得主要是以描写性的语言比较多，也用了许多修辞手法，例如这边有一句，“像紫芽姜一般的小手”，用了一个比喻的修辞手法；而后三段更多的是抒情，看出鲁迅先生对当时黑暗社会的憎恶。

师：从语言的角度，前三段细细地描写，后三段大笔大笔地勾勒，将这样的画面展现在我们面前。

生 13：我也是从感情方面来说的，前三段作者向往美好的图景，表现作者追求美好的心境；后三段是作者在朔方看到如粉如沙的雪花在纷飞，同时赞美在孤独的天宇下孤独而倔强的雨的精魂。

师：好！前三段带有温馨的回忆，表达对美好的生活向往；后三段，赞颂的是朔方的雪在这样的环境下奋斗的精神。这位同学也是从情感的角度来说的。

生 14：我觉得前三段写南方的雪滋润美丽、充满活力，表达了作者对美好生活向往的感情；后三段写北方的雪坚强、锐不可当，表达了作者反对恶势力之情。

师：好！前三段用四个字来概括雪的特点，“滋润美艳”；后三段用四个字表现朔方雪的特点，“如粉如沙”。这两种形态的描写，也渗透了作者的主观情感。

生 15：我觉得前三段描写的是鲁迅先生赞美雪的圣洁与孤傲，赞美雪的清静与美丽。鲁迅先生很向往，他想和孩子们一起去感受快乐和幸福，将自己的灵魂走入雪的轻盈的舞步中。后三段，描写批判了社会的黑暗，从而表达了自己的情感，想要去奋斗，想要去冲破这种束缚。

师：前三段柔美，后三段壮美。

生 16：我觉得还有一种情绪，就像《从百草园到三味书屋》中写到捕鸟和塑雪罗汉，也是对以前生活的一种回忆吧；而后面则是对现实生活的批判。

师：前三段是美好的回忆，后三段是面对严峻的现实。前三段笔力舒缓，后三段粗犷急促。

生 17：前三段在描写南方的雪时用了“滋润美艳”，而鲁迅先生前三段的文字也可以用“滋润美艳”来形容，他将南方的雪描写得很美，让人很向往南方的雪。从而表现出鲁迅先生对美好生活的向往。而后三段北方的雪，鲁迅先生用“如粉如沙”来形容，这一部分的语言也“如粉如沙”，让人们感受作者对北方社会黑暗的憎恶，从而形成一种对比。

师：很好。两种不同的想法鲜明地表现在同一篇文章里面。

生18：前面用很多文字来描写南方的雪，而写朔方的雪却用了很少的文字，表现出作者对南方的雪极其喜爱。从南方的雪写起，一层一层地递进，到了北方的雪，就来了一个升华。使雪人格化，让情感也得到了升华。

师：好。而且在后三段里面，我们还能够感受得出来，说得有一点孤独、有一点寂寞。前面是滋润美艳的，后面是奋飞的；而且环境很不好。

生19：一开始的背景让我们知道，当时北洋军阀控制着中国。从前三段可以看出鲁迅先生向往孩子般的活泼和自由，用了很多的句子来描写，表达了鲁迅先生对这种自由的喜爱。后三段是对北洋军阀的一种批判，他的心境如同雪一样，要挣脱束缚，向自由方向发展。

师：表现他的战斗精神。这位同学的比读角度，是扣住了时代背景。

生20：我觉得前三段表现的是一种有生命力、有活力、有自由的这种气氛。而后三段表现得有一点生硬，就像朔方“如粉如沙”的雪花一样，没有结合起来。因为南方当时已经被国民政府解放，人们很团结，就像第二段中，孩子们在一起塑雪罗汉；而后面写到北方的雪“如粉如沙”，表现出北方的人民，生活没有向上的精神，没有团结的精神。

师：我认为这位同学的发言把写景状物太对象化了，一看到堆雪就想到人的团结。有点过了。朔方的雪“如粉如沙”，是不是就是说北方的人不团结呢？恐怕也不是。“如粉如沙”，表现的是一种力量，一种骨气。

生21：前三段描写了孩子们塑雪罗汉，烘托出轻松的氛围。而后三段写朔方的雪，旋风一来，便蓬勃地奋飞，表现了一种庄重的氛围。

师：前者，有生活的气息；后者，有战斗的氛围。

师：好，我们把大家的发言小结一下，我们分类来看。

[屏幕显示，教师讲解]

从描写对象看：

前三段主要描写了优美的江南雪景，后三段描写了壮美的朔方飞雪。

前三段主要写江南雪野的妩媚美姿，后三段写朔方飞雪的磅礴气势。

前三段写景，也写景中活动，后三段主要描写雪景。

前三段重在写情景，后三段重在写情态。

师：首先从描写对象来看，前三段描写的雪是优美的，后三段是壮美的。前三段是妩媚的舞姿，后三段是蓬勃的气势。前三段写景为主，还有活动，后三段单纯地写景、抒情。前三段写情景，后三段写情态。

[屏幕显示，教师讲解]

从描写手法看：

前三段多绘“色彩”，重在表现江南雪的静态；后三段多状“形态”，突出朔方雪的动感。

前三段细笔描绘，后三段大笔勾勒。

前三段温婉、细腻，后三段刚劲、粗犷。

前三段诗意盎然，后三段意味深长。

师：我们再看描写的手法，这个大家没有谈到。前三段的色彩很美艳，静态描写居多；后三段形态上进行塑造，动感强烈。前三段是细笔的描绘；后三段是大笔的勾勒。前三段是细腻的，温婉的，柔和的；后三段是刚劲、粗犷的。前三段诗意盎然，充满生活的气息；后三段意味深长，给我们呐喊的感觉，要战斗的感觉，一种孤军奋战的感觉。通过这样的比读，我们还可以继续欣赏，还可以找出很多很多可以比较的东西。这个过程我们进行得比较充分。

评点 教学板块二：比读感受。运用对比分析的方法，围绕话题，多角探究，先写后说，表现了读写结合的美好。

师：下面我们再来进一步深化我们的阅读感受。

[屏幕显示，教师讲解]

我们的学习活动：精读感受

品味欣赏——品读文中描写朔方的雪的部分，以“……写的是……”为话题表达自己的阅读感受。

师：精读感受，我们把视点放在后三段上。以“……写的是……”为话题表达自己的阅读感受。我们先读第四段，读出热烈的氛围。

生（齐读第四段）：但是，朔方的雪花在纷飞之后，却永远如粉，如沙，他们绝不粘连，撒在屋上，地上，枯草上，就是这样。屋上的雪是早已就有消化了的，因为屋里居人的火的温热。别的，在晴天之下，旋风忽来，便蓬勃地奋飞，在日光中灿灿地生光，如包藏火焰的大雾，旋转而且升腾，弥漫太空，使太空旋转而且升腾地闪烁。

师：好。第五段，读出一种庄重的氛围。(师示范)“在无边的旷野上，在凛冽的天宇下，闪闪地旋转升腾着的是雨的精魂。”读!

生（齐读第五段）：在无边的旷野上，在凛冽的天宇下，闪闪地旋转升腾着的是雨的精魂。

师：第六段，用一种体味意味、用深思的那种情感氛围来读。（师示范）“是的，那是孤独的雪，是死掉的雨，是雨的精魂。”读!

生（齐读第六段）：是的，那是孤独的雪，是死掉的雨，是雨的精魂。

师：三段一起读，热烈的，庄重的，深思的。

生（齐读第四至六段）

师：下面思考，这里写的是什么。可以把这三段一起来说，可以选一段来说，可以选一句来说。好，思考。

(生独立思考。)

师：好的，我们来表达感受。

生22：我觉得最后两段，抒发了作者的感受，是对寒冷环境的反抗，是对过去斗争品格的尊重，有荷戟独彷徨的孤寂之感，也有继续战斗的倔强精神。

师：你评点的是最后两段，好的。

生：我觉得第六段写了作者要不顾一切战胜黑暗统治的压迫，从另一方面也表现了作者对美好生活的向往。

师：第六段，我的看法是，写出了一种孤独感。不然，怎么说是“孤独的雪”呢？同时也写出了一种战斗的感觉，“雨的精魂”，大男人，他们在朔方，他们为何变成雪花？用“雨的精魂”，来表现出一种战斗的力量。

生23：我是把眼光聚集到第五段的，他这里用的是“雨的精魂”，就像刚刚老师说的非常有战斗力。“在无边的旷野上，在凛冽的天宇下”，这样大的环境中，雪花非常孤独。我觉得在这里，鲁迅也自比这个雪花，可以闪闪地升腾，看出雪的高尚，也看出鲁迅自己处在一个非常高尚的位置，同时也可以看出鲁迅先生对待抵抗恶势力的一种决心。

师：嗯。无边的旷野，凛冽的天宇，这是背景；但是雨的精魂，朔方的雪，仍然闪闪地旋转而且升腾地闪烁。

生24：“朔方的雪花在纷飞之后，却永远如粉，如沙，他们决不粘连，撒在屋上，地上，枯草上，就是这样。”从这段可以看出，作者对这种不屈品格的赞赏，也表达了作者对黑暗环境的抗争的精神。

师：好。关键词，“如粉，如沙，决不粘连”。

生25：在第五段，“在无边的旷野上，在凛冽的天宇下”，这两句，我们可以看出，作者写出了寒冷的恶劣的环境。而在下一句，“闪闪地旋转升腾着的是雨的精魂”，是赞颂了“凛冽的天宇下”奋飞搏战的孤独而倔强的雨的精魂。从当时的历史可以看出，这里表现了鲁迅先生反抗冷酷社会的斗争品格。

师：好的，还表现出一种比较张扬的个性。

生26：我选择的是第四段最后一句话。“在日光中灿灿地生光，如包藏火焰的大雾，旋转而且升腾，弥漫太空，使太空旋转而且升腾地闪烁。”这里体现出北方雪的放荡不羁，也体现出他想改变这冷酷的世界。

师：表现出他所向往的那样一种战斗的力量，使太空都能旋转起来。

生27：我觉得最有味道的还是最后一段，因为它写出了作者内心的一种寂寞，以及对黑暗势力的那种反抗。而这当中语言磅礴的气势，让人体会出作者对黑暗势力的反抗决心，也符合鲁迅先生一贯的文笔，觉得非常有力量。

师：特别是“雨的精魂”这四个字。我查了一下字典，我找不到“精魂”的含义，找不到它的解释在哪里。这是鲁迅先生的笔下塑造出来的一个词。明显地表示在“精魂”二字，精粹、力量都集中在这里。

生28：我对“精魂”二字有一种看法。“精魂”就是灵魂的一种升华，就是鲁迅先生灵魂最深处的一种感受。

师：而且这种升华，是借助雨变成朔方的雪之后的感受来说的。所以他是文艺性的，不是直白地来表达，他是用文学的语言来表达他的思乡情感。你说得太好了！

生29：从第四段看出鲁迅先生战胜北洋军阀黑暗统治的决心。还有，他也赞颂了那种凛冽的天宇，雨的精魂。

师：第四段，给我们一种向上的感觉，“旋风忽来”，雪是旋转、向上的。比起前三段的平面，这个是立体的了。

生30：我选择的是第四段的那句，“屋上的雪是早已就有消化了的，因为屋里居人的火的温热”。按照正常的雪，如果融化的话，是一个季节的变化，而这里雪的融化是因为“居人的火的温热”，从当时的历史角度说，当时在北洋军阀黑暗的统治下，应该是说人民抗争的精神团结在一起，使得雪被他们的那种力量消融了。这是一种顽强不屈、英勇奋战的品格的写照。

师：嗯，在这里我的看法跟你的不太一样。我觉得这个句子在这里没有多少深意。倒是后面这句，“别的，在晴天之下，旋风忽来”，这后面是有点意味出来的。

师：好的，这后三段，我们的感受如果继续深入的话，我觉得可能还有一些话要讲。其实我们的感觉已经非常好啦。我们来看。

[屏幕显示，教师讲解]

这里写的是孤独的雪，死掉的雨，雨的精魂。

这里写的是奋飞搏战的孤独倔强的朔方的雪。

这里写的是旷野里朔雪升腾奋飞旋转的壮阔场面。

这里写的是一种孤独的不妥协的生活姿态。

这里写的是严酷现实中的一种独立与张扬的个性精神。

师：这里写的是，孤独的雪，死掉的雨，雨的精魂。我们再来看这三段，写的是奋飞搏战的，孤独倔强的朔方的雪。这里显示旷野、纷飞、旋转的壮阔场景、画面。这里写的是孤独的、不屈的、不妥协的生活姿态。更重要的是，这里写的是严酷现实里一种独立的、张扬的个性。不然的话，怎么会有“旋风忽来，便蓬勃地奋飞，在日光中灿灿地生光”？张扬的个性，战斗的个性。

师：好，我们从“在晴天之下”，读到“升腾地闪烁”。我们再好好读一读，就结束我们的学习。“在晴天之下”，读！

生（齐读）：在晴天之下，旋风忽来，便蓬勃地奋飞，在日光中灿灿地生光，如包藏火焰的大雾，旋转而且升腾，弥漫太空，使太空旋转而且升腾地闪烁。

师：好，这课我们就学到这儿，谢谢同学们！

师：下课！

生：起立！

师：同学们再见！

生：老师再见！

老师：好，谢谢！

评点 以品读关键词为点，以朗读为线，串起精读感受。课堂在激情诵读“使太空旋转而且升腾地闪烁”中戛然而止，令人回味无穷。

实录赏析

整堂课就是一篇如《雪》一样美好的散文诗。

如《雪》一样的结构鲜明。

“江南的雪，可是滋润美艳之至了”；朔方的雪，“永远如粉，如沙”。两种不同的雪，自然形成文章鲜明的结构。

《雪》的写作背景，冰心对“写景状物的诗文”的理解，如和风一样吹来，带给学生清新和明确的阅读指向，这样的铺垫犹如序曲，拉开了文本学习的大幕。精致的课堂教学结构：略读—比读—精读，独立成块，又紧密关联、逐层深入。课堂教学结构清晰，巧妙地呼应着文本结构鲜明的特色。

如《雪》一样的充满深情。

江南，因为有雪，冬天便有了缤纷的色彩，活泼的孩子欢乐地塑雪罗汉；朔方，旋风忽来，雪“便蓬勃地奋飞，在日光中灿灿地生光”。无论是对江南雪的怀念，还是对朔方雪的赞颂，作者都充满了深情厚意。

课堂上，无论是开课朗诵小诗《雪》，还是评点学生发言，或者是引领学生朗读，都恰到好处地用富有表现力的语音语调感染学生，带着学生进入文本深处，努力贴合作品的脉搏。“对美好的、自由的、幸福生活的向往，淡淡地表现在对江南的雪的描写中”，柔和而又抒情；“更确切地说，将朔方的雪描写得比较人格化，写南方的雪倒是像故事一样浸润着我们的心灵”，平静而又理智；“后三段意味深长，给我们呐喊的感觉，要战斗的感觉，一种孤军奋战的感觉”，热情而又激昂。

《雪》是作者内心的诗歌，余老师教《雪》便是对诗歌的深情演绎。

如《雪》一样的回味无穷。

《雪》中深藏着作者对美好的追求，对现实的抗争，甚至愿意为自由而献身的精神。这一切的情感都回荡在字里行间，反复咀嚼后才能品味一二。《雪》的魅力也许正在于它的令人回味无穷。

精美的课堂也一样，总有令人回眸而觉其“百媚生”的无数魅力。

“简”，是最大魅力。因为简，于是没有碎问碎答，没有旁逸斜出；简，让教师的课堂活动精炼起来，让学生的训练活动充实起来。“实”，使教学有力度，有厚度。实实在在地让学生自由地讲，安静地写，舒畅地说，深情地读。“丰”，围绕主话题，进行全班集体训练，课堂显得丰厚丰美。“略读感受”，众多学生的多角概说丰富了全班学生对文本的初读印象；“比读感受”，从描写的对象、手法等角度深入理解文本；“精读感受”，重点训练和培养品词析句能力。略读掀起了缤纷认识的交汇，比读带来了沉静庄重的交流，精读创造了潇洒热烈的歌颂。“活”与“美”，在教师的引领和示范下，贯穿课堂的朗诵，表现出形式的灵活和效果的美好，尤其是师生共同激情朗诵“旋转而且升腾，弥漫太空，使太空旋转而且升腾地闪烁”，将课堂气氛推向高潮时戛然而止，令人叫绝。

庄重与热烈，不仅仅是《雪》这篇文本的特点，也是整堂课的美好氛围。

《春酒》课堂教学实录及评点

执　教：余映潮

整　理：徐志耀

评　点：王跃平

授课时间：2012年4月12日

授课地点：河南省焦作市光明中学

案例导读

余老师的《春酒》一课，进行了由浅入深的三次阅读训练，由文意概括到线索探寻再到细节赏析，与学生阅读散文的思维同步，可谓匠心独具；课堂上，学生思维活跃，妙语连珠，可谓精彩纷呈。这节课像一篇散文，始终用“语言文字的理解和运用”这条线索贯穿。文意概括，要求运用含有“春酒”二字的短语或句子；线索揭秘，要求运用“先下结论后阐释理由”的语言形式；细节欣赏，要求抓住关键词句赏出情味、情趣、情感。观此课，恰如春日漫步小径，无限风光，目不暇接。课堂流程恰似“柳梢梅萼渐分明”，课堂活动让人觉得“万紫千红总是春”，令人产生“沾衣欲湿杏花雨”的倾慕。

师：谢谢咱们四班的同学。上课！（起立！）同学们好！（老师好！）请坐！

师：这节课我们一起学习美文《春酒》，散文《春酒》。琦君，我们同学们的课外阅读会不少，那么也会认识琦君这位了不起的作家。我们读一读她的简介，“琦君——”，读：

[屏幕显示，学生齐读]

作者简介

琦君（1916—2006），台湾女作家。在琦君50多本文学作品中，童年、故乡、亲人、师友占据了她创作题材的绝大部分。她以中国传统的温柔敦厚的情怀，以细腻温婉的笔致，营造了一个美好的文学世界。

师：琦君的作品，“温柔——敦厚——，细腻——温婉——”，这八个字在《春酒》中有足够的表现。

师：为什么要写《春酒》呢？因为作者1949年就离开了大陆，到台湾，然后到美国。两岸的隔离使她和很多台湾的文学家一样，有一种浓浓的乡愁。所以这篇文章实际上是写故乡的，回忆故乡的，回忆童年的，回忆家乡的。

评点 简介作者，铺垫学习；八字内涵，言简意深。

师：好，这节课我们有三次训练活动。

[屏幕显示，教师解释]

阅读与训练

《春酒》文意理解

《春酒》线索探秘

《春酒》细节赏析

师：第一次训练，文意理解，训练大家文意理解的能力；第二次训练，认识散文线索的能力，这是比较高层的能力了；第三次训练，细节赏析的能力。

评点 开宗明义，简约自然；板块清晰，不蔓不枝。

师：下面开始我们的第一次训练——文意理解能力训练。先请大家做一个笔记，什么是“文意”？“文意”就是文章的大意。

[屏幕显示，教师解释]

作品的主要内容、情感倾向、表达目的就是“文意”。

师：噢，我们读文章的时候要理解它的意思，就要概括它的主要内容，领会它的思想情感的倾向，揣摩它为什么要写呢？这就是文意把握。

[屏幕显示，教师解释]

文意理解

请同学们简说课文内容，文句中要含有“春酒”一词。

师：每一位同学都要简说课文内容，怎么简说呢？一个短语，一句话，但是你说的短语和句子里面要有“春酒”两个字。老师来给大家做个示范。

[屏幕显示，教师解释]

春酒情思

师：老师说了四个字：“春——酒——情——思”。作者写的是“春酒”，这是主要内容；她的情感倾向、表达目的就是“思念”，是深沉的、浓烈的情感思念。哦，春酒情思啊。

师：好吧，下面就是你们自己的活动了。你怎么写个短语呢？你怎样写个句子呢？开始思考。

评点 先明概念，再出示例。范围方向，了然于心。听写读思，相得益彰。

（学生思考约三分钟。）

师：好吧，先把见解讲给你的同学听，两个人两个人一起讲。

生：（互相讲，气氛热烈）

师：好吧，用一个短语或一个句子来表达你对《春酒》文意的理解，请举手。

（一生举手）好，谢谢你。

生 1：我认为这篇文章主要讲了我回忆童年时期过年喝春酒时的情景，表达了我对童年的怀念和对母亲的回忆、对母亲的思念。

师：很完整的一句话，核心内容就是“我和春酒的故事”。好，谢谢你。

师：继续，（面对另一生）好，请你来。

生 2：我写了一个短语，是“春酒情浓”，就是说借助春酒来表达自己的感情，所以她写的不仅是春酒，而且还表达了自己的情感。

师：春酒之后，有深情啊！谢谢。（示意另一生）

生 3：我用一个短语，我认为这篇文章表达的是“春酒趣事”，因为这篇文章以春酒来表达了童年的一些趣事。

师：嗯，春酒趣事，春酒所忆。不断地回忆，不断地有回忆出来！“趣事”，这两个字用得多好啊！谢谢，继续。还有哪位？

生 4：我写的是“春酒趣歌”，因为这篇课文以春酒为线索，写出了春酒对人、对生活的赞歌。

师：春酒的什么歌？

生 4：趣歌

师：是“趣歌”两个字吗？如果是“趣”和“歌”两个字，就要注意这两个字能不能搭配在一起，再修改一下，谢谢你。

生 5：我写的是“春酒之乐”，因为这篇文章主要是追忆作者童年时期喝春酒的乐趣，表达了自己对故乡的怀念、对母亲的思念。

师：都是写的小小的乐事。

生 5：嗯，表现了作者对故乡的思念之情。

师：对，还有对母亲的思念之情啊。

生 6：我写的是“忆春酒，恋春酒”，我认为这篇文章主要写的是“我与春酒之间的一些故事”，文章的结尾处写的是，我已经找不到以前家乡的美酒了，说明我还是依恋家乡的春酒的。

师：大家注意这位同学的发言！他的两个短语是对称的，这就叫“语言形式”！他在表达自己观点的时候就很注意用一定形式表达自己对文章的理解。

师：请继续！大家刚才说了那么多，都有思想的交流。哪一位再来试一下？

生7：我写的是“春酒追忆”。

师：“追忆”，好！这个词用得好！

生7：因为这里写春酒，是对年味的追忆，是对母亲的追忆，更是作者对美好往事的回忆，所以我觉得，这是作者对母亲做的春酒的最美好的回忆。

师：好！我们来看大家刚才有多少种有诗意的说法：春酒情思啊——忆春酒——恋春酒啊——春酒趣意啊——春酒追忆啊——”，还有吗？大家看。

[屏幕显示，教师解读]

春酒情思

春酒 母亲

春酒 童年

春酒一杯滋味长

乡情荡漾的春酒

春酒里面是乡愁

春酒中的家乡味

春酒，遥思之中的家醅

春酒——母亲，作者的思想倾向、表达目的就出来了，这个时候就要动笔了。

“春酒——童年”，写春酒，忆童年的美好时光，这就是语言形式。

“春酒一杯滋味——长”，滋味啊，春酒的滋味，思念的滋味，浓浓的长长的回忆的滋味，乡情荡漾的春酒。

为什么要写春酒啊？写物抒情，通过写春酒来表达对故乡的回忆，春酒后面是乡愁，春酒里面是乡愁。写春酒，就是写乡愁。什么是乡愁呢？乡愁就是思乡，就是思乡之情。

“春酒中的家乡味”，“家乡味”三个字就在课文里面。

“春酒，遥思中的家醅”，几十年过去了，大半辈子过去了，哪里还找得着妈妈酿的美酒呢？哪里还品尝得到那美好的家醅呢？

这都是作者的表达目的。我们就通过这样的活动，对文章的大意、作者的情感倾向和表达目的进行了初步的理解。同学们，课堂笔记做好了吗？

生：（齐声）做好了。

评点 诗意总结，营造氛围。突出“家乡味”三字，为下面归纳情感线索做好铺垫；归纳文章大意、情感倾向以及表达目的，对应上文“文意理解”的概念，完美总结了训练内涵。

师：好的，继续进行第二个训练活动——线索探秘。

[屏幕显示，教师解释]

线索探秘

请同学们在理解全文的基础上观察、发现、阐释《春酒》的“线索”。

师：读散文，读散文就是要看一看，品一品，是不是有线索。大家都说，形散而神不散。那么这个“神”是什么呢？

生（小声）：线索。

师：内在的线索是使文章看起来很散而有非常突出的中心内容。所以，请同学们在理解全文的基础上观察、发现、阐释你所发现的《春酒》的线索。且慢，再做一次笔记，什么是线索？

[屏幕显示，学生记录]

叙事性文学作品中，贯穿全文的脉络就是线索。

师：脉络是什么呢？就是把一个点一个点连起来成为一条线，这就是线索。比如你们学习过的课文《最后一课》，里面有一个小弗朗士，是不是？

生：是。

师：小弗朗士这个人物把所有的故事情节、故事细节都串起来了，他就是一个线索人物。把小弗朗士有关所有的名字画出来，连点成线，就是一条线索。大家观察一下，《春酒》的线索何在？

师：可以独立思考，可以两人一起研讨，可以四个人一起揣摩。开始吧。

（讨论交流约三分钟。）

师：好吧，我们来交流，各抒己见，（示意一学生）先请你来。

生1：我认为线索是“春酒”，课文通过春酒写出了我小时候过春节、喝春酒的事情，表达了我思念故乡、思念母亲的思想感情。

师：嗯，好的。我们听这位同学的分析，她首先说了“春酒是线索”，她的第二层意思是概括大意。我们来看，应该怎么说，中心句是你认为“线索是春酒”，然后就是理由一、理由二、理由三，这样才能说明你所看出的线索真的是春酒。懂得我的意思了吧？

生1：嗯。

师：就是说观点与材料之间要统一。谢谢你，再来。

生1：我认为这篇文章的线索是春酒，观点一是刚开始先写过年时的一大堆规矩，衬托喝春酒时没有规矩，衬托喝春酒时的快乐；观点二是写她喝春酒时的快乐；第三个观点是喝会酒的时候也有春酒；观点四也是通过春酒怀念母亲的。所以我认为这篇文章的线索是春酒。

师：这位同学马上就学会了怎么分析。好，如果再要分析的话可以不说观点一、观点二、观点三、观点四也可以啊，用“我认为线索是春酒，因为……”的句式也可以的，是不是？

继续分析，还有新的表述！

生2：我认为这篇文章的线索是对母亲的思念之情。因为春酒是母亲做的，然后文章中说了，我们家吃的东西多，什么东西都吃过，但我最喜欢的是妈妈做的八宝酒，也就是春酒，说明我对母亲是非常地喜爱。观点二（口误，应该是“理由二”）是文中说别人问母亲八宝酒是什么做的，母亲都会告诉别人，这一点说明了我要向母亲学习。所以我认为文章的线索是对母亲的思念之情。

师：嗯，说得好！如果还要说一句总括性的话，就是几乎每一个细节都跟母亲有关联。把所有描写母亲的内容圈起来、联起来看，就是线索。

生3：我觉得文章是借春酒来表达对母亲的思念。用春酒来表现母亲的勤奋，母亲的机智，所以春酒是一个线索，表达对母亲的思念。

师：春酒就是线索，这位同学把春酒与对母亲的描写联系在一起分析，理由是很充足的了。

生4：我认为这篇文章的线索也是作者自己，因为这篇文章中，写了许多与作者有关的事情，而且也表现了作者对春酒的喜欢之情，表达了对故乡、对妈妈的思念。

师：“我”的生活细节贯穿全文。这位同学的观点大家听见了吗？他说这篇文章中的“我”也是线索，那么这篇文章中的“我”也是线索人物了，有道理。还应该有线索。这位同学的发言告诉我们，春酒是线索，“我”是线索，还应该有……

生5：我认为这篇文章的线索是“我”的思乡之情。因为这篇文章首先写的是“我”在家乡经历的一些事，“我”的家乡、新年的习俗、“我”的童年，还有母亲做八宝酒，这里还讲到“我”喝八宝酒的许多趣事。最后的时候写作者为自己的孩子做春酒，但是做出来的酒不是像“我”小时候喝的那种味道，所以这里体现出“我”对家乡的思念之情。所以我认为这篇文章的线索之一就是“思乡”。

师：每一笔、每一处细节都有味道，这种味道就是思乡之味。这位同学说的是情感线索，思乡之情贯穿全文。还有吗？好，再听一位同学的见解，请你来。

生6：我认为本文的线索是母亲，因为在第二自然段写道我很怀念母亲做的春酒的滋味，在第四段还提到母亲做春酒请大家品尝，第五自然段提到在喝会酒时母亲拿出自己做的春酒拿给大家品尝，最后的第八自然段写出母亲虽然辛辛苦苦做出自己的东西，她都会分给别人吃。所以我认为本文以母亲贯穿全文。

师：好，也就是说每一个生活的片段都跟表现母亲密切关联，“母亲”一词贯穿全文。分析得真好啊！

所以说啊，我觉得大家都很了不起，能够这样地分析，难度是很大的。

[屏幕显示，师读生记]

《春酒》是一篇有多条线索的散文：“春酒”，“母亲”，“我”都可以看作全文的线索。

师：但是，我要很遗憾地告诉大家，有一条真正的线索还没有分析出来。再看课文！隐藏在课文里面，有一条明晰的，但是很难把它提炼出来的线索。我提示一下，这条线索与“酒”有关系。看吧，看教材。

评点 适时设疑，引导学生向更深更远处思索，以期有更高层次的理解。

师：哎哟，你们太了不起了！我这么一说，马上就有两个同学举手了，三个同学举手了。那么你们举手，就只说一句话，不分析，我来分析。（面对一个举手的学生）你说，你发现的文章线索是——

生 7：我认为本篇文章的线索就是“新年”。

师：不对，不是总是写新年的，新年过后呢？哦，没有发现。（向另一个学生）你呢？

生 8：我认为是“时间”。

师：是“时间”？任何一篇文章都有时间呀，这是普遍的表现规律，叙事性的文章都要写时间的，按时间来写。

生 9：我认为是“八宝酒制作的材料”。

师：（呵呵而笑）材料怎么能当线索呢？但是，她已经接近问题的边缘了。（又笑，用以减轻学生的压力）

生 10：我认为是喝春酒时的宴席。

师：宴席？处处都有宴席。我的天啊，这一定也是一个很馋的小姑娘！（众笑）

生 11：我认为这里的线索是“喝酒”。

师：喝酒？到处都有酒喝啊，好（hào）吃的人啊（笑）！

生 12：我认为这篇文章的线索是“制作春酒”。

师：制作春酒？噢，对不对？

生 12：制作春酒的气氛。

师：好，还有吗？上面所有的回答都不对（笑）。（指着一个学生）你来说。

生 13：我认为这篇文章的线索是真正的家醅。

师：真正的家醅。妈妈做的家醅叫什么名字？

生 13：八宝酒。

师：（笑）他接近了边缘，你继续接近边缘。（指着一个学生）你说。

生 14：我认为这篇文章的线索是母亲制作的八宝酒。

师：对，就是三个字。

生：三个字？

师：你们做这样一件事情，这是一个“八宝”（板书），把它圈起来，你们把文中所有的“八宝”圈出来，你们就看出线索了。圈吧！这才会真的让你知道了什么是线索。不但要圈，还要把它连起来。什么叫线索？连点成线就是线索了。

生：（纷纷寻找并圈画）

师：好，边圈边数一下，有几次“八宝”？大家一齐告诉我，有几次“八宝”呀？

生：六次？

师：六次吗？

生：七次？

师：七次吗？……几次？很巧，就是八次，八次“八宝”，你们把它圈起来，就第一次直观地感觉到什么是线索了。

师：我们读书啊，要注意到一个很有意思的现象，作者笔下的春酒是一个很大的概念，不然为什么会有“会酒”呢？那么作者怎样写春酒呢？其实写的是八宝酒。不细细地看，真的看不出来。数出来了吗？是八次吗？（**生**：是）所以说啊！

[屏幕显示，教师解释]

《春酒》中最美好的一条线索是“八宝酒”。

师：八宝酒，《春酒》里面最美好的一条线索就是“八宝酒”。没有八宝，所有的情感抒发和细节都出不来，这才是真正的线索，隐藏在字里行间啊。

[屏幕显示，教师解读]

全文一共8次出现“八宝”二字。“八宝酒”几乎与所有写“我”、写“母亲”、写“乡亲”的细节相融。

对“八宝酒”的抒写中，文章展现出悠长的时间曲线，表现出作者对童年生活的回味，对母亲的怀念，对家乡的思念。

课文各个细节中的“八宝酒”，都隐含着一个含意深刻的“味”字。

师：因为写八宝酒，所以课文中个个细节都隐含着一个含义深刻的“味”字。你们把课文看一下，有没有味啊？（**生**：有）“不是道地的家乡味啊”，那么作者追寻的、追忆的就是家乡的味道、童年的味道、八宝酒的味道，还有两个字，课文结尾的，（**生**：“家醅”）“家醅”的味道啊。

师：好的，同学们，我们只是初步地理解了文章的线索。

评点 看似普通的细节，却富含浓浓的情思；看似繁琐的勾画，却富含深刻的思考。简单的三个字，使学生的思考再深一层，为后面的赏析做好了准备。

师：下面我们就进行第三次能力训练——细节赏析。

[屏幕显示，教师解释]

细节赏析

欣赏课文细节描写的情味、情趣、情感与表达作用。

通过赏析课文细节描写，来欣赏课文里面的趣味、情趣、情感和表达作用。大家看书后练习一，练习一就是让我们欣赏课文里面的描写，体味里面的情趣。

好，再来做笔记。什么叫细节？

[屏幕显示，师读生记]

文学作品描绘人物的细则、描绘事件发展、描绘自然景物、描绘社会环境中的细小的内容叫细节。

师：这个定义下得不是很严谨。“细节”这个定义很难下，我们姑且就用这样的定义来了解什么叫“细节”，有人说“细节”是最小单位，好像不是很严密。文学作品中描绘人物性格、事件发展、自然景物、社会环境的细小内容叫“细节”。

师：我们下面就来欣赏一个段落。第几段呢？第三段。我们一齐来读一读，“八宝酒——”，读——

[屏幕显示，学生齐读]

八宝酒，顾名思义，是八样东西泡的酒，那就是黑枣（不知是南枣还是北枣）、荔枝、桂圆、杏仁、陈皮、枸杞子、薏仁米，再加两粒橄榄。要泡一个月，打开来，酒香加药香，恨不得一口气喝它三大杯。母亲给我在小酒杯底里只倒一点点，我端着，闻着，走来走去，有一次一不小心，跨门槛时跌了一跤，杯子捏在手里，酒却全洒在衣襟上了。抱着小花猫时，它直舔，舔完了就呼呼地睡觉。原来我的小花猫也是个酒仙呢！

师：这一个片断，极其有赏析的价值，不仅仅是制酒，如果从全文来看，与人物刻画有密切的关系。现在我们再来看看，大家细细地品味，这一段落写得好在哪里。(学生小声讨论）请让我再来读一读。

师：(再读一遍，满含情感）我已经把味道给你们读出来了，现在我们来欣赏。(指着一个学生）你先来。

生1：我觉得从一个"捏"字可以看出了八宝酒对"我"的珍贵。她捏着杯子，但是酒还是洒掉了，我感觉突出了"我"对八宝酒的喜爱和珍惜。

师：对，"端着，闻着"，香啊，真香！是吧？一个词体味出情味。好，谢谢你。

生2："抱着小花猫时，它直舔，舔完了就呼呼地睡觉"，说明连小花猫也非常喜欢喝八宝酒。

师：真好啊，通过小花猫写出了八宝酒的情味。谢谢，继续。

生3："酒香加药香，恨不得一口气喝它三大杯"，"恨不得一口气"说明这个酒实在好。

师：这个"恨不得"我们怎么看它？一个是酒好，再一个这个酒酿了多长时间？

生3：一个月。

师：等待啊，那个等待的情感是多么撩人的心扉啊，总是想喝妈妈酿的好酒，结果一打开，那么香，就是"恨不得"了。好，谢谢！还有吗？(面对另一个同学）请这位同学分析。

评点 比较以上三次的教师评点，点拨的内容层层深入。第一次重在点出学生回答中的要点，第二次重在补充完整学生回答中的未尽之意，第三次重在升华突出学生回答中所表现的真情。这是高妙的点拨，与训练内容息息相关，直接启发学生的思维。

生4：我认为最后一句"我""抱着小花猫时，它直舔，舔完了就呼呼地睡觉。原来我的小花猫也是个酒仙呢"！通过这句话赋予了一种"我"的童真，还有"我"当时的快乐。我妈妈"只给我在小酒杯底倒了一点点"，我还“端着”“走来走去”，说明我非常喜欢“走来走去”，“端着、闻着”，说明我对酒的喜爱，溢于言表。

师：谢谢！你分析的这个话里面有个“一点点”。这个“一点点”就是写妈妈的。我们往前面看，妈妈是不让我多喝酒的，妈妈说喝多了恐怕伤身体，流鼻血，于是有了又一次的细节描写，“指甲缝蘸一点酒舔一舔”，仍然写的是八宝酒，而不是春酒，这个细节就与“一点点”照应起来了，表现妈妈对“我”的关爱。不是倒很多，而是倒“一点点”。“一点点”里面就有母女之情。

生5：“母亲给我在小酒杯底里只倒一点点，我端着、闻着，走来走去”，我分析的是“一点点”，即使只有“一点点”，但我还是端着、闻着，说明在我的心里，八宝酒还是十分的珍贵，“走来走去”，说明我得到八宝酒真是十分的得意，十分的自豪。

师：是啊，多陶醉啊，多快乐啊，多幸福啊！这就是童真童趣。为什么要这样地回忆那美好的细节呢？原来都是有表达目的的啊。还有品析的吗？

好，我问大家一个有趣的问题。八宝酒就是八宝酒嘛，怎么还要把原料写得那么清楚呀？是不是另有目的的呢？或者说可以不写这些原料吗？（笑）马上就有人应对我了，厉害呀。这个问题是很难的。

评点 愈引愈深，对应上一次训练的内容，引出对全文更加细致深入的品读。

师：（面向另一学生）好，请你阐释。

生6：我认为她说这个八宝酒这些原料，感觉这些原料是特别普通，由妈妈制作出来，就感觉非常的好喝，衬托妈妈的这个手艺就非常的好，这个酒就制作得特别好，特别的好喝。

师：分析得太好了！最普通的原料酿成的酒是那样的香甜，原来还有更深沉的原因。

生7：在文章最后那个自然段的最后一句话提醒了我，究竟不是道地的家醅呀，作者虽然知道制作八宝酒的原料，但制作不出道地的家乡味，可以说出她对妈妈的怀念。

师：多好的回答呀。我也是要泡八宝酒呀，怎么就没有那个味呢？其实，除了是美国的酒之外，还有更深沉的含义，就是“不是家乡的味道啦”。分析得太好了！但是她仍然只是靠近了边缘，（笑）两次靠近边缘。但是，答得仍然是很好。过一会儿，只要我点一下，我就觉得你的答案是非常的完美了。

生 8：我觉得可以体现出不仅这个酒是妈妈泡的，因为我也尝试做八宝酒，虽然原料是一样的，但是儿子说没有家乡的味道，只有妈妈亲手做的八宝酒才更有家乡的味道，更有那种乡情。而我即使集齐了原料，也做不出家乡的味道。

师：噢，你真聪明啊！你为什么不把课文里的四个字读出来呢？

生 8：顾名思义（众笑）。

师：你一下子又被我弄糊涂了！（笑）一个聪明的人被余老师弄糊涂了！课文后面有“四个字”，我说是“四个字”，看你聪不聪明？（笑）

生 8：如法炮（páo）制

师：哎！“如法炮（páo）制”啊！如果没有前面细致地写，“如法炮制”就写不出来啊。还有啊，课文里面，人们总是问我的妈妈，你的酒里面有什么“宝贝”啊。你们看，处处照应这四个字说明的内容。所以说，为什么要把“八宝”写得那么的清楚？一定是照应后文，特别是引出“如法炮制”四个字，笔锋一转就引出作者深沉的感慨啊，这就是“家醅”的魅力。

我们来看，我们一齐来把这句话好好地读一下，“读到文章结尾时——”

[屏幕显示，教师阐释]

读到文章结尾时，我们才品味到作者在“八宝酒”上表现出来的伏笔、铺垫、渲染等高妙的表达技巧。

师：我解释一下，“伏笔”，就是写八宝酒详细的原料，后面的文章内容处处和它照应，特别是结尾的“如法炮制”；如果没有这个伏笔，“如法炮制”这四个字就没有着落。第二，“铺垫”，一次又一次地写八宝酒啊，都是为了和后来在美国的八宝酒相对比、相衬托，这就是铺垫。“渲染”就是反复的手法，不停地表现美好的细节，最后渲染到什么程度呢？感慨着再也没有这样的家醅啦，于是就顺利地点题呀。

谢谢大家，你们的语文能力，我觉得是很强的啦。所以这篇《春酒》，我觉得是我讲课最漂亮的一次，是因为你们。而且告诉大家，我是昨天晚上给你们专门设计了这个教案，我在其他地方不是这样上的，就是想检查一下、考验一下你们的实力。

评点 赏析细节的三次点拨，各有侧重，但又一一对应。第一次突出了“家乡味”，第二次归纳出“八宝酒”，第三次引导出“如法炮制”，均围绕开头提到的乡愁而展开，层层深入，渐读渐浓，渐思渐深。

师：现在还有一个关，最后一关啦！“春酒之意八宝酒”啊，这是我的课堂小结。这是我的感悟、我的感受哟，你们要对上一句话才完整呢。“春酒之意八宝酒”——（示意一个学生）你先来说。

生 1：怀乡之情八宝酒。

师：两次“八宝酒”，对不对？两次“八宝酒”，就犯忌，重复了，是吧？

生 2：八宝酿出思乡愁。

师：“八宝酿出思乡愁”，前面对不上，对不对？我是“之意”，你是“酿出”，你是动词了。

生 3：孩童之趣忆故乡。

师：“孩童之趣忆故乡”，这倒是不错的。回忆这个孩童时候的情趣味道，表达的是思乡之情。

生 4：八宝之酒思乡情。

师：“八宝之酒思乡情”，又出现一次“八宝”，你再一次靠近边缘。（众笑）什么“之意”思乡情呢？换一下。什么“之意”思乡情呢？什么“之心”思乡情呢？千万不要忘记这是谁写的文章呢？（笑）

生5：游子之心思乡情

师："游子之心思乡情"呢，多美啊。我刚说了，谁写的？

生6：琦君。

师：我们来看一看，要挖一下吧。(笑)"琦君之思故乡情"。

[**屏幕显示，师读生记**]

春酒之意八宝酒

琦君之思故园情

师：啊，好吧，把这两句批在课文上，春酒之意在八宝酒，琦君之思在故乡情。

评点 诗意总结，动心动情。化用名句，余味袅袅。

师：好的，这一课我们就上到这，谢谢光明中学八年级四班的同学，同学们再见。

生：起立！老师再见！

实录赏析

《春酒》是一篇经典美文，乡愁淡淡地化于字里行间，浓浓地蕴于心头笔尖。读此文，如品美酒，入口甘甜，回味绵长；齿颊留芳，余韵悠远。如若解读浮于表面，对于情感的理解也只能如雾里看花、水中望月。

余老师此课最大的特点就是板块鲜明。三次思维训练，使学生的思考渐明渐深，对情感的领悟渐浓渐厚，一步步接近作者的内心。课堂中，老师的点评各有侧重，点要素、补余意、出情感；老师的总结环环相扣，"家乡味""八宝酒""如法炮制"，前后呼应。这使得蕴于文字的乡愁一点点清晰、浓郁，渗入肺腑之中。课堂中，最大的亮点则是学生的精彩，他们的体悟，由浅而深，由淡而浓，由概念化、公式化而渐渐深入肌理，渐出真情。难怪余老师在课上也被学生感染，时时发出会心的笑声。

余老师在《阅读教学艺术50讲》中指出"对美文的教材处理，手法丰富，角度细腻，在精心思考之中，时时都会有美丽的光辉闪现”，他具体介绍的“美教”手法中，就包括“从思维训练的角度处理课文，将课文视为内涵丰富的思维的训练材料，借此组织多姿多彩的课堂创造活动”。这两段话恰恰在本课的实践中得以完美地体现。

余老师的设计如此的精彩，关键在于三条。

其一，时刻关注学生的思维习惯。学生阅读本文，早已明白了主题是乡愁，如果老师还按传统的教法，一步步引导出主题，只能让人觉得故弄玄虚，浮光掠影。余老师则开宗明义，引导学生从文意、线索、细节这三个角度，一步步认识乡愁如何在看似普通的文字中一点点酝酿而出，引发了学生的深层思考，在看似普通的散文中读出情味。

其二，时刻注意引发学生的思考。三次思维训练，各有侧重，特别是在后两次训练中，注重点拨，引导的思考向“更深更远处漫溯”，使学生的思维形成了明晰的链条，从而形成了课堂上绚丽的风景。

其三，对文本内容的深入研读。余老师对文本的理解向来令人叹为观止。这一课中，他没有把文本分割成支离破碎的字句，而是以主题为纲，将一个个细节贯穿成线，集腋成裘，从看似普通的文字中读出了别样的情致。读到这一境界，设计阅读训练自然也就游刃有余了。

美文当美教。唯有研“文本”，识“生本”，方能收放自如，从容不迫，“故九万里则风斯在下矣”，这当是我们这些后辈学习此课最大的收获。

《端午的鸭蛋》课堂教学实录及评点

执　教：余映潮

评　点：赵进

授课时间：2013 年 4 月 2 日

授课地点：南宁市江南区五一路中学

案例导读

如果说读汪曾祺的文章让人“满嘴噙香中国味”，那么欣赏余老师的课则是“典雅隽永语文味”。余老师用其研读教材的深厚功底，精湛的教学技艺，活泼诙谐的语言，高超的教学智慧，在教学《端午的鸭蛋》这一课时通过四次高效有力的活动，一次次点燃学生的学习热情，一次次碰撞出学生智慧的火花，将这一课上得情趣盎然，妙趣横生，充满童真童趣，生活趣味十足，令人回味隽永！

师：好的，同学们，我们上课了，上课，同学们好！

生：起立！老师您好！

师：请坐！今天我们学习一篇很有情趣的文章，汪曾祺的《端午的鸭蛋》。

[屏幕显示]

汪曾祺（1920—1997），江苏高邮人，师承沈从文，现当代著名小说家、散文家。

师：汪曾祺，江苏高邮人，师承沈从文，也就是说他曾经是沈从文的学生。现当代著名的小说家、散文家。好，下面就你们读了。这是专家、学者对汪曾祺这个人物的评价。“汪曾祺”，读。

[学生齐读，屏幕显示]

汪曾祺人好，文好，字好，画好，属于典型的文人，被称为“中国最后一位士大夫”。金庸认为“满嘴噙香中国味”的，在中国大陆只有汪曾祺和邓友梅。

师：两位伟大的作家，邓友梅现在还活着。被人称为中国最后一位士大夫，就是因为他文好，字好，画好，典型的文人。继续读起来，读。

[学生齐读，屏幕显示]

汪曾祺的文章，简单朴素，直白浅显，读后却如饮醇酒，清厚绵长。他所习、所善、所悦的都是文人雅好，弥漫的是文人情调，有美文家和美食家之誉。

师：评价得多好啊，弥漫的是文人情调。既是美文家，又是美食家。那么《端午的鸭蛋》是写家乡的鸭蛋的，是写端午的鸭蛋的，同样的表现出美文和美食的特点。这就是咱们每人要过的端午节的介绍了，读起来。

[学生齐读，屏幕显示]

农历五月初五为端午节，这是我国古老的节日。这一天，家家户户都要挂艾叶，吃粽子，饮雄黄酒，佩香囊；民间最隆重的活动是赛龙舟。

评点 开课即用厚重的教学铺垫让学生不仅了解了汪曾祺文章的特点及其语言风格，也对端午节的习俗有了进一步的了解，为本课的教学活动做了充足的准备。

［屏幕显示］

知一组词

师：《端午的鸭蛋》这篇课文的第一部分就写了端午的习俗。好，我们开始进入课文。“知一组词”，读课文习练字词，读起来吧。

［学生齐读，屏幕显示］

城隍：传说中守护城池的神。

门楣：门框上的横木。(对“门槛”)

避邪：避免或驱除邪祟。

腌腊：腌制后风干或熏干的鱼、肉、鸡、鸭等。

络子：线绳编成的小网袋。

薄罗：薄薄的有稀孔的丝织品。

与有荣焉：因而也感到荣幸。

囊萤映雪：分别指晋朝车胤和孙康利用萤火虫的光和雪的反光刻苦读书的故事。

师：嗯，课文里面哪，出现了“门楣”也出现了“门槛”，这两个词，从现代生活来讲，已经远离我们的生活，但是，我们还是要知道它。我们现在住房是没有“门槛”的，但是你到农村去，那房、屋就有很高的“门槛”。“腌腊”，课文里面说啦，“腌腊店”，就是卖那些腌制后风干的腊制品的，就是肉味，鱼啊，肉啊，鸡啊，鸭啊，腌一下风干，然后在那个店里卖。“薄罗”，那个“罗”就是很薄很薄的绸缎，把鸭蛋敲破之后，要装萤火虫在里面玩，就用“薄罗”把这个口给封住。好，各自再读一下，“城隍”，读起来。

(学生再次齐读。)

师：这样我们就通过学习，知道了一组词。

评点 遴选出体现端午节特色的词语，结合生活实际为学生讲解词义，让学生通过理解词语的意思来识记词语，易于掌握，且加深了学生的印象。

［**屏幕显示**］

写一个句

师：继续，“写一个句”，谁的任务呀？你们的任务。写什么呀？

［**屏幕显示**］

不必说……，也不必说……，单是……就有无限趣味。

“不必说……，也不必说……，单是……就有无限的趣味。”根据课文内容把这个句子写完，开始吧。注意是写本课的内容，从课文里面挑有趣的内容来写呀，既艰难又有趣的写作，开始啦！

（学生开始写作。）

师：好的，我给大家有五分钟的时间，看这个句子写得怎么样？好，请你来。

生1：不必说炒红苋菜的趣味，也不必说油爆虾时的过程，单是平常咸鸭蛋就有无限的趣味。

师：啊，多动情啊！好像他就是从高邮出来的人哪！好，请你来！

生2：不必说端午节中种种的习俗，也不必说端午中各种丰盛可口的饭菜，单是一个普通的咸鸭蛋就有无限趣味。

师：嗯，享受过童年的生活，咸鸭蛋，一个小小的咸鸭蛋，多么有味道啊，不仅仅是诗。好，继续说话，请你来。

生3：不必说点黄烟子，熏五毒，也不必说写一笔虎，单是吃十二红就有无限趣味。

师：好吃的人哪！好，继续来，这位小同学。

生4：不必说系百索子，也不必说做香角子，单是一个小小的咸鸭蛋就有无限的趣味。

师：嗯，真好，大家都扣住了鸭蛋啊。还要说，有没有更新更美的创造呢？刚才几位同学还没有把最美妙的味道说出来，因此要继续说。这位同学来说一下，对。

生5：不必说海南的椰子，也不必说湖北的热干面，单是家乡的鸭蛋就有无限趣味。

师：他很有创造性啊，他把海南和湖北也联系起来了。你好像知道我是吃热干面的地方来的，太聪明了！好，哪一位来说，要不要试一下？好，你来说。

生6：不必说笔画不断的一笔虎，也不必说午饭中的十二红，单是一枚咸鸭蛋就有无限趣味。

师：啊，好吃啊，一筷子扎下去，吱的一声，黄油就冒出来了，看来我们同学们个个都是美食家。写这样的句子要有很强的概括力，把整个文章里面最美好的东西都组织起来。一起来看一看，读起来吧！

[学生齐读，屏幕显示]

不必说端午节系百索子、做香角子、放黄烟子的快乐，不必说品尝“十二红”的美味，单说那孩子们把“鸭蛋络子”当作心爱的饰物、让萤火虫在蛋壳中一闪一闪地亮就有无限趣味。

师：最美的就是让萤火虫在蛋壳中一闪一闪地亮，仅仅就这一点就有无限的趣味，老师写得跟你们不同吧，老师写得比较多，“端午节系百索子、做香角子、放黄烟子的快乐”，一下子把三个事情带出来了，然后再写“十二红”，最后落脚到孩子们的乐趣上来呀！好再来读一遍，“不必说”，读。

（学生再齐读。）

[屏幕显示]

汪曾祺用深情清淡的笔墨，写下了对传统节日、家乡风情、既往生活的温馨回忆。

师：汪曾祺用深情清淡的笔墨，写出了对“传统节日”“家乡风情”“既往生活的温馨回忆，三个短语要旁批在课文上。第一个是“传统节日”，这就是课文的第一部分。“家乡风情”，这是写的高邮的咸鸭蛋。“既往生活”既写家乡的咸鸭蛋，更重要的是写孩子们过端午节，也就是端午的鸭蛋，写得极有生活的味道，因此叫做温馨的回忆。

评点 巧妙地借用《从百草园到三味书屋》中的句式来进行说话活动，通过语言学用达到了能力训练的目的。此环节收放自如，让学生撷取课文内容进行写句子的活动，是文意理解，同时是筛选信息，能力训练，这是放；学生的展读，师生的对话，教师的小结是收。整个活动非常有难度，但是，余老师却能够游刃有余，让能力训练在无声无痕中进行。

[屏幕显示]

记几句话

师：好的，继续我们的学习。“记几句话”，就是老师给你们讲，你们做笔记，然后老师会安排你们也来学着老师这样来分析课文，我们来看第二、三段，就是写家乡的风情的。

[屏幕显示]

以课文第二、三段为例，看作者语言的表达之美。

师：“我的家乡是水乡。出鸭。”到“高邮咸蛋”的特点这两段，这是写家乡的鸭蛋的，这是写咸蛋的，这两段大家预习的时候都读过了吧？老师慢慢地讲，你们慢慢地做笔记，这两个落段它写得很美，写得很温馨，它美在运用了口语、方言的这样一种通俗，美在通俗啊！比如我们一般说这里物产丰富啊，出产什么什么什么，但是作家都是用的口语：“我的家乡是水乡。出鸭。”“你们那里出咸鸭蛋”，“高邮还出双黄鸭蛋”，“可以成批输出”，这都是用很简单的口语来说话，他说了些方言。因此，这样的表达，是一种风格的美。

［屏幕显示］

我的家乡是水乡。出鸭。高邮大麻鸭是著名的鸭种。鸭多，鸭蛋也多。高邮人也善于腌鸭蛋。高邮咸鸭蛋于是出了名。我在苏南、浙江，每逢有人问起我的籍贯，回答之后，对方就会肃然起敬："哦！你们那里出咸鸭蛋！"上海的卖腌腊的店铺里也卖咸鸭蛋，必用纸条特别标明："高邮咸蛋"。高邮还出双黄鸭蛋。别处鸭蛋有偶有双黄的，但不如高邮的多，可以成批输出。双黄鸭蛋味道其实无特别处。还不就是个鸭蛋！只是切开之后，里面圆圆的两个黄，使人惊奇不已。我对异乡人称道高邮鸭蛋，是不大高兴的，好像我们那穷地方就出鸭蛋似的！不过高邮的咸鸭蛋，确实是好，我走的地方不少，所食鸭蛋多矣，但和我家乡的完全不能相比！曾经沧海难为水，他乡咸鸭蛋，我实在瞧不上。袁枚的《随园食单：小菜单》有"腌蛋"一条。袁子才这个人我不喜欢，他的《食单》好些菜的做法是听来的，他自己并不会做菜。但是《腌蛋》这一条我看后却觉得很亲切，而且"与有荣焉"。文不长，录如下：

> 腌蛋以高邮为佳，颜色细而油多，高文端公最喜食之。席间，先夹取以敬客，放盘中。总宜切开带壳，黄白兼用；不可存黄去白，使味不全，油亦走散。

［屏幕显示］

高邮咸蛋的特点是质细而油多。蛋白柔嫩，不似别处的发干、发粉，入口如嚼石灰。油多尤为别处所不及。鸭蛋的吃法，如袁子才所说，带壳切开，是一种，那是席间待客的办法。平常食用，一般都是敲破"空头"用筷子挖着吃。筷子头一扎下去，吱——红油就冒出来了。高邮咸蛋的黄是通红的。苏北有一道名菜，叫做"朱砂豆腐"，就是用高邮鸭蛋黄炒的豆腐。我在北京吃的咸鸭蛋，蛋黄是浅黄色的，这叫什么咸鸭蛋呢！

师：美在点缀、融入古语的典雅。说大白话的时候不经意地插入一句古语，就显得很典雅，比如说“与有荣焉”特别有情味，很诙谐、很幽默。

第三，美在自然、平淡之中的幽默。“幽默”二字，一般来讲我们很难感受到。但是，读这样的文章我们就能感受到。“我对异乡人称道高邮鸭蛋，是不大高兴的，好像我们那穷地方就出咸鸭蛋似的!”这就是一种幽默，其实是内心的高兴，但是用另外的话把它表达出来。所以，他说不大高兴，然后接着马上说，“不过高邮的咸鸭蛋，确实是好”。用幽默的表述来形成文章里面美好的意境。

[屏幕显示]

美在：

运用口语、方言的通俗

点缀、融入古语的典雅

自然、平淡之中的幽默

师：我们很明显地看得出来有引用手法吧。引用的是美食家、古人对高邮鸭蛋的评价，这个引用很有表达作用，它引用在文章里面，一下子把文章的结构变美，所以引用的手法往往也是很典雅、很雅致的手法，引用的手法用得漂亮。

比较手法，我们这里的咸鸭蛋比哪些地方的咸鸭蛋要好得多？比北京的味道好，为什么是北京啊？作者写文章的时候就住在北京，北京的食品和家乡的食品比较，一比较，就说家乡的鸭蛋会更好啊。

这一段还有议论的手法。比如说，我在北京吃的咸鸭蛋，蛋黄是浅黄色的，这叫什么咸鸭蛋哪，这就是议论一下，带有贬的意味，一下子就把对家乡鸭蛋的热爱写出来了，一下子就把高邮鸭蛋的质量写出来了。

侧面表现手法的运用。比如说，“人们常常对我说，你们高邮出鸭蛋呢”，人家说，“你们高邮出鸭蛋呢”，这就是侧面表现的手法。

[屏幕显示]

美在：

引用手法的运用

比较手法的运用

议论手法的运用

侧面表现手法的运用

师：我们读文章，也许不经意就读过去了。就不知道这里写的是作者家乡的鸭蛋好啊，就很难品析出文章里面的手法和它的表达的技巧和它的语言的美感，所以，老师要讲给你们听，熟悉这些内容，然后自己再看文章的时候，就会有意无意地分析，这里美呀还是那里美。

评点 通过教师的精讲点拨来将本课的难点突破，使学生进行了本课写作手法及表达技巧的积累，讲解娓娓道来且紧扣课文内容，给学生起到了非常好的示范作用。

[屏幕显示]

说一段话

细读课文第四、五段，举例品析其语言之中流露出来的情趣。

师：好，笔记做好了吗？下面就是大家的事了，说一段话，当然这一段话就是那么几个句子就行。由你们说出来。在说之前要先写，然后说，又要写。

师：细读课文第四、五段，那就是孩子们过端午的时候与咸鸭蛋有关的故事了。举例品析其语言之中流露出来的情趣，啊，这里写得很有味道啊。端午节我们那里的孩子兴挂“鸭蛋络子”，看这一句，“兴”是什么意思？大家都喜欢这样，端午节我们那里的孩子兴挂“鸭蛋络子”，他的情趣在哪里啊？孩子们很喜欢这个节日，很愿意过这个节日，而且用“鸭蛋络子”把它挂在自己胸前，来表示这个节日有特别的味道，大家都挂，每一个孩子都挂，多有情趣，多有味道！就是这样的品析，品析语言之中流露出来的生活情趣，童年生活情趣。好，开始耐心细致地读书，手上要有笔，这句里面流露出什么样的情趣，要把它讲出来，请大家认真思考，开始吧。

（学生自主思考。）

师：好的，两个人或者三个人为一个小组互相地表述一下自己的观点，我们再来交流，每个人都要说话，我来观察。

（学生进行小组交流。）

师：行，一起把五、六段读一下。“端午节，我们那里的孩子”，读。

［学生齐读，屏幕显示］

端午节，我们那里的孩子兴挂“鸭蛋络子”。头一天，就由姑姑或姐姐用彩色丝线打好了络子。端午一早，鸭蛋煮熟了，由孩子自己去挑一个，鸭蛋有什么可挑的呢！有！一要挑淡青壳的。鸭蛋壳有白的和淡青的两种。二要挑形状好看的。别说鸭蛋都是一样的，细看却不同。有的样子蠢，有的秀气。挑好了，装在络子里，挂在大襟的纽扣上。这有什么好看呢？然而它是孩子心爱的饰物。鸭蛋络子挂了多半天，什么时候孩子一高兴，就把络子里的鸭蛋掏出来，吃了。端午的鸭蛋，新腌不久，只有一点淡淡的咸味，白嘴吃也可以。

孩子吃鸭蛋是很小心的，除了敲去空头，不把蛋壳碰破。蛋黄蛋白吃光了，用清水把鸭蛋里面洗净，晚上捉了萤火虫来，装在蛋壳里，空头的地方糊一层薄罗。萤火虫在鸭蛋壳里一闪一闪地亮，好看极了！

师：嗯，现在可以说一段话，举手说话，好，这位同学来，谢谢！

生1：我想说“别说鸭蛋都是一样的，细看却不同。有的样子蠢，有的秀气”。

师：真好啊，一下子就把写得很有味道的地方品出来了。

生：因为它是用了拟人的手法，“有的样子蠢，有的秀气”把鸭蛋比作人的样子，然后用拟人的词来形容鸭蛋，写出了作者对高邮咸鸭蛋的热爱和喜爱之情。因为它用拟人的修辞来写他喜欢的高邮的鸭蛋，那种喜爱之情是朴素又单纯的，而且这句话显得作者挺幽默的，引起了读者足够的兴趣。

师：真好，这个“蠢”就带有白话的味道，“有的样子蠢，有的秀气”，又形成了对比，语言又幽默，又是从儿童的眼光来看鸭蛋的。那么，端午的鸭蛋在孩子们眼中是很神圣的呀，不然的话怎么还要挑选呢，一个鸭蛋你就拿来啪的一下打开来吃不就行了，一个挑选，还要看样子美不美啊，就说明这个节日在孩子们的心中是很有味道的，挑鸭蛋就写出了一种情趣。

生2：我说的是第四段的“然而它是孩子心爱的饰物。鸭蛋络子挂了多半天，什么时候孩子一高兴，就把络子里的鸭蛋掏出来，吃了”。从这里可以看出作者是用孩子的眼光看问题，流露出了孩子的童真，也表达了作者向往童年生活的感情。

师：很好，向往、回忆童年的生活。“鸭蛋络子”，都是挂在大襟，就是挂在这儿，多有味道啊，人人都挂，节日的气氛出来了。但是小孩子的弱点就出来了吧，不知道什么时候一高兴就把鸭蛋吃了。这就是情趣啊！小孩子们就这样，想吃的时候，就把鸭蛋吃了。白嘴吃，就是它不咸，不要和饭啊什么在一起吃，所以把鸭蛋吃掉，又是一种情趣。这样的细节实在是让我们也都回忆我们是不是有这样充满童真童趣的时候呢，真是有味道啊！

生3：我找到的是第五段“孩子吃鸭蛋是很小心的，除了敲去空头，不把蛋壳碰破。蛋黄蛋白吃光了，用清水把鸭蛋里面洗净，晚上捉了萤火虫来，装在蛋壳里，空头的地方糊一层薄罗。萤火虫在鸭蛋壳里一闪一闪地亮，好看极了！”这里就是作者用了一连贯的动词来对小孩子做鸭蛋灯笼的过程进行描述，生动形象地表达了孩子们在做鸭蛋灯笼时的童趣。

师：是啊，尽情地描述啊，吃鸭蛋是很小心的，这就是这一段的中心句。怎么小心呢？除了把这个空头的地方敲破之外，其它的地方不能把它碰破，吃完了之后要把它洗干净，在晚上去捉萤火虫放在里面，这种味道是太美好了，这种美好的记忆直到现在就像画面一样出现在作者的心目中。分析得好啊！我们现在的学生，有鸭蛋吃，但是永远看不到萤火虫了，哪里有萤火虫呢？不知道。

生 4：我说的是第四段的最后“端午的鸭蛋，新腌不久，只有一点淡淡的咸味，白嘴吃也可以”。“白嘴”这个词是地方的方言，有很浓厚的地方气息。

师：是啊，就在这样的语言里面我们就感觉到大师在写这样文章的时候，他的朴素，他的直接，从这个里面也可以看出整篇文章大量的地方都写了家乡的话语。好，谢谢！

生 5：我想补充一下第五段，我觉得这一段不仅仅是侧重于描写了孩子对吃咸鸭蛋还有对鸭蛋的玩乐，还表现了作者怀念自己童年小时候的思想感情，我觉得作者对当时那种快乐是难以忘怀的。

师：嗯，这就是快乐。这位同学品析的关键词用得很好，这样一种快乐，同样我们可以用刚才我们学用的那个句式来说话，“不必说我们把鸭蛋络子挂在我们的大襟上，也不必说我们一高兴就白嘴把鸭蛋吃掉，仅仅只是敲空头的那样一种细心就有无限的趣味啊”。多有味道！好，继续说话吧。

生 6：在第四段的一、二、三行中的“头一天”“端午节的一早”“孩子自己去挑一个”这三个短语中可以看出这个风俗在孩子们的心中很重要，体现出了孩子们天真无邪的那种童真，也表达出了作者对以前的风俗的一种向往和怀念。

师：嗯，注意，一早就起来了，是不是很兴奋哪？对，继续往前看，这个“鸭蛋络子”是用什么东西织成的？我们来看，是由姑姑或姐姐用彩色丝线织好的络子，请坐！在端午节包香角子什么都是用彩色丝线，都是表现很喜庆，很隆重的。所以，“彩色丝线”这四个字，本身就表现出一种情味，一种情趣，只不过是我们现在没有这种生活，所以我们就感受不到那样一种古老而又美好的味道。

谢谢大家的品析。刚才写的时候有点困难，但是现在品的时候大家都品得很好，老师把大家品过的内容加一下工，再讲给大家听。

兴挂“鸭蛋络子”很热闹，又写出了很看重这样一个美好的节日，兴挂“鸭蛋络子”，同时就是一种风俗。彩色丝线打好的络子写出了一种喜庆和吉祥啊。各色丝线织在一起，那种色彩是很绚烂的，同时又是柔和的，所以络子上面表现出一种喜庆和吉祥的色彩，充满了生活的味道。

再看，一个鸭蛋有什么可挑的啊？但是就是要挑啊，然后把它们装入“鸭蛋络子”里面，还要把它很慎重地挂在大襟上。很喜爱的味道出来了，很神气的味道出来了，过节的孩子们的氛围出来了。有味道！大家看这样平白的文字里面就是蕴含着美好的情味、情趣。

还有吗？什么时候孩子一高兴就把鸭蛋白嘴吃掉，这就是味道，充满童真，也表现出童稚，没有什么理性的思考，高兴的时候就吃掉。但是吃的时候倒是很小心的。孩子吃鸭蛋是很小心的，专注地吃，认真地吃，因为鸭蛋壳另有美用啊，捉了萤火虫来装在蛋壳里，啊，多么好玩哪，我们多么会玩哪，玩得多么有趣啊！看着那萤火虫的光在鸭蛋里面一闪一闪的，觉得真是奇妙的境界啊！

[屏幕显示]

兴挂“鸭蛋络子”：热闹，看重

彩色丝线打好络子：喜庆，吉祥

挑，装，挂：快乐，喜爱，神气

什么时候孩子一高兴：童真，童稚

孩子吃鸭蛋是很小心的：专注，认真

捉了萤火虫来，装在蛋壳里：好玩，会玩，有趣……

所以，这一笔是这篇文章里面最值得我们欣赏的一笔，写得太美妙了！总之，这一个片段除了写吃端午的咸鸭蛋之外，更重要的是表现好玩啊，端午节！有吃的，有玩的。很感谢大家！我们在一起把这两个看起来没有什么内容的平白如话的片段，品出了那么多的味道。

评点 精段阅读是深入文本，品味语言的最佳训练形式。余老师由全篇的阅读到精心选取精段，通过对二、三段语言表达之美的赏析，对四、五段语言中流露出来的情趣之美的品读，牵一发而动全身，辐射全篇语言品析及手法品析，让学生习得本课的写作技法，并且在品读、感悟、运用中使学生的语文素养得到了提升！

师：好，这节课，我们就上到这。大家把这一段话读一读。

[学生齐读，屏幕显示]

汪曾祺用富有情趣的笔墨，表现了对家乡风物风俗的追怀，以及对快乐童年生活的重温。

师：这就是对快乐童年生活的重温了，这样的细节一定让作者的心中也是感到温馨的。好，这节课，我们就上到这，谢谢大家，下课！

实录赏析

教学过程明晰，体现思路之美。教学设计分为四个活动：知一组词；写一个句；记几句话；说一段话，四个教学活动简洁明了，思路明朗清晰。

板块切分科学，呈现形式之美。余老师深入研读教材，整合课文内容，提炼资源后精心设计，将课堂教学切分为四个板块“知一组词”“写一个句”“记几句话”“说一段话”，每一个板块都是一个半独立的“微型课”；四个板块由“一组词”到“一个句”到“几句话”再到“一段话”，小步轻迈，由小到大、由易到难、由浅入深、循序渐进，呈现出板块之形式美。充分体现了余老师进行教学设计时的创意、技艺与审美意识。

学生活动充分，体现手法之美。余老师用四个“板块”来整合学习内容，形成教学流程结构课堂教学，充分体现了“学生主体”的新课标理念，保证了学生的充分活动。“知一组词”通过教师讲析，学生朗读来积累词语。“写一个句”巧妙借用《从百草园到三味书屋》中“不必说，也不必说，单是……就有无限趣味”的句式来让学生走入文本，理解文意，筛选内容造句，达到了语言学用、能力训练的目的，真是润物无声，手法高妙！“记几句话”将本课难点通过老师的精讲点拨与学生的笔记思考巧妙突破！“说一段话”是在前三个活动基础上进行的能力训练，可谓画龙点睛之笔！

整堂课读写结合，动静结合，张弛有度，令人回味无穷！

精段品读细腻，体现训练之美。整堂课收放自如，由前三个板块的整体感知到第四个板块的局部品读，将落脚点放在了对二、三段语言表达之美的赏析，对四、五段语言中流露出来的情趣之美的品读上，通过细腻的品读，辐射全篇的语言品析及手法品析，让学生习得本课的写作技法，可谓牵一发而动全身，于无声之中对学生进行了有效的能力训练！

语言生动活泼，体现对话之美。语文教师的素养体现在课堂的方寸之间，体现在教师的举手投足间，余老师与学生的每一次对话，都灵动而且雅致，教学有味道，对话有趣味，真是情趣盎然哪！

充分挖掘资源，体现创新之美。作者的作品风格；端午节的习俗；《从百草园到三味书屋》中“不必说，也不必说，单是……就有无限趣味”的句式；“比较手法”“引用手法”“侧面手法”等写作技巧的挖掘，使本课呈现出了创新之美。

《观舞记》课堂教学实录及评点

执　教：余映潮

评　点：崔丽梅

授课时间：2014 年 8 月 28 日

授课地点：武汉光谷实验中学

案例导读

语言大师冰心的《观舞记》，可谓优美典雅之至。雅致的词语，优美的修辞，巧妙的结构，娴熟的手法……美点俯拾皆是，如何在一节课之内取其精华，实现长文短教、美文精教呢？这堂课就给我们提供了一个很好的范例。短短 45 分钟里，师生紧扣文章精髓展开活动："课中寻宝"，把握重点内容，荟萃优美词句，扎实语言积累；"美文赏析"，探究段落特点，提升写作技巧。让我们也跟随余老师一起在优美语言的海洋里徜徉吧。

师： 同学们，这节课我们一起学习冰心的《观舞记》。请大家把课本打开，拿起笔。看屏幕，读起来。

[屏幕显示，学生齐读]

冰心（1900—1999），原名谢婉莹，笔名冰心，福建人。著名诗人、作家、翻译家、儿童文学家。

师： 继续读。

[屏幕显示，学生齐读]

《观舞记》写于1957年，语言优美华丽，大量运用修辞手法描写视觉形象。

师：大家把后一句话旁批在课题旁边。“大量运用修辞手法描写视觉形象”，这就是知识。运用语言文字来描写舞蹈，运用非同一般的修辞方法来描写舞蹈，舞蹈就是视觉形象。

[屏幕显示]

《观舞记》，优美语言的海洋。

师：这篇课文是优美语言的海洋，咱们怎么学习它都不过分。我们的学习活动有两个。

[屏幕显示]

课中寻宝

美文赏析

师：第一个活动“课中寻宝”，把你认为的课文中的“宝贝”给自己提取出来，作为你上这节课的收获；第二个活动“美文赏析”，老师带着大家赏析课文里面一个重要的部分。

评点 直接入课，明确要求，简洁了当；铺垫知识，了解作者，了解写作时间和文章特色，寥寥几句却深扣重点，引发兴趣；展示活动，明晰目标，课堂思路清晰条理。

[屏幕显示]

课中寻宝

活动：读课文，从课文中撷取精美的字词、句式、美段，成为自己的一块宝。

师：同学们，什么叫课中寻宝呢？自读课文，手上的笔动起来，从课文中撷取精美的字词，或者句式，或者美段，成为自己的一块宝。如果你对自己提出比较高的要求，你就会判断这12个段落里面哪个段落能够概括全文意思。如果你对自己提出更高的要求，你会审视课题，“观舞”，观的到底什么舞呢？每位同学自读课文，寻宝5分钟。开始吧。

（生大声读课文。）

师纠正：老师的要求是动笔，所以这个时候就不要动口了，动笔勾勒，集聚成你的一块宝。

（生寻宝。）

师：给自己寻到的“宝”命名，你寻到的是什么宝呢？好的，开始交流。

生1：第11段，描写蛇舞，“最精彩的是‘蛇舞’，颈的轻摇，肩的微颤：一阵一阵的柔韧的蠕动，从右手的指尖，一直传到左手的指尖！我实在描写不出，只能借用白居易的两句诗‘珠缨炫转星宿摇，花蔓斗薮龙蛇动’来包括了”。这一段动词运用得非常精准，“轻摇”“微颤”让人感受到蛇舞的柔韧和灵动，卡拉玛姐妹的高超技艺让我感受到人和舞合一的高超境界。

师：好的，谢谢！注意你所寻的宝还可以再往前一点，“最精彩的是‘蛇舞’”，这是小小的语言片段，典型的叙议结合。当你要写一个瞬间，这就是写作的极好范本。

生2：我找到的是第10段的描写：“我们看她忽而双眉颦蹙，表现出无限的哀愁；忽而笑颊粲然，表现出无边的喜乐；忽而侧身垂睫，表现出低回婉转的娇羞；忽而张目嗔视，表现出叱咤风云的盛怒；忽而轻柔地点额抚臂，画眼描眉，表演着细腻妥帖的梳妆；忽而挺身屹立，按箭引弓，使人几乎听得见铮铮的弦响！”

师：这就是用高超的修辞手法来描写高超的视觉形象。

生3：我和刚才同学找的一样，这段话用了排比，写出了她舞艺的高超，跳舞的感情很丰富。

师：舞技的高超。这一段典型的句式之美。一起看看，我们应当重在观察什么。

[屏幕显示]

概括全文的话语：心中所感受的飞动的“美”！

师：请勾勒下这句话。作者在这篇文章里面描述的就是她心中感觉到的“飞动的美”，这样的句子是关键句，它能够概说全文的内容。这就是阅读的顶级能力。整篇文章一定有一个句子或一个段能够概括地表示全文的意思。“飞动的美”就是对全文舞蹈的美的概括。好，关键句找出来了，再来看细节。冰心先生观赏的舞蹈是什么样的舞蹈呢？作者一定会巧妙地点示出来的。

[屏幕显示]

点示舞蹈内容的语句：

用她灵活熟练的四肢五官，来讲说着印度古代的优美的诗歌故事！

师：“印度古代优美的诗歌故事”，这又是一个关键句，找出来，圈上。这里和标题相照应，观舞，观的是印度古代优美的诗歌故事，卡拉玛姐妹用视觉形象，用舞蹈来表现，这就是艺术。这两个地方不读出来，课文就基本没有读懂。好吧，还有一批生字，读音比较难，要掌握。一起来，大声朗读。

[屏幕显示，学生齐读]

比较难读的生字

cù	càn	chēn	chì zhà
颦蹙	粲然	嗔视	叱咤
xiè	chú	rú	xiù
解数	雏凤	蠕动	星宿

师：大声再读一遍。

（学生齐读。）

师：好，举起手，把你认为最难写的字划一划。

学生比划。

师：谢谢大家！再读雅致的二字词语。冰心的文章，一个“雅”字。

［屏幕显示，学生齐读］

雅致的两字词语

供奉：指庄重地摆设。

静穆：安静，庄严。

粲然：笑容灿烂的样子。

解数：武术的招式，技能；本领。

柔韧：柔软而有韧性。

师：还有生动的四字短语，各自大声地读起来。

［屏幕显示，学生自读］

生动的四字短语

举手投足　本色当行　静穆庄严　离合悲欢

双眉颦蹙　笑颊粲然　低回婉转　按箭引弓

张目嗔视　叱咤风云　挺身屹立　浑身解数

细腻妥帖　灵活熟练　疾走惊跃　高视阔步

不可限量　花开瓣颤　尽态极妍　息息相通

师：同学们，学课文就是要这样细读，才叫有收获。课文里面的宝还有什么？

[屏幕显示]

美妙的描述句式

忽而双眉颦蹙，表现出无限的哀愁；

忽而笑颊粲然，表现出无边的喜乐；

忽而侧身垂睫，表现出低回婉转的娇羞；

忽而张目嗔视，表现出叱咤风云的盛怒；

忽而轻柔地点额抚臂，画眼描眉，表演着细腻妥帖的梳妆；

忽而挺身屹立，按箭引弓，使人几乎听得见铮铮的弦响！

师：这就是刚才两位同学提到的一块宝。观察一下，它们的排列有规律吗？老师把它们变形了，就是为了让你们观察：原来的句式不是乱用的啊！你看出了它们表达的规律吗？

生 1：这些句式，它们的前面部分都是在描写舞者神态和动作。后面是写自己对舞者神态、动作的联想和想象。

师：情感的表达，从舞蹈动作里面表现出来的情感渗透。谢谢！你只发现了小部分的规律。

生 2：前面 4 句都是描写神态，非常生动，后面两个大句子描写动作。

师：嗯，舞蹈的表现力。你们可以两句两句来看：三组描写。第一组关键词是"哀愁""喜乐"，第二组关键词是"娇羞""盛怒"，第三组关键词是"妥帖的梳妆""铮铮的弦响"。角度变化，美丽多姿，这就是描写的技巧。要注意表达的规律。把关键词划下来吧。"哀愁"对"喜乐"，这是一组描写。然后变角度，"娇羞"和"盛怒"，又变角度，这两组基本上写的是表情，然后第三组就有大幅度的变化，变成她的表现，梳妆和弦响，有动作在里面，由面部的表情写到了手的表情，写到了动作的表情。

再看句式的变化，有字数的变化，第一组最短，第二组稍长一点，第三组更长一点，同样是规律。

旁批四个字：思维训练。往往要用对比的方法、提炼的方法发现规律。

还有一个大宝，就是课文里面一篇微型的"观舞记"，整篇文章把它提取出来，就是一篇美文，它就是从开头到结尾来描写观舞的。老师把最后一段话，把它分成一个段落，这就是议论，前面就是描写，它表现的是描叙文典型的思维方式，描叙加议论。就如同刚才这位同学找的段落一样，先描叙一个段落，然后再议论一下。九年级学生一定要非常熟悉这种表达形式，要一眼能看出来，叙议结合。我们的宝就寻到这里，那么多宝让我们觉得这篇文章太美了！

[**屏幕显示**]

观舞记

朋友，在一个难忘的夜晚——

帘幕慢慢地拉开，台中间小桌上供奉着一尊湿婆天的舞像，两旁是燃着的两盏高脚铜灯，舞台上的气氛是静穆庄严的。

卡拉玛·拉克希曼出来了。真是光艳地一闪！

她向观众深深地低头合掌，抬起头来，她亮出她的秀丽的面庞和那能说出万千种话的一对长眉，一双眼睛。

她端凝地站立着。

笛子吹起，小鼓敲起，歌声唱起，卡拉玛开始舞蹈了。

她用她的长眉，妙目，手指，腰肢，用她髻上的花朵，腰间的褶裙，用她细碎的舞步，繁响的铃声，轻云般慢移，旋风般疾转，舞蹈出诗句里的离合悲欢。

我们虽然不晓得故事的内容，但是我们的情感，却能随着她的动作，起了共鸣！我们看她忽而双眉颦蹙，表现出无限的哀愁；忽而笑颊粲然，表现出无边的喜乐；忽而侧身垂睫，表现出低回婉转的娇羞；忽而张目嗔视，表现出叱咤风云的盛怒；忽而轻柔地点额抚臂，画眼描眉，表演着细腻妥帖的梳妆；忽而挺身屹立，按箭引弓，使人几乎听得见铮铮的弦响！

像湿婆天一样，在舞蹈的狂欢中，她忘怀了观众，也忘怀了自己。她只顾使出浑身解数，用她灵活熟练的四肢五官，来讲说着印度古代的优美的诗歌故事！

评点 “课中寻宝”活动，是整体感知的过程，是发掘美点的过程，是积累词句的过程。从内容把握到课题解读再到字词段篇的整理，师生同探课文瑰宝，齐聚优美语言。

师：开始进行美文赏析，赏析微型的“观舞记”，从课本里面的第4段开始，到第10段结束，第10段最后一部分另作一段，给大家一个话题，每个同学都要拿起笔，写自己阅读理解的心得。

[屏幕显示]

讨论话题：从全文的谋篇布局看，每一段都好。

师：这个话题太简单了：每一段都好。任找一段，你认为哪一段好，你就说哪一段。默读，旁批三分钟，我来观察你们的读书笔记。过一会儿，发言。

（生思考做旁批。）

师：好的，简洁分析每一段都好。举手发言。

生1：我觉得第8段描写得特别好，这一段主要是引出下文的过渡段，也是对第10段的总体概括，写得非常优美。“细碎的舞步，繁响的铃声，轻云般慢移，旋风般疾转”表现出卡拉玛舞姿的欢快、优美、轻盈。

师：这叫概括的描写，你说得真好，这种概括的描写为下一段的描写做准备的。先写一下，再写一下。这种表达技巧就很高超了。

生2：第7自然段，“她端凝地站立着”这一段非常短，但这一段在全文中是不可或缺的，欲扬先抑，在这里可以给人足够的想象空间。

师：用文学的话来说，这叫静态描写。用摄影的话来说，这叫特写镜头，特写的静态描写是很有作用的，它是舞蹈的前奏，为什么要这一句话？表现出的是舞者之美。很有修养，很有素养，很高雅的形象站在我们的面前，这一特写有它重要的作用。又分析得好。

生3：我找的是第6段的“那能说出万千种话的一对长眉，一双眼睛”，虽然舞蹈还没有开始，我也不是特别懂舞蹈，但是我知道舞蹈里，眼睛是要有神，可以表达出情感的。这里生动形象地写出了舞者眼睛的灵动明亮有神，舞者的技艺高超。

师：也分析得很好。写舞蹈，如果不写舞者的眼睛，最灵动的地方就表现不出来。而且，作者说那是能说出万千种话的一对长眉，一双眼睛啊。大家看第 10 段，我们刚才找出共同点的那些“忽而”“忽而”“忽而”的表述，有多少在写眼睛，也就是说，同样的有美妙的照应，同样的有美妙的详写和略写。

生 4：我找的是形容词和动词的运用。形容词“光艳地”“深深地”“秀丽的”“能说出万千种话的”，动词“一闪”“ 低头合掌”“抬起头来”“亮出”。我觉得形容词和动词的选用都非常好，细腻精准让卡拉玛·拉克希曼柔情美妙的形象跃然纸上，让读者身临其境般看到美妙的女子。

师：真好！舞者一出来，就吸引了大家的关注。我们把这位同学品析的地方再往前面走一下。“卡拉玛·拉克希曼出来了。”后面就是对她出来美貌美行的描写，“卡拉玛·拉克希曼出来了”，概写，后面就是细细地写她。“真是光艳的一闪！她向观众深深地低头合掌，抬起头来，她亮出她的秀丽的面庞和那能说出万千种话的一对长眉，一双眼睛。”像这样的段落是极好的语言表达形式，写某一位同学，那一个瞬间，就可以用这两个层次来写，他怎么样，然后再描写他到底怎么样。这 4 位同学都分析得太好了！还有愿意说话的吗？好，最后一个同学，谢谢你。

生 5：我找到的是第 5 段，它描写了舞蹈的场景。我觉得是不可或缺的，因为它渲染了整个舞台的氛围。这个氛围是敬穆庄严，对后面的舞蹈都是非常重要的。

师：你的分析也很好，特别是 4 个字“渲染氛围”，还要加上几个字，“台中间小桌上供奉着一尊湿婆天的舞像”，这就是不经意之间告诉我们异国风情，这是点示背景的，不是中国舞蹈，是外国舞蹈，含有异域风情。足见点滴之间，都有深刻的含义在里面。好吧，我们来看看，每一段都好，到底怎么好。

[屏幕显示]

第1段：优美的简洁的富有诗意的开头。

第2段：背景之美，烘托氛围，表现地域特色。

第3段：人物出场，极美的肖像描写，为展示舞蹈艺术作了渲染与铺垫。

第4段：写人物的仪态之美，突现着人物的形象，静态描写。

第5段：写音乐，再写背景，写舞蹈的开始。

第6段：写人物的舞蹈之美，动态描写，略写。

第7段：从观众感受与赞叹的角度再写人物的舞蹈之美，详写。用优美的段式、优美的句式、富有情感力度的语言描写人物，表达感受。

第8段：赞美人物，收束全文。

师：大家看第1段，“朋友，在一个难忘的夜晚——”这一段好，好在用了抒情的语调开始叙说故事，极好的记叙文开头方式。第二段，背景之美，就是刚才那位同学说的第5段，“帘幕慢慢地拉开”，点示背景，烘托氛围，表现地域特色。这一段位置摆得非常好，如果摆到后面，那就思维混乱，因此这一段位置恰到好处。第三段，也就是第6段，写人物出场。注意“出场”两个字很重要，我们读小说，一个人物来了，就是出场，极美的肖像描写，为展示舞蹈艺术作了渲染与铺垫。下一段写人物的仪态之美，静态描写，也是特写镜头；接着来的是音乐。这一段我们发言没有提到，“笛子吹起，小鼓敲起，歌声唱起，卡拉玛开始舞蹈了”，也是舞蹈前奏，同样表现异域风情，再写背景。第九段，“她用她的长眉，妙目，手指，腰肢……”这段略写舞蹈，也是写舞蹈之美，开始动态描写。最后一段从观众感受与赞叹的角度再写人物的舞蹈之美，优美的段式、优美的句式、富有情感力度的语言赞叹描述卡拉玛姐妹的舞蹈之美。这样就把每一段都弄清楚了。同学们，这叫段落的表达作用分析。在课本旁边要写上几个大大的字：表达作用分析。每个段到底什么作用，要弄清楚。弄清楚，你的阅读水平就高超了。不然只知道写舞蹈的文章，那不行。请大家观察第10段，我要考大家。第 10 段，“我们虽然不晓得故事的内容……”详写的这一段，有一个关键词，统领全段，在哪里？

生：我找的是“共鸣”，这是从观众角度来写卡拉玛姐妹的舞蹈之美。

师：你真聪明！谢谢你！最难的点就在这里。这一段就是写了“共鸣”，观众和舞者之间起了共鸣，所以观者才能用这样表达的感受来表达她心中共鸣，这就是这一段里面的关键词，至关重要。同学们，继续做笔记。这篇短文到底好在哪里呢？老师给大家讲。第一美，缓笔之美。没有一开始就大张旗鼓地写舞蹈，慢慢地写来，一层一层地铺垫，然后在第 10 段里面爆发，详写舞蹈，因为缓笔而优美。第二，烘托之美，用背景用音乐用我们的感受来烘托舞者技艺的高超，艺术的高超。动静之美、语言表达之美、章法之美。“章法”这两个字很重要。这篇短文，它的结构太漂亮了，章法就是结构的手法。当然，一定还表现出了作者的情感之美。这就是美点赏析。从不同的角度来观察课文的表达之美。

[屏幕显示]

微型《观舞记》的美

缓笔之美

烘托之美

动静之美

语言之美

章法之美

情感之美

师：最后，大家读一下。

[屏幕显示，学生齐读]

这是一“篇”层层铺垫、反复烘托、用精彩的语言形式特别是用“诗意小段”的结构形式来描写人物生活瞬间的好范文。

师：如果按照我的要求，我的学生是初三毕业生，所有学生都要用这种模式写文章。它是极好的诗意小段，除了第10段之外，都是小段，章法很美妙，一看就让人喜欢，所以我们要仿作这样的文章，来使写作的水平进一步提升。大家再把这段话读一遍吧。

(学生齐读。)

评点 “美点赏析”活动，是选点精读的过程，是揣摩章法的过程，是欣赏范文的过程。从谋篇布局的精巧到语言表达的优美再到写作手法的妙用，师生共同浸润美文领悟写法。

[屏幕显示]

知识板块的积累

作文范文的撷取

师：这一节课，我们其实做了两件事情，第一部分知识板块的积累，第二部分作文范文的撷取。谢谢大家，下课！

实录赏析

这是一堂“思路明晰单纯”“课堂积累丰富”的课，愈品愈有滋味。

整堂课紧扣《观舞记》突出特点——大量运用修辞手法描写视觉形象，展开“课中寻宝”和“美文赏析”两大活动。

“课中寻宝”环节，老师引导学生积累“概括全文的话语”“点示舞蹈内容的语句”“比较难读的生字”“雅致的两字词语”“生动的四字词语”“美妙的描述句式”等知识。“美文赏析”环节，师生把目光集聚到课文最精美的部分：微型的“观舞记”，学生不仅思考各段特点，更懂得了这篇小短文的五大美点。

不由感叹没有课堂下千百遍的思索，哪有课堂上这精彩内容的呈现。如果老师自己都挖掘不出舞蹈的特点和舞蹈的内容，学生也只会对课文走马观花，不知所云；如果老师自己都不懂“特写”“出场”“缓笔”“章法”

“烘托”等术语，学生又怎能领会这美妙的写法呢？

这是一堂“重视动笔训练”“关注能力训练”的课，愈品愈加实用。

学习习惯指导：“请大家把课本打开，拿起笔”“大家把后一句话旁批在课题旁边”“自读课文，手上的笔动起来”“老师的要求是动笔”“旁批四个字”“每个同学都要拿起笔，写自己阅读理解的心得”“默读，旁批三分钟，我来观察你们的读书笔记”“在课本旁边要写上几个大大的字”“同学们，继续做笔记”……这堂课余老师随时提醒让学生动起笔来，真是“不动笔墨不读书”。

学习能力的提升：“课中寻宝”活动中，当学生欣赏了“最精彩的是‘蛇舞’”这一小小的语言片段，老师接着指导这是“典型的叙议结合”；在对第10段句式变形分析后，老师点评这是“思维训练”。“美文赏析”活动中，在分析了微型“观舞记”段落特点后，老师指导什么是“表达作用分析”；阐释了五大美点后，老师小结这是一篇“描写人物生活瞬间的好范文”……这堂课余老师不仅教给学生阅读的方法，还教给学生跟着课文学写作的技法，真是“授之以鱼不如授之以渔”。

整堂课，听不到嘈杂的讨论，看不见热闹的展示，更多的是静静的阅读，静静的思考，可就在这静中却蕴藏着师生探求知识的无限乐趣。

《静默草原》课堂教学实录及评点

执　教：余映潮

评　点：李佳凤

授课时间：2012 年 12 月 1 日

授课地点：枣庄市舜耕中学

案例导读

这是一位野性而有童心作家笔下交织着豪放、细腻感受的作品。这两种看似相反的感受，极好地呈现了大草原的美。作者笔下的草原之美，不仅在可见的美色，更美在无言，美在静默。文章极细致地表达了人在辽远的草原的感召下，在一种特有的自由、渺小与微不足道之感下的沉思，表达了草原人对草原的独特感受及面对草原所感悟到的人生哲理。

师：上课。同学们好！

生：老师好！

师：请坐。我们今天学习一首散文诗，鲍尔吉·原野的《静默草原》。现在请大家思考一个有趣的问题，静默草原能够用一个关键词来概括草原，大家说一下我们能够用课文的哪一个关键词来概括草原呢？观察一下课文。好，请你来。

生 1：辽远而苍茫。

师：辽远而苍茫，这是一个短语。一个关键词，你已经说得比较准确了，谢谢你。你来。

生 2：我认为这个关键词应该是苍茫。

师：苍茫，那样的辽阔，一望无际啊！同学们还有什么看法啊？好，谢谢。

生3：壮阔。

师：壮阔。辽阔，因为辽阔，所以草原的景色看不完、看不尽、看不到。

生4：我认为应该是辽远。

师：辽远，辽远也是壮阔，辽远显现苍茫。好，谢谢。草原的特点在课文中有这么几个关键词：辽远、苍茫，还有壮阔，那么我们基本上就能用一个关键词"辽远"来概括草原的特点。好，有了这个基础我们认为可以进行我们的课堂训练了。我们一起来把辽远的草原的诗歌读一读吧。《敕勒歌》，读。

生：（齐读）《敕勒歌》敕勒川，阴山下。天似穹庐，笼盖四野。天苍苍，野茫茫，风吹草低见牛羊。

师：天苍苍，野茫茫，这就是辽远。

评点 教师非常迅速地引导学生进入课文的语境与情境，即："开课揭题，直入情境"。这种手法非常巧妙，其作用在于给学生争取到更多的品读课文积累语言的时间，也让"课始"这个环节显得简洁、洗练，语文的情味浓郁。

师：这节课我们用趣读的方法来学习、来积累。两次活动，第一次活动用词说话，第二次活动组句成文，都很有趣，都能够帮助我们深刻地理解课文内容。

下面开始我们的"用词说话"的活动。

[屏幕显示]

用词说话：请同学们运用"辽远"一词来说话，巧妙地将"辽远"与课文中的其他句子融合起来，以此来加深对课文的理解。

师：也就是说在课文的很多很多的地方你都可以把"辽远"一词加进

去，成为一个经过你改造的句子；于是我们又把握了课文内容，又学习了句子的写法。

师：大家先看课文里面一个天然的例子：站在草原上，你勉力前眺，或回头向后眺望，都是一样的风景：辽远而苍茫。你看，作者就把辽远和苍茫组合在一起，然后放在这个句子里面，这是原句。老师再改造一个句子你们看。你们看，课文中的原句不是这样的，老师就把辽远加进去：草原如此辽远，草原上的风景具备了看不到与看不尽这两种特点。好吧，拿起笔，每位同学都利用课文的内容再造一个有“辽远”的句子，而且融合起来就是对草原特点的描述啊，开始了。

师：好，请朗读你对草原的描述。

生1：草原是如此辽阔，它的每一点都是草原的中心。

师：辽阔，也可以，老师说是“辽远”，把它改一下就行了。

生2：草原无比辽远，它没有边际，在单一中呈现丰富，而给人以自由之感。

师：好，这是一个很长的句子，“辽远”一词是概述、是粗笔，然后后面就细细地写为什么辽远、辽远在何处啊，很好。

生3：置身于如此辽远的草原中，觉得所有的拐杖都被收去了，所有的人文背景都隐退了，只剩下天、地、人，而人竟然如此渺小与微不足道。

师：人在这样的环境里面是多么的局促啊！外地人来到这里，什么事情都不会干了。

生4：脚下的草儿纷纷簇立，顺着那辽远的草原一直延伸至远方与天际相接。

师：嗯，辽远的草原上，脚下的草儿纷纷簇立，一直延伸至远方。这个辽远可以很灵活地放在句子的各个地方。

生5：辽远的草原无疑是绿，但在阳光与起伏之中，又幻化出锡白、翡翠般的深碧或雾气中的淡蓝。

师：从颜色的角度写辽远的草原给我们的美感。辽远的草原，它的颜色无疑是绿啊，一直延伸到我们的视野之外。

生6：和海一样，辽远的草原在单一中呈现丰富。

师：嗯，把辽远和另外一个事情联系起来了，又利用了课文的原话，草原是多么的辽远啊，就像大海一样在单一中显现丰富。

生7：行走在辽远的草原中，草就是海水，极单纯，在连绵不断中显示壮阔。

师：这一个辽远具有身临其境之感，行走在辽远的草原中、旅行在辽远的草原上。

生8：草原如此辽远，因而使人有了自由感和局促两种感觉。

师：好！这两个感觉我们还可以写得更全面，写得两个感觉看不到与看不尽，辽远的草原就是给我们这样宽广的、苍茫的感觉啊。

生9：草原的辽远不可看，只能用心去感受。

师：多好啊，这个辽远是感受的。因为看，它永远是那么的苍茫，就像蒙古人一样，蒙古人看草原总是眯着眼睛，他们并非想看清天地间的哪一样东西，而是想在眼里装填一点苍茫。

生10：在辽远的草原上，抚摸、打滚甚至过夜，而海上则行不通。

师：因为……

生10：因为土地宽厚仁慈，起伏无际。

师：对！加个"因为"这个句子就更完整了。

师：多美好的表达啊！现在我们再来朗读一批美丽的"辽远"句。

生：天，如穹庐一样笼罩大地。土地宽厚仁慈，起伏无际：这就是辽远的草原。

师：观察这个句子，它的写法是：先细细地描写，再概括地描写，学到层次了吧。天如穹庐一样笼罩大地，土地宽厚仁慈，起伏无际，细细地描写，然后概写一下：这就是辽远的草原。这种句子非常好看，层次分明，笔法到位。

师：我们再来读。

生：（读）草原辽远，蒙古人前瞻的时候，总是眯着眼睛。他们并非欲看清楚天地间哪一样东西，而是想在眼里装填一些苍茫。

师：又一种写句子的方法，先概写一笔，再细细地描述。看，草原辽远，概写一笔，然后再细细地写蒙古人是怎样看草原的。这样一种句式和我们刚才概括的那种句式是两种思维的方式，同样都有表现力。继续读。

生：（读）在辽远的大草原上，脚下的草儿纷纷簇立，一直延伸到远方与天际接壤。这颜色无疑是绿，但在阳光与起伏之中，又幻化出锡白、翡翠般的深碧或空气中的淡蓝。

师：看句子的又一种写法。先定向，在辽远的大草原上；再接着往下描述，脚下的草儿纷纷簇立……这又是一种写法。比如“在我们的课室里”是定向，“每位同学都在细心地、耐心地写自己的美句”是描述。好，继续读。

生：（读）和海一样，草原在单一中呈现丰富。草就是海水，极单纯，极辽远，在连绵不断中显示壮阔。

师：这又是一种什么写法呢？这个“辽远”用在这成为描写中的一笔，极单纯，极辽远，极美丽……它都是描写中的一笔，既不是总写，也不是分写，也不是概写，都只是描画了一笔。

评点 这是课文教学的文意把握阶段，教师引导学生紧紧抓住“辽远”一词进行整体感知课文的重点内容，达到既阅读课文，又进行语言表达基本功训练的目的。生动、有趣、实在。特别美妙的是随文教学中对“句子”写作要领的讲析，深化了学生的认识。

师：下面再进行我们的“组句成文”的活动。

[屏幕显示]

“组句成文”的要求

从课文中自选词句，根据自己的理解，自由组合出一篇微型美文。

师：请看老师的示例。老师从课文中自选词句组合的美文是“草原速写”。

[屏幕显示，学生朗读]

草原速写

草原上，都是一样的风景：辽远而苍茫。

草原没有边际，它的每一点都是草原的中心。

天，如穹庐一样笼罩大地。土地宽厚仁慈，起伏无际。

草就是海水，极单纯，一直延伸到远方与天际，在连绵不断中显示壮阔。草原不可看，只可感受。

师：多美妙的一篇短文啊！利用课文的句子来写文章，首尾很漂亮，中间很有层次。而且还给它取了一个很美妙的标题：草原速写。下面，每一位同学都从课文里面找句子，然后把它们自由组合成一篇微型的文章，时间 6 分钟，开始吧，抓紧时间。

生：（活动：找句子，组合成文章。）

师：紧张的工作，让我们感觉到时间过的是那样的快啊！好，每个人先轻声地朗读一下自己的作品给自己听，看怎么样，我们再来交流。

生：（轻声读自己的文章。）

师：嗯，短、精、美！不要长。好，哪一位同学先来表述自己的创造？

生 1：《人与草原》：草原是看不到的，也是看不尽的。天如同穹庐一样笼罩大地，土地宽厚仁慈，起伏无尽，和海一样，在单一中呈现丰富。草就是海水，极单纯，在连绵不断中显示壮阔。置身于这样阔大无边的环境中，人竟然如此渺小与微不足道。在辽远而苍茫的草原上，人显得可笑，显得可悲。

师：嗯，标题是——在辽阔的草原上，人显得多么的渺小。看，创造了一篇美文出来了。

生 2：《观望草原》。站在草原上，你勉力前眺，或回头向后眺望，都是一样的风景：辽远而苍茫。在草原中，眼光的每一个投射处，都没有新的景物可观。但脚下的草儿幻化出了锡白、翡翠般的深碧或雾气中的淡蓝。远方的小溪载着云杉的树影拥挤而来，草原与我一样，在静默中观望未来。

师：好。观看草原，把最好的两个地方的景色融合进去了。很聪明。

生 3：《草原》。草原在单一中呈现丰富。在草原上，辽阔首先给人以自由感，第二个感觉是不自由，也可以说局促。在草原上，人的处境感最强烈。人在这里挥动双拳咆哮显得可爱，蹲下嘤嘤而泣显得可悲。草原上没有树，所以即使有风也听不到啸声。草原与我一样，在静默中观望未来。

师：草原观感啊！

生4：站在草原上，你勉力前眺，远方的小溪载着云杉的树影拥挤而来时，母牛以口唇触到清浅流水，长鬃披散的烈马用面颊摩挲草尖，脚下的草原给人以自由感，脚下的草儿纷纷簇立，一直延伸到远方与天际相接，连绵不断中显示壮阔。

师：嗯，你的标题可以是：《我眼中的草原景色》。

生5：《我爱草原》。站在草原上，一切都显得那么苍茫，但是，草原没有华丽的浮躁、没有喧嚣的天气，它有的只是翡翠般的深碧或雾色中的淡蓝，草原没有任何突兀的景象，和海一样，在单一中呈现丰富、在连绵不断中显示壮阔、在起伏不平中显示辉煌。草原给人以自由、给人以奔放、给人以希望。我的草原，我爱你！

师：嗯，草原赞歌啊！谢谢，很好！

生6：《辽远而苍茫的草原》。站在草原上，你勉力前眺，或回头向后眺望，都是一样的风景：辽远而苍茫。脚下的草儿纷纷簇立，一直延伸到远方与天际相接。草就是海水，极单纯，在连绵不断中显示壮阔。因而草原的风景具备了看不到、看不尽这两种特点。

师：你这篇文章的标题就是两个字：辽远。

生7：草原不可看，只可感受。也许草原与我一样，也是善忘者，只在静默中观望未来。

师：好，这叫草原遥思，远远地展开了自己的思绪，这个角度也很好，多美的表达啊！大家运用的这种奇特的学习方式，就是利用课文创造美文。

评点 这里是课文学习的深入阶段。教师运用“微型写作”的手法，让学生最大限度地占有课堂时间进行语言学用的实践。教师评点语言简洁精美，角度丰富，富有情趣，学生的“说”与教师的“评”相映成趣，构成了课堂上精彩的学习场面。

师：同学们学到了好本领，利用课文内容写短文，下面我们再一起来欣赏几则本课的课文短文吧。

［屏幕显示，学生朗读］

草原

天，如穹庐一样笼罩大地。土地宽厚仁慈，起伏无际。

脚下的草儿纷纷簇立，一直延伸到远方与天际接壤。这颜色无疑是绿，但在阳光与起伏之中，又幻化出锡白、翡翠般的深碧或空气中的淡蓝。

和海一样，草原在单一中呈现丰富。草就是海水，极单纯，在连绵不断中显示壮阔。

［屏幕显示，学生朗读］

在克什克腾

草原，辽远而苍茫。

天，如穹庐一样笼罩大地。

土地宽厚仁慈，起伏无际。

在克什克腾，远方的小溪载着云杉的树影拥挤而来时，我愿意像母牛一样，俯首以口唇触到清浅流水。当我在草原上，不知站着坐着或趴着合适时，也想如长鬃披散的烈马那样用面颊摩挲草尖。

谁有过这样的经历呢?

师：大家看，都是课文的句子，却组合得这样的精致。这篇短文的文章结构极其美妙，这样一种创造锻炼我们敏锐的思维和高层次的阅读欣赏能力。还有一则更奇妙的表达：《观者》，它蕴含着哲理的味道，一起来读一读吧。

[屏幕显示，学生朗读]

观　者

拥挤而来
远方的小溪载着云杉的树影
清浅流水 草儿簇立

坐着或趴着
大睁着眼睛
单纯　壮阔

有风
衣襟被扯得飘展生响
我如长鬃披散的烈马
背景隐退
听不到啸声
勉力前眺，
辽远而苍茫
在静默中观望
只有未来

师：这里的奇妙，就留给大家慢慢地品味了。

师：同学们，这一节课，我们实践了一种阅读的方法：选句说话；实践了一种积累的方法：组句成文。谢谢大家，下课。同学们再见！

评点 教师由一篇课文顺势引出更美的一组“组句成文”的短文，将课文运用到了极致，丰富教学内容，激发学生的兴趣，拓宽学生视野，增加了学生的积累。

实录赏析

辽远的草原，静默的思考者组成看似矛盾的画面，对于八年级学生而言，让他们向往新奇之余，又充满困惑。

于是，余映潮老师带着学生深入《静默草原》，优选内容、巧选角度，用“用词说话、组句成文”两大板块来整合学习内容、形成教学流程。

“用词说话”，这是第一板块。

巧妙地选用“辽远”一词，让学生与课文中的其他句子融合起来进入那作者心中的草原世界，细细体味作者那渺小而微不足道之感的来由。

只有这样具体地触摸作者的文字，才能形成形象的体悟，更好地“快乐着作者的快乐，痛苦着作者的痛苦”。跳过这个体验过程，文章研读如镜中花，水中月。

“组句成文”，是第二板块。

美好的文章中极致的文字，只有运用后才会有共鸣。余老师引导学生选用“短、精、美”的文中句子，组建美文，用美来诠释美。

在老师的组织下，学生在课堂上充分占有时间，直接接触语文材料，进行语言学用的实践。教师关注对学生的集体训练，人人都要说，个个都要写，让不同层次的学生能在这样的课堂上都有实践的机会，都有学习的收获。

老师帮助学生在习用文章之时，老师展示给学生美的作品，帮助学生来寻找美的文字来表达丰富的情感。用美丽来呼唤美丽，用美丽来涵养美丽。于是，学生的心灵中文字美的种子从此生根。

美句组合与美文朗读相得益彰，《观者》中“远方的小溪载着云杉的树影、清浅流水、簇立的草儿”，《有风》的“勉力前眺，辽远而苍茫，在静默中观望——未来”……带着学生进入更高的美丽意境，从此徜徉于语文的美好世界之中。

总而言之，整节课的教学板块简明、实用、高效、雅致，课堂教学细节丰美，充分展示出“实、活、美”的教学意境，让人拍案叫绝。

《行道树》课堂教学实录及评点

执　教：余映潮
评　点：刘礼群
授课时间：2012 年 9 月 12 日
授课地点：鄂尔多斯市伊克昭中学

案例导读

什么样的语文课才是好课？余映潮老师以几十年风雨兼程的教学实践、以几十年殚精竭虑的教学研究告诉我们：好课就是“思路明晰单纯，提问精粹实在，品读细腻深入，学生活动充分，课堂积累丰富”的课；好课就是有“简明、实用、高效、雅致的课堂教学细节”的课。让我们从《行道树》的教学细节中，细细咂摸好课的滋味吧！

师：今天我们一起学习张晓风的《行道树》。我刚才听了大家的朗读，有些字还不认识，拿笔，把应该认识的字圈下来。

“这无疑是一种堕落”有人读成了“坠落”，圈啊！“装饰”“我们唯一的装饰”“我们的存在只是一种悲凉的点缀”。继续往下看“繁弦急管”“红灯绿酒”写的都是那种奢侈的生活的。“牙龈”“朝霞的彩旗冉冉升起”。注意倒数第二段还有一个词“贪婪”“贪婪地呼吸着新鲜的空气”。

好，每个人大声地读这些字词，开始吧。

生：(异口同声地读。)

师：好，继续各自读。边读边写，用手指写。有些字不好写，看，“牙龈”的“龈”不好写吧，怎么写呢？

（生边读边写。）

评点 开课揭题，直入情境；积累字词，夯实基础。印证了余映潮老师的观点：语文课开始的第一秒钟就应该是在学习语文。

师：好的，很用心。我们今天的课这样上。第一步，感受课文；第二步，进行一次很有意思的品析活动；第三步，进行一次集美活动。

什么是“集美活动”呢？你们等着吧。

[屏幕显示]

感受　品析　集美

师：这又是一个很有意思的话题——感受：说说自己对《行道树》的“观察”。

[屏幕显示]

感受：说说自己对《行道树》的“观察”。

师：我们来看，整篇文章都是你们的观察对象，你们要看，开头和结尾是不是可以观察一下啊？我们要看，作者运用了什么手法，我们是不是要观察一下啊？还有这篇课文到底是干什么的呀？是不是也要观察一下啊？好吧，盯着你们的课本，盯着整篇文章，手上拿起笔，写下你们的观察结果吧。所谓观察就是你们的感觉，你们的看法。好不好？

生：好！（动笔）

师：好的，表扬，每位同学都在动笔。这就好办啦，因为动笔，我们就在表达自己的思想。好，我们来谈一谈自己的感受吧。可以任意地说。你观察到了什么？请举手发言。

好，谢谢你！大声说话，啊！

生1：我观察到了这个行道树是一种植物，也就是从树的视角来观察它所在的地方和它所看到的东西。

师：嗯，以“树”这样一种身份来写自己对生活的看法，好！她说了一个方面的内容：以树来写自己。这就会引起我们的思考：真的是树在写吗？好，谢谢啊！

生2：这篇文章利用树的自述手法来暗示人们对城市环境的污染多么的严重。

师：噢，真好！注意她的两个字没有？“自述”，用“树”的口气来说话，来写自己的生活，反映的其实是城市人们的生活。但是，是不是真的是写污染的呢？又给我们留下一个问题。很好！谢谢！

生3：我发现在这篇文章里面，作者用了很多对比手法。

师：好，观察到了对比的手法，“整个城市都是繁弦急管，都是红灯绿酒。而我们在寂静里，我们在黑暗里，我们在不被了解的孤独里”。多好的观察！观察到了手法的运用。

生4：我觉得这篇课文用了借物喻人的方法，写出了一个人的生命价值。

师：嗯，看他的关键词“借物喻人，以物喻人”，用树来比喻人，用树的口气来写人的生活，来写人的理想。注意他后面还有一个关键词“价值”。树的价值，还是人的价值，肯定是写人的价值。因为树的本身就是生物，因为有了“以物喻人，以树喻人”，所以这个“喻”就到了人身上了。太好了！

评点 教师的评点简洁精美，善于提炼学生发言中的关键词。学生的“说”与教师的“评”相映成趣，构成了课堂上精彩的学习场面。

生5：课文采用了拟人手法，把树比喻成了人。

师：嗯，又进了一层，说到了拟人的手法。这位同学和这位同学两人的发言加起来“拟人、自述”，用“拟人”“自述”的方法来写文章。

生6：我观察到了文章的开头和结尾是互相呼应的，这让我读起来感觉到结构更加完整。

师：哦，让我们感觉到，作者在谋篇布局上是精心设计的。我们又看到了一点。

好，现在我们继续来观察一个问题：这篇文章以物喻人，到底是写人的什么呢？你们互相讨论后谈一谈，然后我们再说。

（生思考讨论。）

师：好了，可以了吧。我请你们看课文上面的方框里面的一句话：“奉献是一种牺牲，也是一种快乐。”读一读。

（师生齐读。）

师：好的，现在再告诉我这篇文章写人的什么呢？好，请你来说。

生7：人的品质。

师：人的品质。还说细一点，说具体一点。

生8：我觉得是赞美奉献，赞美牺牲。

师：嗯，赞美奉献，赞美牺牲。行道树多苦啊！人们都在玩，都在享乐，他立在城市的飞尘里，来装点我们的城市。他们在牺牲啊。但是他们说，牺牲是他们自愿的。然后我们再回到“以物喻人”上面来，哦，这就是说，人啊，有理想的人啊，也要奉献自己，牺牲自己。

生9：我觉得这篇文章赞美了奉献者，但我觉得在奉献的基础上，还有默默无闻的品质。

师：哦，对，默默地奉献，默默地牺牲。他并没有对人说：“啊，我们多么伟大啊！”他只是说，“痛苦把深沉给予了我们”。这样我们就初步弄懂了。六年级刚上来的小孩，一开始读这样的文章对你们有一点难，现在我们终于有点懂了。

好，我们来看这到底是一篇什么样的文章。大家记好笔记——

[屏幕显示]

这是一篇以物喻人、借物抒情的散文；一篇有丰富精警美句的哲理短文。以物喻人，借物抒情，有丰富警句，表现的是哲理。

（学生做笔记。）

师：继续做课堂笔记。这是一篇借行道树忍苦为人（忍受自己的苦难为了人家）的形象表现坚守精神、表达无私奉献信念的美文。

[屏幕显示]

一篇借行道树忍苦为人的形象表现坚守精神、表达无私奉献信念的美文。

师：忍苦为人、坚守、无私奉献，表达的就是一种信念。愿意奉献，愿意牺牲。

老师刚才说了，这是一篇有哲理的文章，那么什么叫“哲理”呢？哲理就是让你这个人变得智慧，变得深刻的道理。

[屏幕显示]

课中知识——哲理：格言警句或诗文中表现出来的让人智慧、让人深刻的道理。

（生笔记。）

评点 第一板块“感受课文”，目的是引导学生从谋篇布局、写作手法、主题思想等方面整体感知课文，为后面的“品析”“集美”活动做厚实的铺垫。同时指导学生高效的学习方法：默读静思、动口动笔。

师：好的，我们继续学习。刚才老师说了，有一个有趣的活动。继续看书，你要说“《行道树》中的这个词非常重要”。你要说“这个字、这个短语非常重要”。哪个字哪个词很重要呢？你要根据课文内容自己来品析。

[屏幕显示]

品析：《行道树》中的这个词（字、短语）非常重要。

师：现在我给大家举例子。

“我们是一列树，立在城市的飞尘里。”“一列”这个词很重要，它写的是一群人，写的是很多的人，而不是一个人。所以这个“一列”就表现了很多人的理想，我们愿意牺牲，愿意奉献。你们看，老师就找到这个词啦。好了，每位同学到课文中去体会：哪个字哪个词哪个短语很重要。开始吧。

评点 学法示例，让学生有本可依，有章可循，知晓方法。

(生自己品味。)

师：好，开始说起来。

(生七嘴八舌自言自语。)

师：嗯，多好啊！这就是读书。好吧，站起来说吧：哪个字哪个词哪个短语你认为很重要？举手发言。

生1：我认为第六自然段中“我们是一列忧愁而又快乐的树”。“忧愁而又快乐”是重要的，因为那些乐于奉献的人，他们为物质生活而忧愁，但他们为别人奉献而快乐。

师：嗯，对啊，我们很忧愁，因为我们没有那么一种奢侈的生活，我们不能去玩，我们只能坚守，我们很痛苦。但是我们又很快乐！我们为了人家给大家制造了清新啊！说得好！

读懂了文章了吧？好，你来！

生2：我认为“神圣的事业总是痛苦的，但是，也惟有这种痛苦能把深沉给予我们”。这句中的“神圣”是非常重要的，因为奉献是神圣的，是快乐的。

师：哦，说得太好了！因为奉献，所以神圣。我非常同意你的观点！我认为有一个词太重要了！“事业”！我们立在马路边，其实是在从事我们的事业！为了这个城市的美好！

生3：我认为“繁弦急管”和“红灯绿酒”这两个成语是很重要的，因为我觉得这简简单单的八个字，写出了城市的喧哗与奢华，然后再结合后边对行道树的描写，就把行道树默默无闻，无私奉献的品质衬托得淋漓尽致。

师：嗳，形成了鲜明的对比。这八个字，写的就是人们的享乐，但是我们呢？我们就在那儿痛苦地奉献着。这就形成对比了。说得很好！

生4：我自己认为是第二自然段的一个词“堕落”很重要，因为“我们的家在山上，在不见天日的原始森林里。而我们居然站在这儿，站在这双线道的马路边，这无疑是一种堕落。”这说明我们的理想在别人看来是很奇怪的。“堕落”这个词说明我们的理想得不到人们的赞同，说严重点就是受到别人的歧视。

师：对，“堕落”一词多重要啊！在人家的眼光里，你们应该是在森林里啊，怎么会在这里呢？你们真是堕落啊！对不对？用这样一种说法来反衬自己的崇高。

生5：我觉得是第五自然段的“固执”一词很重要，因为所有的人都早已习惯于污浊了，但我们仍然固执地制造不被珍惜的清新。

师：对，“固执”这个词用得好！因为我们的理想不会动摇啊，我们就立在这儿了！因此“固执”。分析得好！

生6：我认为“我们唯一的装饰，正如你所见的，是一身抖不落的烟尘”。

师：形成对比，原始森林是不见天日，那是他们的家园，多美好的地方啊！但是现在呢？现在这个环境是一身抖不落的烟尘，因为城市充满车辆和烟囱。我们就在这种肮脏和丑陋的环境中工作着。又分析出一点味道来了吧。

生7：我认为第五自然段中的“贪婪”用得好！这些孩子在享受新鲜的空气的时候，就是他们最自豪的时刻。

师：多好啊！看见小孩子们贪婪地呼吸新鲜空气，我们就感到自豪！因为我们的付出让人家得到了享受。

生8：我认为应该是第四自然段的“无论如何，我们这座城市总得有一些人迎接太阳！如果别人都不迎接，我们就负责把光明迎来。”我认为这句话表现了无私奉献者的精神。

师：嗯，你们都很聪明！你们太聪明了！把最好的一些字啊词啊短语啊都找出来了！这位同学找的是“迎接太阳”！多么崇高、多么神圣的事业啊！每天我们立在城市的飞尘里，在马路边迎接太阳。还是在写人。每天我们都用好心情来迎接我们的工作啊。

我们来看一看吧！很简单的字词，是那样的重要！

[屏幕显示]

一列

立

选择

在春天勤生绿叶，在夏日献出浓阴

神圣的事业

痛苦

深沉

迎接太阳

固执地制造不被珍惜的清新

师：“一列”一群人；“立”，不说“站”，“立”这个词很庄严啊，很神圣啊！“选择”这个词很重要，“事实上是我们自己选择的”，不是人家强迫的。还有大家找出来的这样一些内容。现在我们变换一下形式看一看，每位同学都来，把它说成一段话，自己说给自己听。

“我们从事着神圣的事业”，就开始说啦！说起来！

[屏幕显示]

神圣的事业

一列　立

选择 痛苦　深沉

在春天勤生绿叶，在夏日献出浓阴

迎接太阳

固执地制造不被珍惜的清新

(生自己说话。)

师：这都是以物喻人的方法，写奉献，如果我们说“我们要奉献”，这多难听啊！我们用文学的方法来表现，多优美啊！

好，做笔记。拟人自述法。

[屏幕显示]

课中知识

拟人自述法：通篇运用第一人称和拟人手法抒写诗与文的写作方法。

师：你们看这两位同学说得多好啊！拟人，自述！通篇运用，什么叫“通篇”呢？就是全篇整篇！于是我们就说“通篇运用第一人称和拟人手法”的这种写作方法，就叫“拟人自述”。

评点 第二板块“品析词语”，是在“感受课文”的基础上，由浅入深、由表及里的训练。教师巧妙地引导学生寻找关键词，从中读出作者所蕴含的思想感情，所采用的写作手法，所表达的主题思想，水到渠成地提炼出“以物喻人”“拟人自述”的写作方法。学生在品析过程中体会到了发现、品析的快乐。

师：继续我们的学习。更美的内容在后面。

缩微，就是把事情缩得很小很小，现在我们把这篇课文缩得很短很短，把最美的句子集中，就叫“集美”。缩微《行道树》，并朗读背诵。

[屏幕显示]

集美：缩微《行道树》并朗读、背诵。

师：我来告诉你们怎么做？大家看这样一段话——

[屏幕显示]

行道树

我们是一列树，立在城市的飞尘里。

许多朋友都说我们是不该站在这里的，这一点，其实我们知道得比谁都清楚。我们的家在山上，在不见天日的原始森林里。而我们居然站在这儿，站在这双线道的马路边，这无疑是一种堕落。我们的同伴都在吸露，都在玩凉凉的云。而我们呢？我们唯一的装饰，正如你所见的，是一身抖不落的烟尘。

……

师：这么长的文字，我把它缩微。大家把我画横线的句子读起来，它们很连贯，就把这两段的内容集中了。好，读一读。

生：我们是一列树，立在城市的飞尘里。我们唯一的装饰，是一身抖不落的烟尘。

师：挑选最好的句子，把它们组合起来，使这篇比较长的文章，形成那么一点点，最美最美的句子都在里面。开始动作，拿起你们的笔，画线吧！注意精选！

（生专心勾画。）

师：（小声对一学生）开始画。

师：开始轻声地朗读自己的作品啦！开始读起来！

（生自己朗读自己的作品，老师巡视，指点。）

师：好，我请这位小女孩来读一读，大声地读给我们听一下。

生1：我们的命运被安排定了，否则我们不必在春天勤生绿叶，不必在夏日献出浓阴。也惟有这种痛苦能把深沉给予我们。

师：哦，她是不是太简单了点呢？原来她的操作就在一个段里面。我们说是全文，于是她的写作就没有首，没有尾。好，谢谢你！

生2：我们是一列树，立在城市的飞尘里。我们唯一的装饰，是一身抖不落的烟尘。我们的命运被安排定了，否则我们不必在春天勤生绿叶，不必在夏日献出浓阴。神圣的事业总是痛苦的，但是，也惟有这种痛苦能把深沉给予我们。无论如何，我们这座城市总得有一些人迎接太阳！如果别人都不迎接，我们就负责把光明迎来。是的，或许所有的人都早已习惯于污浊了，但我们仍然固执地制造不被珍惜的清新。立在城市的飞尘里，我们是一列忧愁而又快乐的树。

师：嗯，好啊！很让我惊叹！很顺畅！把最美的句子都集中了，而且是一篇完整的文章！注意，有一个地方，你还应该把它加进去。“这种命运事实上是我们自己选择的”就更有力了。

评点 余老师的点评是一种高质量的课中对话。对学生精彩的发言，余老师不吝赞美，切中肯綮，激励引导。余老师厚实的功底可见一斑！

生3：我们是一列树，立在城市的飞尘里。是的，我们的命运被安排定了，在这个充满车辆与烟囱的城市里，我们的存在只是一种悲凉的点缀。这种命运事实上是我们自己选择的，但我们苦熬着，牙龈咬得酸痛，直等到朝霞的彩旗冉冉升起，我们就站成一列致敬。是的，或许所有的人都早已习惯于污浊了，但我们仍然固执地制造不被珍惜的清新。立在城市的飞尘里，我们是一列忧愁而又快乐的树。

师：嗯，也不错！但是她把最核心的一句话没有组合进去，“神圣的事业”这句话没有组合好。大家看，“我们是一列树，立在城市的飞尘里。我们唯一的装饰，是一身抖不落的烟尘”。好，大家接着读吧，读起来——

（生大声齐读。）

[屏幕显示]

行道树

我们是一列树，立在城市的飞尘里。

我们唯一的装饰，是一身抖不落的烟尘。

这种命运事实上是我们自己选择的，否则我们不必在春天勤生绿叶，不必在夏日献出浓阴。

神圣的事业总是痛苦的，但是，也惟有这种痛苦能把深沉给予我们。

我们这座城市总得有一些人迎接太阳！如果别人都不迎接，我们就负责把光明迎来。

或许所有的人都早已习惯于污浊了，但我们仍然固执地制造不被珍惜的清新。

立在城市的飞尘里，我们是一列忧愁而又快乐的树。

师：让我们观察吧，首尾是照应的，整篇文章就像一首诗，段落都很小。每一个句子几乎都含有哲理，而它们的顺序又是这样的合理。再读一遍。

（生再次齐读屏幕显示的缩微《行道树》。）

师：再做一次笔记吧。

[屏幕显示]

课中知识

文中集美：用集聚美句的方式来表现课文精髓的阅读方法。

师：这种方法会让你有很强的阅读欣赏能力，而且会让你学会速读，很快地读。

评点 第三个板块“文中集美”是高难度的语言品析与积累活动，是集“语言学用、审美教育、思维训练”为一体的高雅的语文教学活动。学生最后一次笔记可谓画龙点睛。如果说前两个活动是指导学生把书“读厚”，这个活动就是指导学生把书“读薄”。

师：这节课的作业很简单，就是把这篇美文写在作业本上并背诵。

同学们，这节课我们做了两件事，语言积累和能力训练。同学们表现非常好！

好，下课！

[屏幕显示]

课堂学习小结

语言积累　　能力训练

评点 课堂收束简洁平实，不事雕琢。

实录赏析

余老师的课堂，总有这样的画面：教师轻点细拨，学生精彩绽放；教师闲庭信步，学生奋笔疾书；课堂气氛时而激情四射，时而静水深流。

听余老师的课，总有这样一种感觉：同样的学生，为什么在余老师的课堂上就显得那么聪明呢？同样一节课，为什么余老师的课堂就那么游刃有余呢？同样一篇课文，为什么余老师上起来就那么趣味盎然呢？

从《行道树》的教学中，我们不难找到答案：因为余老师的课堂有“简明、实用、高效、雅致”的课堂教学细节。

这节课由“感受”“品析”“集美”三大板块构成。“感受课文”是从整体感知课文的角度切入，训练学生的感知概括能力；“品析词语”是由整体到局部，从文学欣赏的高度切入，训练学生品词析句的欣赏能力；“文中集美”再从局部到整体，从提炼课文精髓的高度切入，训练学生提炼积累的思维能力。板块式的结构把教学内容进行最优化组合，使课堂简洁、明晰、高效。

在每一个教学板块中，都有一个提纲挈领式的主问题。摒弃了传统的“碎问碎答”式的平庸手法，而是把大量的时间还给学生，让学生认认真真地读书，安安静静地批注，聚精会神地品析，饶有兴趣地交流。整个课堂没有喧嚣的花架，没有煽情的话语，没有廉价的赞美，但每一次活动都训练了学生的能力，都渗透了丰富的语文知识，让每一个学生都有实实在在的收获。这就是实用高效的课堂。

这节课中还有很多雅致的细节。教师的教学语言永远都有高雅的文学味，在点评学生答案时也是点拨引导学生用书面语，整堂课师生的对话永远都站在“文学”的高度；课堂教学的节奏巧妙变化，教师时而点拨，时而讲析；学生时而静读默思、批注笔记，时而热烈交流、深情吟诵。整个课堂在静水深流中又呈现出轻波微澜。这些雅致的细节集中体现了余老师提倡的“诗意手法”。

余老师的课就是一幅精致的水墨画，就是一壶醇香的老窖酒，就是一首余味悠长的抒情诗……

《紫藤萝瀑布》课堂教学实录及评点

执　教：余映潮

评　点：苏丽

授课时间：2015 年 12 月 29 日

授课地点：贵州江口淮阳中学

案例导读

走进余老师执教的《紫藤萝瀑布》，仿佛让我们欣赏到了一幅精细的工笔画，一笔一画都极为精美，每一个学习活动都设计得极为细腻，这显示着教者解读教材的功力，亦显示着语文教学精谨的美感。好诗不厌百回读，而那些真正的好诗却很平易，同样，好课值得百回读，这堂课朴实、简炼，没有热闹非凡的展示，也没有当下流行的小组合作，只是让学生与美好的文字相遇，并学会撷采，学会思考。让我们随着余老师一起“加快脚步”吧，前边就是更加美好的彼岸……

[屏幕显示]

《紫藤萝瀑布》

师：这一节课的主要任务是美文阅读和语言积累。

[屏幕显示]

四个学习活动

知一点背景　学一批字词　赏一组佳句　背一个美段

评点 开门见山，直接导入，一句话奠定本节课学习的基础。首先给课定型——美文欣赏课，再明确学习目标——美文阅读，语言积累，最后再知晓本课的四个学习活动——知一点背景，学一批字词，赏一组佳句，背一个美段。

师：我们初读了课文，你认为这是一篇什么样的课文？一句话概说。

生1：这是一篇借物抒情的文章。

师：物，就是紫藤萝花。

生2：这是一篇有警句的文章。

师：哪个句子呢？这个句子咏物抒情，它就是那样一个关键句，想一下吧！

生3：这是一篇托物言志的文章。

师：哦，你是从写法上来说的，我认为借物抒情更准确，托物言志的写法与借物抒情的文章还是有细微的差别。

生4：这是一篇写景的文章。

师：写的是紫藤萝花的美景，触景生情，于是就有了许多人生的感慨。

生5：这是一篇写紫藤萝盛开时美景的文章。

师：写了花的颜色、花的形状、花的香味等等。

生6：这是一篇写花的文章。

师：很聪明，把物、景变成了一个字，写花的文章，是吟咏紫藤萝瀑布的文章。

评点 这个活动是初读感知，用一句话概说课文。多角度概说，既训练了学生的概括能力，又让同学们在相互交流中丰富自己的观点。学生的发言角度比较单一，但老师的评点却努力地将学生的思维发散，引导学生把句子说精彩，更巧妙的是融入了语文知识的学习。这样的评点语，恰似“随风潜入夜，润物细无声”的诗歌境界。

[屏幕显示]

知一点背景

师：这就是作者简介：

[屏幕显示，学生齐读]

宗璞，1928年生，女。著名作家。她的散文情深意长、隽永优美。

师：把“情深意长、隽永优美”这八个字旁批在课题旁边。《紫藤萝瀑布》这篇文章也是情深意长、隽永优美的，隽永也就是含意深长的意思，人们常常说某篇文章意味隽永。

师：接着读一读写作背景。

[屏幕显示，学生齐读]

本文的写作背景，与作者的弟弟因病去世有关，也与“文革”有关。

师：请关注第7自然段：“我只是伫立凝望，觉得这一条紫藤萝瀑布不只在我眼前，也在我心上缓缓流过。流着流着，它带走了这些时一直压在我心上的焦虑和悲痛，那是关于生死谜、手足情的。”这就是背景，你们要在这里旁批“背景之一”，还要批上“极巧妙介绍背景”。花的美滋润着作者的心，她想到了这种快乐驱赶了不愉快，不愉快就是压抑在心上的焦虑和悲痛，非常巧妙介绍背景。再来看第8自然段：“我只是伫立凝望，觉得这一条紫藤萝瀑布不只在我眼前，也在我心上缓缓流过。忽然记起十多年前家门外也曾有过一大株紫藤萝，可惜它在‘文革’时枯萎了，现在它又焕发出生机。”请同学们批上“背景之二”，仍要批上“巧妙引出”这四个字，特别委婉，又特别清晰。为什么作者有那么多的感慨，有那么多的感受呢？全家在“文革”中受到了极大的磨难，在“文革”之后写这篇文章，用美好来反衬原来的哀伤，并表现现在的美好和感悟。

师：继续，这就是大家所说的文体特点。又要做笔记。

［屏幕显示］

《紫藤萝瀑布》，咏物抒情、托物寄意的散文，也可看作是借景抒怀的散文。

（学生边听边记笔记。）

师：咏物抒情、托物寄意、借景抒怀这就叫艺术手法，本来要抒发心中的感情，我不直接写它，而是写花、写景，借此抒发感情。比如同学们写菊花，写小草，写松柏、写竹子，都是可以咏物抒情的，都是可以托物寄意的。

［屏幕显示，学生齐读］

托物寄意、借景抒怀的散文，需要细腻深情地描述景物，常用点睛之笔深化文章意境。

师：你们能不能勾画出点睛之笔的句子？读书吧！看你们的语感啊！

师：一起来读吧！把点睛之笔读出来。

学生齐读：花和人都会遇到各种各样的不幸，但是生命的长河是无止境的。

师：真好。你们知道了托物寄意、借景抒怀的散文，先是细腻深情地描述景物，然后再用点睛之笔点明含义——花和人都会遇到各种各样的不幸，但是生命的长河是无止境的。读起来。

［屏幕显示，学生齐读］

花和人都会遇到各种各样的不幸，但是生命的长河是无止境的。

托物寄意、借景抒怀的散文，先是细腻深情地描述景物，然后再用点睛之笔点明含义。

师：边听边做笔记。引出事物，批在第一自然段旁；细腻描绘，第二至六自然段以及第九自然段都是细腻描绘；托物寄意，批在第十自然段旁。

再分析有关的作品，比如：七年级《贝壳》《蚕》，都是这样的结构，即引出事物——细腻描绘——托物寄意。

评点 知一点背景，但不仅仅是知晓了写作背景，还积累了很多的知识。老师的讲析就是一堂微型讲座，只有把课文研究透彻，才能有如此厚重而有趣的微型讲座。这样的课中微型讲座，不仅给学生传达了语文知识，便于学生从整体上把握写作特点，还教会了学生从文学欣赏的角度欣赏课文。

[屏幕显示]

学一批字词

师：我们初步了解了文意，接下来学一批字词，美文必有美词，读起来吧。

[屏幕显示，学生齐读]

学一批字词

bèng jiàn	rāng	suì	cāng	zhàn
迸 溅	嚷 嚷	一穗	船 舱	绽 开
zhù	líng dīng	niàng	jīn	qíu
伫 立	伶 仃	酒 酿	忍俊不禁	盘虬卧龙

师：举起我们的手，写一写“嚷”、“舱”、“绽”、“伫”，还有一个高雅的成语“忍俊不禁”，继续读吧！

[屏幕显示，学生齐读]

词意知晓

发端：开端；开始。　终极：最终；最后。

挑逗：逗引；招惹。　迸溅：向四处溅开。

绽开：裂开。　伶仃：孤独。

伫立：长时间站立。

凝望：目不转睛地看；注目远望。

蜂围蝶阵：指蜜蜂蝴蝶围绕，数量很多。

春红已谢：春天的花已经凋谢。

忍俊不禁：忍不住笑。

仙露琼浆：比喻美酒。

盘虬卧龙：比喻盘旋曲折的样子。虬，古代传说中有角的小龙。

师：我们不读解释，再读一遍词语。

（生齐读词语。）

师：继续读！随文读词，读出一点重音的味道。

［屏幕显示，学生齐读］

屏幕出示课文第二至七自然段。

师：这样的朗读，更让我们体会到了描写的美妙，语言的高雅。

评点 张志公先生说："学习语言最重要的是学习词汇。"这一环节学一批字词，是很扎实、有层次的字词教学，既有朗读，也有书写，既读词语，也读注释，还随文读词，字词句篇，逐渐强化。

［屏幕显示］

赏一组佳句

师：接下来的活动是赏一组佳句，请大家看课后练习二："揣摩下列语句，体会课文写景的妙处。"四个句子，这是规定要赏析的内容。老师把这个问题化简。

[屏幕显示]

话题：品析句子中用得精彩的词语或句子。

1. 从未见过开得这样盛的藤萝，只见一片辉煌的淡紫色，像一条瀑布，从空中垂下，不见其发端，也不见其终极。

2. 紫色的大条幅上，泛着点点银光，就像迸溅的水花。仔细看时，才知道那是每一朵紫花中的最浅淡的部分，在和阳光互相挑逗。

3. 每一朵盛开的花就像一个小小的张满了的白帆，帆下带着尖底的舱，船舱鼓鼓的；又像一个忍俊不禁的笑容，就要绽开似的。

4. 这里除了光彩，还有淡淡的芳香，香气似乎也是浅紫色的，梦幻一般轻轻地笼罩着我。

师：每位同学只需从这四个句子中选择一处或两处用得精彩的字词。例如："盛"字用得好；"辉煌"用得好；"像一条瀑布"用得好；"垂下"用得好。"泛"字用得好。大家都要讲出理由。静静地读三分钟，手上的笔要注意圈画、评点。

(生默读静思，批点圈注。)

师：评价一下大家的学习状态，人人动笔，都很认真。我们一起来品析课文的美句，自由发言。

生1：我觉得第一句"从未见过开得这样盛的藤萝"中的"盛"字用得非常好，"像一条瀑布"，把开得这么盛的紫藤萝花比喻成了一条瀑布，像窗帘一样垂下来，非常美。

师：你阐释得最好的是"像一条瀑布"，把"盛"阐释清楚了，怎样盛呢？像瀑布一样壮观啊。

生2：我品析的是第二句，"挑逗"一词运用了拟人的手法，把静态的花写成了动态，"在和阳光互相挑逗"写出了花的活力和生机。

师：品析得真好！请同学们在"挑逗"这两个字的旁边批上"写静为动"。为什么要写花的快乐？其实还是写自己的快乐。人在高兴的时候，景物在他的眼中就是他心情的表现啊。这位同学的发言有质量。

生 3：我品析的是第三句，从“张满”这个词我可以感受到花开的“盛”，“像忍俊不禁的笑容”可以看出花绽开时的外貌。

师：外貌就可以变成这样两个字——“形状”，或者“形态”，“船舱鼓鼓的”、“又像一个忍俊不禁的笑容”，这个笑容就是来写小花儿绽开的美好，也同样运用了拟人的手法，把静物写成了动态的，这种描写太美妙了，一个“笑”字不又是写出了快乐吗？

生 4：第四句“香气似乎也是浅紫色的”，不仅写出了紫藤萝花外表美丽、色彩亮丽，还写了花的香气，把作者带入了一个幻境，非常美丽，像梦一样。

师：真好！连香气都有颜色啊，这叫通感。把花的香味写成带甜味的，这也是通感。

生 5：我品的也是第四句，运用了“通感”的修辞，把“嗅觉”形象用“视觉”表现出来，把人带入了一个梦的境界，物我交融，表现了紫藤萝瀑布香气温馨，表现了作者对紫藤萝的喜爱之情。

师：“梦幻一般轻轻地笼罩着我”，这既是写物，也是写我，写我的感受，写我的陶醉，这叫物我交融。小学时候学过一篇文章，叶圣陶先生写的《荷花》，“看着看着，我就变成荷花了”。那就是物我交融。

生 6：“像一条瀑布，从空中垂下，不见其发端，也不见其终极。”运用了比喻的修辞手法，写出了花开的壮观、茂盛，更生动形象地写出了紫藤萝花的生命力旺盛。

师：还运用了夸张的手法，“不见其发端，也不见其终极”，多么壮观啊！

生 7：我品析的是第一句话，将一树盛开的藤萝比喻成瀑布，显得气势非凡、灿烂辉煌，也生动地表现了藤萝特有的情趣。

师：这里既写色彩，又写了形态，写了气势，还写了高下。

师：老师来小结一下，大家边听边做好读书笔记。

[屏幕显示]

观察细致

手法生动
语句精美
绘景抒情

师：像一条瀑布：写出了紫藤萝花开的气势非凡，灿烂辉煌；迸溅的水花：写出了紫藤萝花的色泽亮丽，玲珑剔透；船舱鼓鼓的：写出了紫藤萝花的形态饱满、生机勃勃；忍俊不禁的笑容：写出了紫藤萝花的形状柔美、可亲可爱；不断地流着：写出了紫藤萝花的充满活力、洋溢着生机。这里一切的描写都是亮丽的、充满生命力的、表现快乐的，这就是一种写法，叫作物我交融，既写出了一树繁花的壮丽，又写出了愉悦欢畅的心情。物我交融，又叫作借景抒情或寄情于物，也叫作情景交融，还叫作一切景语皆情语。

评点 第四个教学活动：赏一组佳句，佳句来源于课后习题，没有花哨的提问。出示一个微型话题：品析句子中用得精彩的词语或句子。这样的微型话题，就让学生的学习有了目的、有了抓手，学生通过研读课文，评点批注，在安静中独立思考，在交流中互相启发，在倾听中积累知识。

[屏幕显示]
背一个精段

师：自由背诵一个美段。

[屏幕显示，自由背诵]
课文的第 2 自然段、第 6 自然段、第 10 自然段。

师：让我们一齐来或读或背第 10 自然段。
(生读背。)
学习小结。

师：我们的学习体会：充分利用课文，学习高雅语言。

评点 背诵一个美段，收束整堂课的教学。当堂背诵，必能让所有学生能全神贯注地投入到学习中去，这一环节扎实、简约、高效。

实录赏析

“咀嚼方知真滋味”，这样的一堂课，利用课文何其充分，这样的一堂课，学生收获何其丰厚，这样的一堂课，简约设计意味深长。

充分利用课文，学习高雅语言，这是语文教学十分重要的目标之一。“教材无非是个例子”，但成为例子的背后，一定离不开教师对文本的细读，老师要把目光投向文本的深处，溯洄求之，去发现文字的奥妙。

奥妙在于不仅仅知晓背景，更知晓作者如何巧妙引出背景。

奥妙在于不仅仅懂得咏物抒怀，更懂得这类文章的通常写法。

奥妙在于不仅仅知道物我交融，更知道一切景语皆情语。

发现了奥妙，还须巧妙设计教学，把需要学习的语文知识，需要积累的高雅语言，艺术组织，科学设计。

“四个一”的活动设计扎实而简约，真正是“无提问式”教学，这让学生大量地占有了时间，这才是真正的自主学习，简洁的板块却折射出丰富的教学内容。

“知一点背景”这个环节厚重，意在让学生积累本课的相关知识：作家作品常识、背景、如何巧妙引出背景、托物寄意、咏物抒情、点睛之笔、写法规律。老师的讲解显山露水，绽放着智慧的火花。

“学一批字词”这个环节高明，意在让学生积累本课的高雅词汇：两字雅词、四字词组、释义、文中的用法。因为目标明确，学生学得主动，读得情致盎然。

“赏一组佳句”这个环节灵动，意在训练学生的品词论句的能力。拟人、比喻、夸张、通感等修辞手法、以动写静、物我交融、绘景抒情的写作手法，都融合在这个环节中，美妙的师生对话，像一朵朵带着甜味儿的花儿在课堂上绽放。

“背一个美段”这个环节高效，意在让学生积累本课的美段。用时不多，但却让每一个学生都“动”起来，“熟读唐诗三百首，不会作诗也会吟”。背诵，永远都是学习语文最重要的方法。

四个教学板块，教学思路清晰，“知”、“学”、“赏”、“背”，学习方式四次调整，“背景”、“字词”、“佳句”、“美段”，每一个板块都着眼于解决教学内容的某一角度的问题，这样的设计使课堂教学波澜起伏、抑扬合理、动静分明，给人以“柳暗花明又一村”之感。

《竹影》课堂教学实录及评点

执　教：余映潮

评　点：戴蓉

授课时间：2014 年 5 月 19 日

授课地点：新疆生产建设兵团第一中学

案例导读

《竹影》是一篇写童稚童趣、写艺术与美的文艺小品，作者朴实简洁的叙述、准确传神的描写、清楚明白的艺术讲解，将读者带进了艺术的殿堂。如何处理文中将近七百字的“艺术与美”的内容，是教师处理教材的难点。这节课，余老师紧扣文本，顺利完成了如下教学任务：增加文化知识，积累语言文字，训练阅读能力。余老师解读文本的新视角，化解教学难点的智慧，无疑会带给我们一些启迪。

师：这节课我和同学一起学习美文《竹影》，主要任务：增加文化知识，积累语言文字，训练阅读能力。我们的第一个学习环节：积累。

师：手上的笔打开。把作者简介读一读。丰子恺，读。

[屏幕显示，学生齐读]

丰子恺（1898—1975），我国现代画家、散文家、美术教育家、音乐教育家、漫画家和翻译家，卓有成就的文艺大师。

师：在注释上补充：卓有成就的文艺大师。丰子恺在绘画、文学、教育、音乐、翻译方面都有很深的造诣，所以是文艺大师。中国画，读。

[屏幕显示，学生齐读]

中国画：中国传统绘画形式，用毛笔蘸水、墨、彩作画于绢或纸上。简称“国画”。

师：它和油画不同，西洋的油画，中国的是国画。用毛笔蘸水，读。

[屏幕显示，学生齐读]

用毛笔蘸水、墨、彩作画于绢或纸上。简称“国画”。

师：《竹影》里面就有关于国画的知识。管道升，读——

[屏幕显示，学生齐读]

管道升，元代著名女书法家、画家、诗词创作家。尤擅墨竹兰梅，笔意清绝，久负盛名，世称管夫人。

师：墨竹，就是用墨画竹。她擅长墨画兰、画竹、画梅。大家在管夫人旁边批上：元代著名的女书法家、画家、诗词创作家，这是中国文化史上非常有名的女画家、女诗人。

(生批注。)

师：管夫人，在《竹影》里面是通过爸爸的话介绍出来的，因为爸爸懂画，所以他要介绍画家、书法家、篆刻家。

师：赵子昂，就是赵孟頫，元代著名画家，唐宋以来“楷书四大家”之一，“楷书四大家”就是中国书法史上最有名的四种体裁，四种书法的结构笔法的最有名的写手，欧体、颜体、柳体、赵体。大家要把“赵孟頫是楷书四大家”，同时要把楷书其他四大家，欧、颜、柳、赵批注在书上。赵子昂的书法和绘画水平极高，赵子昂和管夫人是一家人，管夫人就是赵子昂的夫人，所以这对夫妇在书画诗词上有巨大的成就。宋代还有一家人，就是李清照和她的丈夫，在文学上、在书画上都很有才华、成就。

［屏幕显示］

赵子昂即赵孟頫。元代著名画家，楷书四大家（欧颜柳赵）之一。博学多才，书法和绘画成就最高，开创元代新画风，尤以楷、行书著称于世。

师：批注了没有？好，接着来。吴昌硕，在咱们的课文里面也介绍了他。特别是他的立轴，他的国画画竹子的立轴，在课文里面得到了引用。

［屏幕显示］

吴昌硕（1844—1925），“诗、书、画、印”四绝的一代宗师，晚清到民国时期著名国画家、书法家、篆刻家。

师：吴昌硕，是诗、书、画、印四绝的一代宗师，批上。美术界所有追求成功的人士，都得追求四绝，会作诗、会书法、会画画，还会篆刻，就是会刻印，刻印章，那么，“篆刻”叫金石艺术，不是在木头上刻，是在石头上。金石艺术，就是篆刻。所以通过《竹影》我们能够感受到各种艺术，特别是书法、绘画艺术。这就是咱们要增加的文化知识，也许他们能够潜入你的心灵，激发你的爱好。我年轻的时候，就专门读过吴昌硕的《金石》这一本书，专门欣赏他的字印，雕刻印章的技法。

师：立轴，也是书上出现的名词。特别是最后一段讲到了“立轴”，就是中国书法和绘画装裱的一种式样，这些我们同学们都应该见过，它能够挂在墙壁上，本来是一幅画，然后周边都把它装裱一下挂在墙壁上，作为文化的标志，或者装点环境的标志，这叫作“立轴”。

［屏幕显示］

立轴，中国书画装裱的一种式样，也称挂轴。

师：好，我们一起来回顾一下。

[屏幕显示，生再次齐读]

丰子恺，中国画，管道升、赵子昂、吴昌硕，立轴的介绍

评点 资料助读，这样的手段看似寻常，却在全员参与的不经意状态下给了学生较多的信息。此时，余老师正如文中那个独具慧心引领孩子们步入艺术殿堂的艺术启蒙人“爸爸”，不仅给学生上了一堂艺术入门课，更拉近了课文与学生之间的距离，为后面的教学蓄足了势。此环节真可谓一箭双雕。

师：好吧，继续我们的学习，开始进入语言学习。先把字音字形熟悉一下。丰子恺，读。

[屏幕显示，学生齐读]

丰子恺（kǎi）　水门汀（tīng）　一缕（lǚ）

口头禅（chán）　乱撇（piě）　蘸（zhàn）

师：“乱撇”是什么意思呢？就是乱画，拿着毛笔乱撇。“水门汀”什么意思呢？就是水泥地，原来的翻译叫水门汀，现在这个词基本上不用了，就是水泥。好，再把词义理解一下。

[屏幕显示，学生齐读]

幽暗：昏暗。

弥漫：（烟尘、雾气等）充满，布满。

惬意：满意；称心；舒服。

包罗：包括（指大范围）。

师：这四个词里面比较难写的一个字就是“惬意”的“惬”，会写

吧，好。

师：佳句，这是这篇课文里面最美的一个句子，所以要背下来，开始读背吧。

[屏幕显示，学生读背]

月亮已经升得很高，隐在一丛竹叶中。竹叶的摇动把她切成许多不规则的小块，闪烁地映入我们的眼中。

师：仰视的角度看月亮就是这样的。月亮已经升得很高。读。

(生齐读。)

师：多美妙啊，背下来吧。

(生小声背诵。)

师：月亮已经升得很高，隐在一丛竹叶中，竹叶的摇动把它切成许多不规则的小块，闪烁地进入我们的眼中。背。

(生齐背。)

师：竹叶的摇动是动景，月亮应该是静的，尽管它在上升，但我们感觉不出来，有静有动，有明有暗，而且有角度，好，再来背一遍。月亮已经升得很高，背。

(师生再次齐背。)

师：像这样的美句是经常要背一背记一记的，非常有好处。大家还要说一下，老师刚才说的有明有暗，有动有静，还有一个美妙的角度，仰视的角度。

(生小声各自说着：有明有暗，有动有静，仰视的角度。)

师：这个美段要读一读，就是最后一段。

[屏幕显示，学生齐读]

我回到堂前，看见中堂挂着的立轴——吴昌硕描的墨竹，似觉更有意味。那些竹叶的方向、疏密、浓淡、肥瘦，以及集合的形体，似乎都有意义，表现着一种美的姿态，一种活的神气。

师：我告诉大家，这里面有一个词很重要，“似觉更有意味”，那么你们继续往后看，后面那一部分写的就是“意味”，好，大家把“意味”圈下来，以后读书就慢慢的有经验了，有时候一个段落里面前面有一个关键词，后面的内容就是把这个关键词描述得美美的，或者诠释这个关键词的含义。

（生再次齐读最后一段。）

师：大家一起说，“意味”表现在——

（生齐读。）

那些竹叶的方向、疏密、浓淡、肥瘦，以及集合的形体，似乎都有意义，表现着一种美的姿态，一种活的神气。

师：太好了，懂得了“意味”这个词是个很关键的词，又懂得了描写描述是把“意味”一词阐述得清清楚楚的，这就是一种思维的方式。

评点 积累语言是学生学习语文的核心。从字音字形到字意，从雅词佳句到美段，读写背的小步迈进，步骤明朗，节奏轻松，学生的学习渐入佳境。这样的语言训练，精致、有力。

师：进入我们的趣读环节。（对一大组学生）这边的同学思考“月亮的作用很重要”，看书吧。（对另一大组学生）这边的同学思考“爸爸的作用很重要”，看书吧。那么“如此的作用很重要”，就不要你们管了。过一会我们再来管它。

师：根据课文内容说明“月亮的作用很重要”、说明“爸爸的作用很重要”。笔拿在手上，把所有关于月亮的句子画出来，你就能够分析了，把爸爸的出场以及爸爸干什么画出来，你就能够分析了。

（生分组读书，思考，批注；时间 3 分钟。）

师：好的，同桌之间先谈谈看法，“月亮的作用重要”还是“爸爸的作用重要”。

（生同桌之间讨论。）

师：好的，自由说话，把你的见解告诉我们。先说“月亮”。谢谢。

生 1：我找了四个都是写月亮的句子，我认为这些描写是时间顺序，一开始是“才出来”，然后“渐渐升高了”，一直到“最后是升得很高了”。所以我认为月亮的作用是通过它写出了时间顺序。

师：好，表现了时间，正是因为时间的推移，所以我们在月亮下面画画、说话就有一个时间的感觉。

生 2：我也是找的这四句话，我觉得它是文章的线索，推动了文章的发展。第一句话是他看见了月亮，第二句话是月亮渐渐升高，第三句话是由月亮引出一个问题，最后一段是说月亮升得越来越高，然后木炭线相分离了。

师：好，你说得很有水平啊，你说月亮的描写是文章中的线索，月亮的描写贯穿全文，这一定是你们的老师告诉你们怎么分析的了。好，请你来。

生 3：我觉得月亮应该是推动了情节，由月亮引出了他和爸爸的对话，还引出了古时的一些画家，然后使我们了解了他们，也了解了中国画的更为主要的意义。

师：同样回答得非常准确，如果没有月亮，如果没有月光，就没有这篇文章，就没有这个故事。

生 4：我觉得月亮除了时间顺序以外，还有侧面描写，侧面描写出了竹，因为每个月亮描写后面都是在描写竹。

师：正是因为月色明朗，所以竹影参差啊！

生 5：我觉得写月亮是因为他们是最开始就写月亮，然后再渐渐引到竹影，引到全文的内容，月亮的作用是引起下文。

师：对，引起下文，推进故事情节的发展。多好啊，这样我们就把课文读得懂了一些，我们就不是平面地看这就是写月亮，知道了它的作用，就了不起了。月亮的作用很重要。

[屏幕显示，师读]

“月亮”的作用很重要

吃过晚饭后……

太阳虽已落山，天还没有黑。

天空好像一盏乏了油的灯，红光渐渐地减弱。
月亮已在东天的竹叶中间放出她的清光。
月亮已经升得很高，隐在一丛竹叶中。
月亮渐渐升高了，竹影渐渐与地上描着的木炭线相分离
……
夜渐深了，华明就告辞。

师：典型的时间线索。
师：月亮的作用主要是两个：故事背景，时间线索。

[屏幕显示，师总结]
“月亮”的作用很重要
故事背景
时间线索

师：好，谢谢我们这一大组的学生，回答得很好。

评点 景物描写的作用，这是本课学生文本探究的起点，也是学生要攀登的第一级台阶。在一个开放自由的对话空间里，无论学生用到哪些词语，余老师总能通过一句恰当的点拨使理解更加深入。看似信手拈来，细品却顿然有悟、耐人深思。那抑扬顿挫不紧不慢的话语，似吹面不寒的杨柳风，既升华了学生的思维，也丰富了知识体系。

师：爸爸的作用很重要。

生 1：我觉得分析“爸爸在文章中的作用”要从两个层次分析。第一个层面是它在结构上的作用，首先他说这是吴昌硕作的，忽然有一个大人的声音在我们头上慢慢响出，读者读起来似乎有一些波澜，引起读者的兴趣，然后它又引出了下文，讲出了爸爸对用中国画画竹子的看法；然后内容上的作用是用爸爸的话说明了文章的主题，也就是用中国画画竹子的内涵还有韵味，是从第 4 自然段一直到第 6 自然段。首先第 4 自然段和第 5 自然段

是爸爸的话，说明画竹与画马或者画其他东西对比来说不能算是简单，然后第6段说明了为什么只用墨来画却不像西洋那样来画，说明用墨来画竹是很有韵味的。

师：分析得多好啊，爸爸的出现给文章增加了轻波微澜。然后文章关于文学艺术的主要内容是爸爸说出来的，这就是爸爸的作用。继续说。

生2：我再补充一下，表面上爸爸是突然插入的，实际上一个大人的声音在我们的头上慢慢响出，爸爸就慢慢插入，从原来几个小伙伴的童稚活动逐渐升华为对艺术和美的总结。

师：好，这位同学又从另外一个层面谈了爸爸出现的意义：谈艺术。

师：还有说吗？好，请你来。阐释爸爸的作用。

生3：爸爸突然插入，在第4、5自然段讲了画竹的作用，第6自然段告诉我们为什么画竹不用绿颜料，因为他告诉我们画竹一定要有韵味，这才是中国画的韵味，然后后面引出了我们对中国画的总结，对中国画的艺术的看法，引出了我对中国画的韵味的理解。

师：对，感受。爸爸从另外一个层面告诉我们大人对小孩艺术教育、文学教育是多么重要。我们还可以这样理解，也许这个爸爸就是丰子恺的化身，他要写文章啊，把文章写得动听好听，他就要设计一个爸爸出来讲故事，比直接地讲、生硬地讲好听多了。这就是在有些文章里面增加一个人的技巧。我们来感受爸爸的作用。

[屏幕显示]

“月亮”的作用很重要

……

师：大家看，老师在这里打了一个省略号，“月亮的作用很重要”还没说完，那就是留给你们的作业：月亮的作用很重要啊——

[屏幕显示]

“爸爸”的作用很重要

知识讲授
艺术教育

师：爸爸的作用很重要，这就是极其重要的作用，爸爸出来是给我们讲知识的，讲艺术的，没有这种艺术的讲授，《竹影》恐怕又是另外一种写法了，所以这篇文章既像散文又像文艺小品。

师：他让我们联想到另外一个人物很重要，那个人物的重要是因为那篇文章的构思和这篇文章的构思一样，就是找一个人出来讲道理。记不记得这个人啊？

[屏幕显示]
“丹尼斯”的作用很重要
线索人物
知识讲授

师：丹尼斯的作用很重要，丹尼斯是谁呀？我来告诉你们吧，你们要去查一篇文章叫《旅鼠之谜》，旅行的旅，老鼠的鼠，《旅鼠之谜》里面有一个丹尼斯，他为什么重要呢？就是“我”碰到丹尼斯了，“我”不知道旅鼠为什么繁殖得这么快，而又死亡得这么多，于是有一个叫丹尼斯的科学家给“我”讲了一层又一层啊，这就是艺术，请一个人通过对话来讲道理、讲知识。

评点 “讲什么”的选择是一种精湛的技术。余老师巧妙运用联读的教学方法，由此篇到彼篇，借助《旅鼠之谜》中的丹尼斯，精致讲析了爸爸的作用，既体现了教师对教材研读的深度，也表现出教师对重难点处理的智慧。

师：好的，现在我们来共同解决一个问题：“如此”的作用很重要。大家看 136 页。

[屏幕显示]

“如此 ”的作用很重要

爸爸说到这里，丢了手中的木炭，立起身来结束说：“中国画大都如此。我们对中国画应该都取这样的看法。”

师：“中国画大都如此”，“如此”是什么呀？

(生小声回答。)

师：请你们根据爸爸的讲授简单地阐释“如此”的含义。“大都如此”，大都怎么样呢？“如此”这两个字就是关键词，大家要把“如此”的含义阐释清楚，扣住爸爸讲的内容，你就知道了“如此”是什么意思，好吧，看一会书，再来交流。爸爸讲了那么多的话，他用了一个“如此”来概括，我们就要把他的话还原，到底爸爸的“如此”指的是什么？

[屏幕显示]

根据课文内容，解释“如此”、“这样”的含义。

(生安静看书，思考，批注；时间 2 分钟。)

师：我在观察你们的笔有没有把有关“如此”诠释的内容画下来。

师：开始组织自己的发言，用一句话阐释：“如此”指的是——

(生继续准备。)

师：好吧，我们开始来阐释“如此”的含义。

生 1：中国画不注重“像不像”，凡画一物，只要能表现出像我们闭目回想时所见的一种神气，就是佳作了。

师：中国画讲究的是神气，我们还原吧，“中国画大都如此”，我们对中国画应该取这样的看法，那就是“中国画讲究神气”。有道理。好，先让你来讲。

生 2：中国画不注重肖像，而是一种美的姿势，一种活的神气。用墨画反而比绿色画得更好。

师：对啊，中国画大都如此，它讲究的是一种美的姿势，一种活的神气。这种话语在文中反复了几次。

生3：我是用课文中的原话去总结这一句话，我觉得“如此”表示的是用中国画的墨来表示一种美的姿势，一种活的神气。所以“如此”的意思就是这样。

师：“如此”的含义就是“美的姿态、活的神气”。如果反过来说，中国画不要求非常非常相像，只讲究神似，而不是形很相像。所以爸爸讲了半天，就用“如此”这两个字做了总结，谁读不懂“如此”谁就读不懂爸爸的话，爸爸原来说的是“中国画是不讲究非常相像的，只讲究美的姿态、活的神气”，所以“如此”的作用很重要啊。

[屏幕显示，学生齐读]

“爸爸说到这里……”一句

师：“如此”和“这样的看法”指的是从爸爸的话里面我们可以知道它的含义。

[屏幕显示，学生齐读]

中国画不注重“像不像”，注重的是表现出事物的一种美的姿势，一种活的神气。

师：这就是美术方面的重要知识，关于中国画的灵魂，中国画不注重像不像，注重的是一种事物美的姿势、活的神气。所以作者在文章最后一段又做了强调。大家是不是读懂了？

[屏幕显示]

我回到堂前，看见中堂挂着的立轴——吴昌硕描的墨竹，似觉更有意味。那些竹叶的方向、疏密、浓淡、肥瘦，以及集合的形体，似乎都有意义，表现着一种美的姿态，一种活的神气。

师：这就是作者给我们强调的句子，我们刚才读了一遍，我们还要读一遍。

[屏幕显示，生再次齐读]

中国画不注重“像不像”，注重的是表现出事物的一种美的姿势，一种活的神气。

师：这就是中国画的意味。

评点 “中国画大都如此”，“如此”是什么呀？在普通教师眼中，稍不注意，“如此”就有可能像泥鳅一般从手中滑过，而在余老师的慧眼下，“如此”闪亮登场，“如此”的教学，是本课一大亮点，不仅创造出课堂新的兴奋点，更是再一次成功将学生扎扎实实带进了文本，令人拍案叫绝。

[屏幕显示吴昌硕的画作《墨竹》]

师：这幅画在你们的教材上有啊，这就是吴昌硕的作品。

[屏幕显示廖红球的画作《朱竹》]

师：我昨天很幸运地在《光明日报》上找到一幅2014年5月18日由一位现代画家画的“朱竹”，很难得的，已经被中国画馆收藏了。朱竹，画的是红色，它不像真的竹子，但一看就是竹子，就是美的姿态、活的神气。

师：谢谢大家，这一课就暂时到这。下课。

评点 课至收官，直观、经济、有效、圆满。

实录赏析

教学，是一门技术，更是一门艺术，成功的教学，本就是一种艺术的创造。余老师的这堂课，就像一幅朴素自然的水墨画，明朴实巧，貌淡实浓。

如此干净的起笔。课前的基础积累资料以知识卡片的形式呈现，丰子恺、管道升、赵子昂、吴昌硕以及中国画、立轴等大量资料的助读，厚重的文化艺术知识铺垫，直奔教学内容，没有旁逸斜出，也没有故弄玄虚，起笔朴素自然而又如此的干净利落。

如此流畅的运笔。余老师曾说过："语言教学最基础、最朴实的方法是诵读记背，最自然、最常用的方法是读写结合。"本节课就是在这样美妙的读背声中拉开帷幕。提取文本中的难词、佳句和美段，进行语言积累的过程，既是习得语言的过程，也是提升学生语文素养的过程。如果说"积累"是本节课的第一把钥匙，那么，"训练"应是本节课的第二把钥匙。本节课的教学重点表现在三次"训练"之上，从"月亮的作用很重要"到"爸爸的作用很重要"，再到"如此的作用很重要"，三个话题，三个角度，三次由易到难有梯度的品读，三次思维的激活，教学过程由于这几次训练而切分成几个教学板块，轮廓清晰，而"丹尼斯"的联读、"如此"的还原，更是浓墨点醒，教师的运笔如行云流水。

如此精致的节奏。品味这一课，牵动我们情感的正是课堂节奏的高低起伏。余老师的课堂讲究起和伏的错落，你听，"如此的作用很重要，现在就不要你们管了，过一会我们再来管它"，轻松设下悬念，以致后面再次出场有"千呼万唤始出来"之感，也给学生造成了如此的暗示：此词大有来头，万万不可轻视。余老师的课堂还讲究动和静的相生，你看，课堂有大声的朗读、有热闹的背诵、有安静的批注、有专题的讲析……课堂真正做到了张弛有度，动静相宜。余老师的课堂也讲究疏和密的结合。如果说介绍资料和积累语言环节学生是相对轻松的读背，那么，对于三个"作用"的探究环节便是思考的紧张和思维的唤醒了。

如此有质有韵、有墨有彩的一幅绝妙水墨丹青，是余老师呈现给我们的杰作。

《荷叶　母亲》课堂教学实录及评点

执　教：余映潮

评　点：孙竹青

授课时间：2010 年 11 月 20 日

授课地点：成都交大七中嘉祥外国语学校

案例导读

《荷叶　母亲》是一曲深情颂扬母爱的赞歌。文章篇幅不长，文字也不算艰深，意蕴却丰厚深沉，又带有冰心先生特有的温婉与柔情。文中雨打红莲荷叶护莲的自然景象，正是勇敢慈怜的母亲为孩子遮挡人生风雨的动人写照。如何对课文内容进行整体的反复的把握？如何将学生关注的视线集中到文中最精华的部分？如何指导学生从多个角度对精美文句进行细腻赏析？带着这些问题，我们走进余映潮老师的课堂，一一探访，一一寻觅。

师：上课！

生：起立！

师：同学们好！

生：老师好！

师：请坐！请把课文打开。今天我们一起学习冰心的《荷叶　母亲》。请大家把双手放自由一点。对，拿起书，我们一起来朗读课文。“荷叶　母亲”，读！

（学生齐读课文。）

评点　开课揭题，不蔓不枝。目中有人，氛围轻松。

师： 读得好听。下面我们来一起看一看背景材料。"冰心"，读！

[屏幕显示，学生齐读]

冰心（1900—1999），福建人，原名谢婉莹。现代著名女作家。歌颂母爱、歌颂自然、歌颂童心是冰心作品的思想内核。"永远的爱心"融入她近八十年的文学创作，洋溢在她七百万字作品的字里行间。

师： 好的，拿出笔，把"母爱"、"自然"、"童心"、"思想内核"旁批在课本上。歌颂母爱、歌颂自然、歌颂童心是冰心作品的思想内核。读冰心的作品，特别是朗读冰心的作品，要读出温婉的调子，要读出水一般的柔情。

评点 介绍文化常识，点出作品内核。提出朗读要求，培养笔记习惯。语言简要洗练，语文气息浓郁。

师： 下面开始我们的第一次训练活动。

[屏幕显示]

我们的学习活动之一

整体把握，简洁评说

师： 简洁评说你所面对的《荷叶　母亲》，从它的内容、结构、手法、情感，各个方面你都可以说。看例子。

[屏幕显示]

这是一篇歌颂温馨母爱的美文。

师： 就像这样来简说课文。现在思考。

（学生思考。）

师：好的，现在可以表达见解了。谢谢你，请你来。

生1：这篇文章从荷叶开始写的，抒发作者对母爱的赞颂，所以我觉得这是一篇借自然景物来抒发情感的文章。

师：（如果）把你的关键词说得很清晰，这是一篇什么样的文章呢？

生1：借物抒情？

师：嗯，是一篇借物抒情的文章，这就说清楚了。写物抒情，托物寄意。好，谢谢！

生2：我觉得这是一篇以花喻人，深情赞颂母爱的美文。

师：怜花喻人，赞颂母爱。

生3：我是从它的写作手法来看的。第4段“白瓣儿小船般散漂在水面”，比喻用得很好，生动形象地写出了一种花自飘零水自流的感觉。“有些烦闷”的“有些”写得很好，不是特别烦闷，也不是没有烦闷。

师：语言表达很有分寸，是运用比喻手法的一篇文章。好，谢谢。请你来。

生4：这是一篇结构非常清晰的文章。我认为这篇文章可以分成三个部分。第一层写了父亲朋友送我们两缸莲花，第二层写看到莲花的一些感情，最后一层写作者对母爱的赞颂。

师：嗯，结构清晰。我认为也可以分成两个层次。我们来看看，就是描写和议论抒情相结合。第一部分描写，第二部分抒情。

生5：这篇文章是一篇用词很精妙很得当的文章，全文几乎每个字每个词每个句子都看得出来冰心对母爱的崇拜与赞颂。比如第5段“欹斜”这个词，我们平时几乎都没遇到过，但这里作者用了这个词，就表明这个词一定表达出冰心的某种情感，并且这个情感与母爱十分接近，作者用它来赞颂母爱。

师：用词用语雅致。

生6：我觉得作者运用了插叙，哦，不，是倒叙的写作顺序，先写现在，然后写到9年前他们看莲花的事情，最后两个自然段还抒了情。

师：我觉得你说的第一个词应该是对的，第二个错了。就是运用了插叙，而不是倒叙。父亲的朋友送给我们两缸莲花，故事就开始了，中段叙述，插进对往事的回忆，这就是插叙。

生 7： 我觉得这篇文章的主要描写对象是莲花，借荷叶为红莲遮蔽雨水写出了母亲对“我”的爱，写出了作者对母爱的赞颂。

师： 你是从思想内容的角度来对课文进行简说的。

生 8： 我也觉得这是一篇歌颂母爱的文章。作者由看到雨打红莲到荷叶护莲的景象想到了荷花是母亲，自己是红莲，表达了她对母爱的赞颂。

师： 好的。我们的观察还没有到文章的开头，还没有到文章的结尾，还没有到一个更难观察的问题，文章的线索。有人愿意尝试一下么？好，请你来说一下。

生 9： 我觉得这篇文章的线索应该是作者的心情。

师： 嗯，心情的变化贯穿全文。还有没有别的线索呢？

生 10： 我觉得这篇文章是由荷花来串联的。

师： 嗯，红莲也可以是文章的线索。

生 11： 这篇文章先写了红莲繁杂的雨声，然后是雷声大作，到后来雨势并不减退。

师： 雨的描写同样贯串全文。这就是这篇文章线索的精致，从“我”的心情，从荷花，从雨的描写，都可以看出线索。

评点 整体理解，多维评说。示范在先，及时纠偏。顺势利导，巧妙点拨。

师： 好，同学们，我来把大家的议论概括一下。这个时候，手中的笔就要开始动作啦。

[屏幕显示]

整体把握，简洁评说

以物喻人　写物抒情

融情于景　线索明晰

开门见山　卒章显旨

巧妙穿插　生动照应

师：（解说）这篇文章是一篇以物喻人、写物抒情的文章。全文融情于景，线索明晰。文章开门见山，卒章显旨。巧妙穿插，第 2、3 段就是穿插。生动照应，写莲，写心情，写雨，前后都有照应。这就是我们对这篇文章的认识。注意这些短语，我们都要熟悉它们并学会运用它们。

评点 自然大方，生动讲析。概括全面，诗意表达。语文知识，丰厚典雅。

师：下面开始我们的第二个训练活动。

[屏幕显示]

我们的学习活动之二

体味文意，课文集美

师：什么是课文集美呢？就是把课文中最美的句子聚集起来。怎么操作呢？看要求。

[屏幕显示]

从课文中选句子，组合起来，加在下面内容的前面，形成一篇微型美文并朗读：

我心中深深地受了感动——

母亲啊！你是荷叶，我是红莲。心中的雨点来了，除了你，谁是我在无遮拦天空下的荫庇？

师：也就是说，提取课文精华的内容，把课文缩写成一篇《荷叶 母亲》。再说一下具体操作方法。读课文，选中某些句段，用笔把它们画下来，画下来的内容就是你的短文。开始吧。

（学生默读，勾画。）

评点 语言实践，新奇别致。趣美相生，灵动活泼。指导有方，降低难度。

师： 好的，现在各自轻轻地吟诵自己的作品。我说了，要注意读出温婉的调子，要读出水一般的柔情。开始读吧。

（学生轻声读自己的短文。）

师： 愿意尝试的同学可以举起你的手了。我观察到你先就举手了，请你来，注意简洁明了。

生1读： 那朵红莲，被那繁密的雨点，打得左右欹斜。在无遮蔽的天空之下，我不敢下阶去，也无法可想。一扭头忽然看见红莲旁边的一个大荷叶，慢慢地倾侧下来，正覆盖在红莲上面……我不宁的心绪散尽了！我心中深深地受了感动——母亲啊！你是荷叶，我是红莲。心中的雨点来了，除了你，谁是我在无遮拦天空下的荫庇？

师： 读得多努力啊，但我觉得你的短文里还应该加上一点雷声。好，请你来。

生2读： 父亲的朋友送给我们两缸莲花，一缸是红的，一缸是白的，都摆在院子里。半夜里听见繁杂的雨声，早起是浓阴的天，我觉得有些烦闷。从窗内往外看时，那一朵白莲已经谢了，梗上只留个小小的莲蓬。那一朵红莲，昨夜还是菡萏的，今晨却开满了，亭亭地在绿叶中间立着。窗外雷声作了，大雨接着就来，愈下愈大。那朵红莲，被那繁密的雨点，打得左右欹斜。忽然看见红莲旁边的一个大荷叶，慢慢地倾侧下来，正覆盖在红莲上面……雨点不住地打着，只能在那勇敢慈怜的荷叶上面，聚了些流转无力的水珠。我心中深深地受了感动——母亲啊！你是荷叶，我是红莲。心中的雨点来了，除了你，谁是我在无遮拦天空下的荫庇？

师： 这位同学的短文注意到了全文结构的完整。很好，继续来。好，请你来。

生3读： 父亲的朋友送给我们两缸莲花，一缸是红的，一缸是白的，都摆在院子里。半夜里听见繁杂的雨声，早起是浓阴的天，我觉得有些烦闷。徘徊了一会子，窗外雷声作了，大雨接着就来，愈下愈大。那朵红莲，被那繁密的雨点，打得左右欹斜。对屋里母亲唤着，我连忙走过去，坐在母亲旁边——一回头忽然看见红莲旁边的一个大荷叶，慢慢地倾侧下来，正覆盖在红莲上面……我心中深深地受了感动——母亲啊！你是荷叶，我是红莲。心中的雨点来了，除了你，谁是我在无遮拦天空下的荫庇？

师：同样好！这位同学把一个关键的句子组合进去了，“对屋里母亲唤着，我连忙走过去，坐在母亲旁边”。还有吗？能不能还有同学起来？好的，你还没回答过问题吧？请你来。

生4读：徘徊了一会子，窗外雷声作了，大雨接着就来，愈下愈大。那朵红莲，被那繁密的雨点，打得左右欹斜。对屋里母亲唤着，我连忙走过去，坐在母亲旁边——一回头忽然看见红莲旁边的一个大荷叶，慢慢地倾侧下来，正覆盖在红莲上面……雨势并不减退，红莲却不摇动了。我心中深深地受了感动——母亲啊！你是荷叶，我是红莲。心中的雨点来了，除了你，谁是我在无遮拦天空下的荫庇？

师：注意，“荫庇”的“荫”应该读第四声 yìn，不要读成 yīn。这位同学选的和前面三位同学选的大致一样。我们来看一下大屏幕。开始读起来。“窗外雷声作了，大雨接着就来，愈下愈大”，读！

[屏幕显示]

荷叶　母亲

窗外雷声作了，大雨接着就来，愈下愈大。

那朵红莲，被那繁密的雨点，打得左右欹斜。红莲旁边的一个大荷叶，慢慢地倾侧下来，正覆盖在红莲上面。

雨势并不减退，红莲却不摇动了。雨点不住地打着，只能在那勇敢慈怜的荷叶上面，聚了些流转无力的水珠。

我心中深深地受了感动——

母亲啊！你是荷叶，我是红莲。心中的雨点来了，除了你，谁是我在无遮拦天空下的荫庇？

（学生读时，语调过于夸张，语速过快。）

师：我说了，要读出温婉的调子，要读出水一般的柔情。你们看，要这样读。

（教师范读）再来读。“窗外雷声作了”，读！

（学生再次齐读屏幕文字。）

师：最后一句你们还是没有我读得好听，（学生笑），不要笑。要温柔地，深情地，（教师范读这一句，深情地，温柔地）这样，情感、重音也都出来了。大家再试一下。“母亲啊”，读！

（学生再次齐读最后一句。）

师：把强烈的情感隐藏在温柔的语调中，再来。“母亲啊”，读！

（学生继续读这一句，音量降低，语速放慢，感情投入。）

师：这次就读得好多了。好，我们的第二次训练任务完成得很漂亮。继续来。我们开始第三次训练活动。

评点 含英咀华，浓缩聚合。示范朗读，指导细致。感受声律，领会情感。

[屏幕显示]

我们的学习活动之三

细腻品读，美句欣赏

品一品最后一句话的美妙

（教师读最后一句话。）

师：最后一句话，美在哪里呢？好在哪里呢？小手不要这么快地举起来。哪一个字用得好呢？哪一句写得好呢？都要说得清清楚楚。拿起你的笔，写下你对它的欣赏，就旁批在这句话的旁边。

（学生动笔，品读欣赏。）

师：多好啊，很喜欢看你们埋头写作的样子。咱们开始说话。好，请你来。

生 1：这个句子运用了多种修辞手法。先用了比喻的手法，把母亲比作荷叶，把“我”比作红莲，把外界对“我”的伤害比作雨点，生动形象地抒发了母亲对作者的关怀，字里行间流露出作者对母亲的感激。最后一句还用了反问的手法，强调了母亲在她心目中的重要地位。

师：这位同学欣赏的是修辞手法的美妙。好，请你来。

生 2：最后一句话用了很多修辞手法。刚开始用了比喻手法，把母亲比作荷叶，把“我”比作红莲，生动形象地突出了作者对母亲的依赖。后面的“除了你”，意思是“只有你”，更能突出“我”对母亲的这种情感。

师：写出了自己对母亲的依赖，也写出了母亲对自己的呵护。好，请你来。

生 3：这句中的“心中的雨点”就是指挫折风雨，作者这样写，写出了母爱对自己的浸润，作者对母爱深情地颂赞，也写出了母爱的圣洁与伟大。

师：心雨，心中的雨点，这个比喻为什么用得好呢？因为它承接前文大自然的雨点而来，于是就严密，就生动，就自然。好，谢谢你。好，请你来。

生 4：“除了你，谁是我在无遮拦天空下的荫庇”，这是一个反问句，如果换为陈述句，就是说，“只有你是我在无遮拦天空下的荫庇”，反问的修辞手法更强调作者对母爱的赞颂。“无遮拦”表明外界给我们的挫折很繁多，但是有了母亲的关爱，也能战胜挫折。

师：“无遮拦天空”同样也是生动的比喻，“荫庇”同样也可以体味成比喻。好，请你来。

生 5：最后一句话上来就直接说“母亲啊”，可以看出对作者在写这句话时感情是十分投入的，从感叹号也可以看出作者对母爱的感激与赞颂。

师：嗯，这里可以看出对妈妈的深情。“母亲啊”这三个字运用了一种修辞手法，叫做呼告，“称呼”的“呼”，“告诉”的“告”。好，请你来。

生 6：最后这句话是作者的直抒胸臆，“除了你，谁是我在无遮拦天空下的荫庇”，用作者自己的感受来歌颂母爱的伟大。

师：是啊，“直抒胸臆”这四个字说得多好啊，如果把直抒胸臆的例子讲清楚，那就更好了，哪几个字是表现出直抒胸臆的呢？请你来。

生 7：“除了你”用得非常好，意思是说“只有你”，也是直抒胸臆。这里有个“无遮拦”，第五段也有个“无遮蔽”，是说大自然中，在无遮蔽的天空之下，在没有荷叶保护的情况下，红莲是被风雨摧残得左右欹斜的；当荷叶保护了红莲，第 7 段中可以看到“红莲却不摇动了”，说明荷叶保护了红莲不受伤害；第 9 段中将母亲比作荷叶，把“我”比作红莲，把人生道路上的坎坷挫折比作“心中的雨点”，写出了母亲对“我”的重要性，写出了母亲对“我”的保护，抒发了作者对母爱的赞颂。

师：真好，看出了整篇文章的照应之笔。请你来。

生 8：这句话巧妙的原因在于它把整篇文章升华了，不单单是写荷叶红莲，而是把它升华到现实生活中，又直抒胸臆，把母亲直接与荷叶联系在一起，突出了冰心对母爱的赞美。

师：这位同学的发言很有质量，我把他的话用另外的表述法说一下。咏物抒情的散文，咏物喻人的散文往往在结尾进行升华。《紫藤萝瀑布》结尾就有升华吧？《蝉》、《贝壳》这样的课文结尾都很讲究升华。我们再请一位同学发言，我总觉得直抒胸臆的关键的地方还没有找出来。你来说一下。

生 9：这里的“你是荷叶，我是红莲”，抒发了冰心的想法，荷叶像母亲一样的伟大勇敢慈怜，冰心自己是红莲，需要保护，需要帮助。

师：是的。“母亲啊！你是荷叶，我是红莲”，这句话为什么有力量呢？为什么有情感呢？四个字：人称变化。直接地对母亲说“你”，情感就很生动很深刻了。好，谢谢！

评点 平等对话，和谐交流。积极鼓励，点评中肯。指向明确，气氛活跃。

师：我们来小结一下，这句话美妙在哪里呢？

[**屏幕显示**]

比喻之美　句式之美

抒情之美　点题之美

升华之美　虚实之美

师：（解说）整句话或者说整个段落，基本由比喻句组成，即使反问句也有比喻的意思。

句式之美，有呼告句，有反问句，有比喻句，句式的组合太精致了。

整个段落就是抒情的，点题的，就是升华全文的意境意味的，所以它有抒情之美，点题之美，升华之美。

它表现出一种虚实之美。什么是虚呢？母爱是虚的，它看不见摸不着，只能感受。什么是实呢？荷叶呵护红莲，母亲呵护我，于是就把母亲呵护我实实在在地用荷叶呵护红莲表现在我们面前。这就是将虚的东西写成实实在在的东西，这就是虚实之美。

评点 多角品析，精致细腻。启迪思维，精彩纷呈。智慧提炼，精细美妙。

[屏幕显示]

全篇　概括点评

局部　课文集美

细部　美句欣赏

师：好，同学们，我们这节课就要结束了。这节课，我们从全篇的角度进行了概括的点评，我们从局部从重要内容的角度进行了课文集美，从课文最精致的地方，从它的细部对美句进行了欣赏。谢谢同学们，你们很好地完成了学习任务，同学们辛苦了！下课！同学们再见！

生：老师再见！

师：谢谢大家！

评点 收束干净，简洁明快。由面及点，浑然一体。

实录赏析

余映潮老师的《荷叶 母亲》实在是一堂摇曳多姿妙不可言的语文课。

从教材利用上看，它是精美的。从全篇到局部再到细部，步步深入，层层递进，体现了余老师一贯主张的“整体反复，多角品析”的课文处理方式。如画美文，横岭侧峰，师生一一尽评说；纯美精华，沉浸浓郁，师生一一巧连缀；点睛妙句，言简义丰，师生一一细品鉴。老师引领学生不断穿梭寻觅，不断钻探深入。学生如戏蝶般欢舞于文字，似娇莺般啭啼于课堂。一个深邃精致的语文世界就这样慢慢呈现，一幅自然灵动的语文课堂生成的卷轴就这样徐徐拉开。这，惊艳了绿莲叶红菡萏，还有你我。

从教学创意上看，它是醇美的。“从它的内容、结构、手法、情感，各个方面你都可以说”，“选中某些句段，用笔把它们画下来”，“哪一个字用得好呢？哪一句写得好呢？拿起你的笔，写下你对它的欣赏”，层次细腻，有法可循；“要温柔地（读），深情地（读）。听我读”，要求明确，有范可依；“说话”、“勾画”、“写作”，思路清晰，有序可循。这样的课堂，动静相依，既有“绿杨烟外晓寒轻，红杏枝头春意闹”的热烈欢腾，又有“一番桃李花开尽，惟有青青草色齐”的安宁静谧；这样的创意，尺水兴波，既有“博观而约取，厚积而薄发”的理性光辉，又有“明月如霜，好风如水”的诗意清景。

从课堂积累上看，它是丰美的。学生的训练活动是丰盈的，在朗读、概括、筛选、组合、品析、交流中，学生积累了语言，习得了技巧，发展了能力，训练了思维；学生自主学习的时间是丰裕的，无论是在思考还是表达上；学生积累的语文知识是丰实的，字词句篇语修逻文都有涉及：所有这些，都是语文的，文学的，文化的。这样的课堂不哗众取宠，不故弄玄虚，是“铅华洗尽见天真”的素朴，是“江北江南水拍天”的生动，是“花发江边二月晴”的明媚。

“请坐”、“请大家把双手放自由一点”、“谢谢你”等亲切的话语，更是如汩汩清泉在课堂轻流微漾，这，又怎不会使学生有如沐春风身心俱愉之感？

《海燕》课堂教学实录及评点

执　教：余映潮

评　点：周丽

授课时间：2016 年 3 月 29 日

授课地点：浙江省余姚市姚北实验中学

案例导读

《海燕》，一幅有流动感的西洋画，一首有节奏感的抒情诗。高尔基以昂扬的浪漫主义激情，气势磅礴的艺术笔触，运用对比、烘托、象征等艺术手法，塑造出了“海燕”这一饱含力与美、深刻反映了时代特征的艺术形象。春暖花开的三月，余映潮老师用“练习朗读、识记知识、评说形象”三个活动，将我们带到了暴风雨即将来临时的海面，带入了“山雨欲来风满楼”的俄国 1905 年大革命前夜。让我们和余老师一起走进《海燕》的课堂，共同感受春天的旋律，聆听时代的前奏曲吧。

师：这节课我们一起欣赏散文名篇——高尔基的《海燕》。请大家先了解有关背景。

[屏幕显示，学生齐读]

玛克西姆·高尔基（1868—1936），前苏联著名作家、诗人，学者，无产阶级革命文学导师。代表作有自传体三部曲《童年》《在人间》《我的大学》等。

师：把“诗人，学者，无产阶级革命文学导师”批注在课文注释 1 的旁边，这是关于高尔基的文学常识，是我们需要把握的。他的代表作《童年》《在人间》《我的大学》，我们也是要知道的，《童年》是我们必读的名著之一。

师：这篇文章的写作背景，也要了解一下：是无产阶级革命者要迎接即将到来的革命风潮而表达的一种战斗姿态。

[屏幕显示，学生齐读]

1901 年，俄国第一次大革命的前夜，沙皇反动政府加紧了对人民的镇压；高尔基此时写下了著名的《海燕之歌》，即《海燕》。

师：《海燕》这篇文章，我们现在可以不关注它的时代背景，而关注它的内容来阅读欣赏，因为它已经是经典的作品，海燕是经典的文学形象，表现的是一种迎风激浪、勇往直前的刚猛精神。

[屏幕显示，学生齐读]

《海燕》，无产阶级文学的开山之作；散文诗；写物抒情、运用象征手法的经典作品。

师：把这段话旁批在标题的旁边。“开山之作”，就是最初的作品，有划时代意义的作品。它的体裁：散文诗。它的手法：写物抒情。它的整体构思：象征手法，整篇文章是象征手法的经典表现。课文中的每一个形象都有象征的意义。

[屏幕显示，学生齐读]

yàn	yín	cuàn	fěi
火焰	呻吟	飞窜	翡翠
lüè	zhèn	wānyán	xiáng
掠起	震怒	蜿蜒	飞翔

师：观察“火焰”的“焰”右边当中不能是一横，“呻吟”的“吟”下面不能有一点，“蜿蜒”的“蜒”旁边不能写成“廷”字，“震怒”的“震”下面，不能多一横，也不能少一横。

(学生再次齐读。)

师：还要了解有关的形象。

[屏幕显示，学生齐读]

海燕：一种海鸟，体形似燕，嘴端钩状，羽毛黑褐色。常在海面上游泳和掠飞。

精灵：精怪，神灵。

师：“精灵”好像写的是“精怪”，在这里是褒义，它是“神灵”一般的人物形象，“黑色的闪电，高傲地飞翔，暴风雨的精灵”，这些写的都是海燕，都是赞美之语。

评点 直奔正题，语言精当。知识储备，铺垫厚实。

师：这节课三练本领。

[屏幕显示]

练习朗读、识记知识、评说形象。

师：海燕这篇文章怎样朗读呢？

[屏幕显示]

练习朗读

体味《海燕》的音韵美

[屏幕显示]

基调：刚健明朗

文句：把握节奏

情感：咬好重音

师：在练习朗读时，要读出它的音韵美。音韵美表现出的就是文章内在情感之美。基调，读文学作品，特别是散文诗歌要注意它的基调。有的基调是活泼的，有的基调是快乐的，有的基调是阳刚的，有的基调是沉郁的，有的基调是悲伤的。《海燕》是刚健明朗的基调，这篇文章你就不能读得很婉约、秀气。怎样读好它的文句呢？注意节奏。所谓节奏，就是一个句子里有的地方要稍微停顿一下。怎样表达情感呢？通过重音的突现来传情达意。请大家看第一节。

[屏幕显示，老师示范]

在苍茫的大海上，狂风卷集着乌云。在乌云和大海之间，海燕像黑色的闪电，在高傲地飞翔。

师：“在”分开了，表强调；“高傲”重读。这样，刚健明朗的基调就出来了。文句，把握节奏，同时通过重音的突现来传达文章的感情。

(师再次示范。)

师：这就叫朗诵，同学们试一下。

(生齐读。)

师：很好，我们一起来习练。

[屏幕显示]

在苍茫的大海上，狂风卷集着乌云。在乌云和大海之间，海燕像黑色的闪电，在高傲地飞翔。

一会儿翅膀碰着波浪，一会儿箭一般地直冲向乌云，它叫喊着，——就在这鸟儿勇敢的叫喊声里，乌云听出了欢乐。

在这叫喊声里——充满着对暴风雨的渴望！在这叫喊声里，乌云听出了愤怒的力量、热情的火焰和胜利的信心。

师：这三段话就是我们习练的抓手。每位同学根据基调的要求、文句朗读的要求和突现重音的要求，自由地习练这三个片段。要求大声地朗读，各自朗读。

（生自由朗读。）

师：请拿起笔画一句话：在苍茫的大海上，狂风卷集着乌云。象征的意义不就出来了吗？“狂风卷集着乌云”，形势很严峻啊。再看第七段“乌云越来越暗，越来越低，向海面直压下来”，继续写形势的紧迫。和这两处相照应的地方“狂风吼叫……雷声轰响……”，形势更加危急，一触即发。海燕就是通过三次场景的描写，先写严峻的形势，再写海燕的英雄形象的，这就是美妙的手法。

师：第一个场景，海燕出场了，接着又设置了另外的形象：海鸥、海鸭、企鹅。同学们一看就知道这种手法是对比。（生附和）

师：第二个场景，写海燕和严峻环境搏斗的情状。第三个画面是场景描写充满危险，有充满战斗气息的地方。我们再来朗读第三个场景的描写，注意“刚健明朗的基调，文句的节奏，重音的突现”。

（生齐读，部分学生读时有些犹豫。）

狂风吼叫……雷声轰响……

一堆堆乌云，像青色的火焰，在无底的大海上燃烧。大海抓住闪电的箭光，把它们熄灭在自己的深渊里。这些闪电的影子，活像一条条火蛇，在大海里蜿蜒游动，一晃就消失了。

——暴风雨！暴风雨就要来啦！

这是勇敢的海燕，在怒吼的大海上，在闪电中间，高傲地飞翔；这是胜利的预言家在叫喊：

——让暴风雨来得更猛烈些吧！

师：我们还要优化朗读，那就是注意停顿，比如“一晃就消失了”，这里停一下后突出“暴风雨！暴风雨就要来啦”，“高傲”重音要出来，“让暴风雨”“让”后面要停顿。

（学生再次齐读第三个场景，激情就出来了。）

师：难得有这样好的文章可以用来练习，训练自己的朗读能力，课后大家还要自己体验。

评点 指导朗读，灵动多姿：明确基调、把握节奏、咬好重音。要求具体，小步轻迈，层次细腻。

[屏幕显示]

课堂听记

知晓《海燕》的手法美

师：继续我们的训练。“知晓《海燕》的手法美”是文学知识的积累和学习。象征是什么？

[屏幕显示，学生笔记]

象　征

文学创作的一种艺术手法，一种寄意深远的整体构思方式。好像写“此”、实际写“彼”。

运用象征手法是《海燕》最重要的写作特色。

师：“整体”二字非常重要，我们说某某事物具有象征的意义，它不是整体构思。像这种文章形成情节，形成细节，形成场景，整篇文章所表现出来的意义，才是象征。用象征手法的作品，它好像是写的是“此”，实际表达的含义是“彼”。《海燕》好像写的是海燕与大海、风浪的关系，实际是写革命者迎接革命风潮的到来。《海燕》一文是公认的具有象征手法的经典作品，运用象征手法是《海燕》最重要的写作特色。我们结合象征手法的整体构思，来理解文中各种形象的意义。

[屏幕显示，学生齐读]

象　征

“海燕”象征无产阶级革命的先驱者；

“暴风雨”象征一触即发的革命形势；

“大海”象征广大人民群众的力量。

“海鸥”“海鸭”“企鹅”象征形形色色的假革命和不革命者；

“乌云”“闪电”“雷声”“狂风”象征反革命的黑暗势力。

大海最终战胜乌云、闪电，象征了无产阶级革命必胜的前途。

师：在具体的语境中，我们能够感受到各种形象的象征意义。继续做笔记。

[屏幕显示，学生笔记]

衬　托

一种艺术的表现手法。用侧面映衬的形式，使所要表现的事物鲜明地突现出来。

《海燕》的烘托手法有三种形式：

(1) 背景映衬，“风”“雷”“云”“电”等反衬了“海燕”的矫健、勇猛、乐观无畏。

(2) 对比映衬，“海鸭”等形象对比、烘托出了海燕勇敢、执著和不畏强暴。

(3) 侧面映衬，如“乌云听出了愤怒的力量、热情的火焰和胜利的信心”。

师：(补充讲解) 衬托手法在文学中、在美术中、在音乐中、在戏剧中，等等，都常用。我们有时候说衬托，有时候说烘托，有时候说映衬。《海燕》衬托手法非常丰富，侧面映衬属于细节方面的映衬，“乌云听出了愤怒的力量”中“乌云”象征着反革命的力量，或者象征着困难，它听出了海燕的勇猛，这是侧面映衬。《海燕》在写法上有丰富多彩的笔调，表现出丰富的手法。继续笔记。

[屏幕显示，学生笔记]

文章写法

诗的体裁

象征手法

场景描写

美妙线索

映衬艺术

师：（补充讲解）《海燕》中三个场景，用了“三”的思维。中国人说话非常喜欢用“三”，比如：老师告诉你们三句话。《海燕》的线索就是海燕，有时散文的标题就是线索，比如：《藤野先生》中的藤野先生，《雨之歌》中的雨。《海燕》中还有美妙的细部线索连缀全文。请大家看第一段，圈下“高傲”一词，这是第一个场景中的海燕形象。第二个场景里面有没有“高傲”呢？再次圈下来。第三个场景里面同样有“高傲”一词，这就叫细部线索。“高傲”一词连贯全文，多么美妙！再看《海燕》思想情感的发展，“在这叫喊声里——充满着对暴风雨的渴望”里“渴望”，这是第一个场景。第二个场景，“深信，乌云遮不住太阳”里“深信”。第三个场景，“这是胜利的预言家”里“预言”。这是写海燕情绪、意志、思想理念的发展：渴望——深信——预言，又是一条美妙的线索。它的手法明显表现在映衬艺术上，还有彼此之间的照应，过渡的技巧。什么是过渡的技巧？每个场景之前都写的环境，都用环境描写开头来形成一个场景，比如第二个场景“乌云越来越暗”，第三个场景“这狂风吼叫……雷声轰响……”，都是美妙的技法。

评点 知识讲座，别出心裁。课堂听记，知晓手法。旁逸斜出，积累丰厚。

[屏幕显示]

文句撷英

描述“海燕”的形象美

[屏幕显示]

智慧地撷取、组合课文中的词与句，写几句优美深刻的话语，来描述、评说“海燕”的形象。

如：作者笔下的海燕，是勇敢的海燕，对暴风雨充满渴望的海燕。

师：“文句撷英”就是从《海燕》的课文中，找出有关的句子，把它们组合起来，描述海燕的形象。用你手中的笔，利用课文中的语句来写一写海燕的形象。

[屏幕显示，学生齐读]

海燕的形象美

勇敢的海燕。

对暴风雨渴望的海燕。

充满着愤怒的力量、热情的火焰和胜利的信心的海燕。

高傲地、勇敢地、自由自在地在泛起白沫的大海上飞翔的海燕。

叫喊着，飞翔着，像黑色的闪电，箭一般地穿过乌云，翅膀掠起波浪飞沫的海燕。

飞舞着的敏感的精灵，高傲的、黑色的精灵——海燕。

笑那些乌云、因为欢乐而号叫的海燕。

深信乌云遮不住太阳的海燕。

在怒吼的大海上、在闪电中间、高傲地飞翔着、高喊着“让暴风雨来得更猛烈些吧”的胜利的预言家海燕。

师：这些都是素材，你们就得构思，表现出你的创造性。比如，你可以先写环境，你也可以用第一人称，也可以用第二人称，也可以作一首写海燕的赞美诗。总之，你可以利用课文的文句进行组合，使它成为评价海燕的优美文字。字数：50—70 字，写作时间：4 分钟。请动笔。

（学生动笔写作。）

师：让我们来歌咏海燕。大家动笔很快，请几位同学朗读你的作品。

生 1：乌云压低，那黑色的精灵在暗涌的海面上盘旋。啊，海燕，你在暴风雨来临之前高傲地飞翔！看，那怒吼着的大海也为你翻波涌浪。海燕，你是暴风雨中诞生的勇者，你是狂风压迫之下胜利的预言家。

师：好！多么好的表达，大家听出详略没有？第一部分，海燕的形象描述是略，第二部分的赞美是详。巧妙地利用课文中句子，整合成一篇美妙的微文。

生 2：青色的火焰在海上熊熊燃烧，夹杂着一条条蜿蜒游动的火蛇。怒吼的大海举起手来，一层层滔天巨浪伴随着狂风的怒吼，向前方的悬崖涌去。勇敢的、高傲飞翔着的海燕对此不屑一顾，反而像一个勇者般的发出预言，大声地叫喊着：让暴风雨来得更猛烈些吧！不管怎么样，我都不会退缩。

师：好！人称很好，运用了映衬的手法。先有环境的描写，在这个背景上展现海燕的形象。多好的表达！

生 3：在浩浩荡荡的无边无际的大海之中，我与我的伙伴们在猛烈的暴风雨下飞翔。我们向着乌云叫喊，使我们心中对暴风雨的渴望、愤怒的力量、热情的火焰和胜利的信心宣泄，因为我们知道：乌云是遮不住太阳的！

师：美妙之处在于：海燕是一个集体，是一个集合，是“我们”，而不是一只孤零零的海燕。这位同学对课文有独到的感受，语言文字表达优美。

生 4：波浪汹涌，在这灰暗的空中忽然掠起一抹黑色。是它，是海燕。风起云涌，雷声隆隆。海燕嚎叫着，在这天地之间任意翱翔，它翅膀掠起泛着白沫的海水，它昂着头，它不畏风暴。它嘲笑那些乌云，笑它们在不自量力地妄想遮住太阳，这不可能！雷电交加，它在这暴风雨中急翔，在怒吼的大海上吼叫着：让暴风雨来得更猛烈些吧！

师：你是妙手偶得，我点你起来也是偶得。这位同学的写作就像一份朗诵稿，短句用得多，因此情感表达得非常充分。谢谢大家，建议同学们把写的《海燕之歌》收集起来，成为咱们班上这节课的小集子。一定很优美，读起来会令人心旷神怡。老师给你们带来另外一种表达，它是按照课文的脉络来描述的。

[屏幕显示，学生齐读]

当暴风雨在酝酿之中时，海燕充满着对暴风雨的渴望；

当暴风雨逼近、阴云直压下来时，海燕深信乌云遮不住太阳；

当电闪雷鸣、山呼海啸，暴风雨即将爆发时，海燕以胜利的预言家的姿态发出战斗的宣言——“让暴风雨来得更猛烈些吧！”

师：这种节奏美，这种画面美，这种映衬手法之美、点题之美，都出来了，这就是用语言来塑造形象。这是具体地评说“海燕”。

[屏幕显示]

这是具体地评说“形象”

师：经典的文学作品一定有经典的意义，就是离开作品也能成为大家心中的形象。我们再来看海燕。

[屏幕显示，学生齐读]

海燕：勇猛执着、乐观智慧、迎难而上、充满激情、英姿勃勃的奋斗者的形象。

师：这是我们每位读者读《海燕》的感觉，将这段话旁批在课文上。

[屏幕显示]

海燕：不畏艰险、不畏强暴 、勇猛执着、乐观智慧、迎难而上、充满激情、有着战斗雄姿、饱含着力与美、深刻反映时代特征的无产阶级革命先驱的艺术形象。

师：海燕的形象就是这样的经典，它会印在我们的心中，那就是勇猛执着、乐观智慧、迎难而上、充满激情、有着战斗雄姿、饱含着力与美、深刻反映时代特征的无产阶级革命先驱的艺术形象。人们常常用海燕来给各种事物命名，这种手法从古代文学作品的角度来讲叫“用典”，把海燕的典故用到我们日常生活中。

[屏幕显示]

这是概括地评说“形象”

师：这是概括地评说“形象”。评说形象有概括和具体两种角度。

评点 文句撷英，素材充足。有引有导，微文写作，自会妙手偶得。“具体”“概括”，角度明晰，自会提笔成文。

师：我们来小结一下。

[屏幕显示，学生齐读]

小　结

《海燕》洋溢着浪漫主义激情，运用气势磅礴的艺术笔触，塑造了象征着革命先驱大智大勇、搏风击浪的海燕形象。

师：谢谢大家！下课！

评点 齐读小结，收束有力，余味犹存。

实录赏析

这是一节精心设计、精彩迭出的演示课。它充分体现了余老师提出的“充分利用教材设计实践活动，重在课中读写实现语言学用”的教学理念。

练习朗读，美在情感。

余老师说：朗读是品味感受的阅读活动，是充满诗意的文学活动，也是丰富细腻的情感活动。他的指导“小步轻迈，层次细腻”。听，先读好第一段，再齐读三个段落。他的指导“有引有读，形式活泼”。听，教师在指导比较停顿与不停顿的区别；学生试读，再齐读。他的指导“手法精美，过程生动”。听，“高傲”一词重音突现，情感凸显。练习朗读，读出了节奏变化之美，读出了旋律起伏之美，读出了情感丰富之美。

课堂听记，贵在积淀。

余老师说：课中微型讲座不仅给学生传达了语文知识，便于学生从整体上把握文章写作特点，也是快速而高屋建瓴地教会学生从文学欣赏的角度学会欣赏课文的一种有效方法。“课堂听记，知晓《海燕》的手法美”就是课中微型讲座的延伸，它不仅帮学生明确了象征、衬托等艺术手法的概念，而且结合文章对此进行了诗意的讲析，同时，也让学生知晓了更多的文章写法。这样的听记活动，贵在积淀，它让学生的积累变得丰厚，让语文学习变得厚重。

文句撷英，妙在创意。

余老师设计了“描述‘海燕’的形象美”的活动，这是一个微型写作活动，很好地体现了“读写结合”这一语文教学的高效策略。一写之妙，妙不可言。妙在老师的示例：撷取文中词句，组合成一篇短小精美的散文诗——《海燕的形象美》。妙在老师的提示：我们也许可以采用变换文体、变换人称、变换视角等多种多样的形式。这一环节，也妙在学生的妙手偶得，妙在教师的精当点评，妙在“具体”“概括”角度的归纳。这一创意设计，层层深入，学生拾级而上，步步登高，学生的思维在激动中亢奋，巧掀高潮。

这节课既有知识的储备，又有动情的指导；既有诗意的讲析，又有微文的呈现；既有“直奔正题”的开课，又有“余味犹存”的收束。使人欣赏到了《海燕》一文中厚重的色彩美和起伏的旋律美。

《老王》课堂教学实录及评点

执　教：余映潮
评　点：李薇
授课时间：2011 年 10 月 22 日
授课地点：徐州师大

案例导读

一位中国文坛上满腹经纶的学者，一个“文革”期间忠厚朴实的车夫，在时光的长河里，这个相遇的故事深深地打动着我们。杨绛与老王的相遇，让我们看到了情味的厚重，人性的光辉，“好香油”、“大鸡蛋”产生了一段“愧怍”的情愫，更见证了一颗心灵的高贵。余老师的教学设计巧妙地由“闲话”入，由“对话”悟，由“闲笔”深，清晰简洁又紧扣文本语言，充分调动了学生的阅读思维。学生对《老王》“愧怍”的主旨理解也就水到渠成，直至心底。

师：上课！

生：起立！

师：同学们好！

众生：老师好！

师：请坐！

师：我们今天一起学习杨绛先生的散文，叙事散文《老王》。

[屏幕显示]

课文记叙的时代背景及作家简介

《老王》记叙的生活发生在“文化大革命”时期。

杨绛，作家，文学翻译家，著名学者钱锺书的夫人。

师：这篇文章记叙的生活发生在“文化大革命”时期，杨绛，作家，文学翻译家，著名学者钱锺书的夫人。

评点 快捷切入，省时省力，背景铺垫，直入情境。

[屏幕显示部分字词]

huāng pì
荒僻：荒凉偏僻。

qǔ dì
取缔：明令取消或禁止。

xiāng qiàn
镶嵌：把一物体嵌入另一物体内。

yǔ
伛：弯（腰）曲（背）。

师：我们一起来把课文里面应该要读要认的字读一下。同学们读起来，开始读。

（众生大声朗读词语。）

师：还有。

[屏幕显示部分词]

yì
翳：眼角膜病变后留下的疤痕。

zuàn
攥：用手握住。

zhìbèn
滞笨：呆滞笨拙。

kuìzuò
愧怍：惭愧。

（众生大声朗读词语。）

师：再来一次。注意，“荒僻”的“僻”的写法，“取缔”的“缔”的写法，“镶嵌”两个字的写法，还有“伛”，指人的弯曲，特别指弯腰曲背。好，解释也读一下。荒僻，读。

（众生大声朗读词语及解释。）

师：好！看“阴翳”的“翳”，这个字很难写，也很难认；“攥”，抓住，握住；“滞笨”，“愧怍”，好，再来读一次，读起来。

（众生大声朗读词语及解释。）

评点 认字识词，手法多样，积累字词，夯实基础。

师：好，我们这节课干什么呢？散文欣赏课，文学欣赏课，学习方法，话题讨论式。

［屏幕显示］

散文欣赏课

话题讨论式

师：老师给话题给你们，我们先来试做一下，热身活动。试一下。话题就是：自选角度欣赏课文第四段。

［屏幕显示］

“热身活动”：自选角度欣赏课文第四段

教学活动一：热身

师：就是“有一天傍晚，我们夫妇散步”这一段，结合全文，结合这一段内容的本身，你任选角度来进行赏析。好，开始准备，把笔拿起来，边读边批点。然后我们一起来交流。

（众生认真看书，师巡视。）

师：好的，请同学们表达看法，该举手发言了。

（一生举手。）

师：好，谢谢你。

生1：我认为第四段里面，它通过写了“荒僻的”、还有“破破落落的”“塌败的小屋”这几个形容词来写出了老王当时生活十分贫困。

师：多好！抓住关键的词语对它的表达作用进行分析。好，谢谢。

生2：当作者问起那是不是他的家，他只是说“住那儿多年了”，也许对于老王来说早已没有了家的概念，那处破落的屋子也只是个落脚处，是个寄放他同样破落的身体的地方罢了。

师：是的，老王没有正面回答，看来老王还是很聪明的人。他说：“住那儿多年了。”没有正面回答是不是他的家，他是没有家的啊，就他一个人，所以他说“住那儿多年了”。分析得多好啊！看出了关键句子的含义。好，继续。

生3：我觉得第四段“经过一个荒僻的小胡同”一直到“里面有间塌败的小屋”这句话，我觉得是一种由远到近的写法。还有像“小胡同”，“大院”，“小屋”前面都有显得生活很艰苦的形容词，后面他说“住那儿多年了”，我觉得这句话是暗示了作者对老王的愧怍之情，因为他都住那儿多年了，作者却不知道，还在询问他这件事。

师：嗯，也许作者根本不知道他住那儿，这是一个偶然的机会，观察到这生活的一幕。注意，这里不是冷静的描写，她是用自己眼睛的观察把经过写出来。好，还有吗？

生4：这上边说是他们夫妇无意中散步的时候发现的，还有后边是“闲聊”的时候，问老王那儿是不是他的家，说明老王从来不被人关心，无依无靠，十分孤独。

师：很好，注意这位同学指出了一个词“闲聊”，你们看第一段，“闲聊”是和全文的第一段照应起来的，说明老王和我，和我们一家的关系是比较好的，我们能够“闲聊”啊！也说明了作者对老王的关心吧？一个那样生活在社会底层的人，一个残疾人，一个三轮车夫，作者常常和他“闲聊”，分析得好！

[屏幕显示]

第四段：从居住环境的角度写老王的贫穷

师：我们来看，从居住环境的角度写老王的贫穷。作者写老王是多角度的，居住环境的塌败是其中的一个角度。

[屏幕显示]

从侧面写老王是一个没有家的人

师：第二，从侧面写老王是一个没有家的人，不是直接的叙述，是通过“闲聊”，从侧面的角度写老王的。老师讲的，如果你认为有价值的，就旁批一下。

[屏幕显示]

与文章的开头相照应

师：第三点，这一段话和全文有血肉般的联系，它是文章的一个组成部分，特别是和开头遥相呼应。“闲聊”一词，就是呼应的纽带。这一点大家没看出来吧？用两个生活的瞬间，因此这一段是有层次的，层次非常漂亮，用两个生活的瞬间表现人物的生活状况。如果说，像我们第一位同学品析的，还要品析它的词语的表达作用，就还有话可以说。看来我们的热身活动进行得还很顺利，谢谢同学们。

评点 别出心裁地自由研读，巧妙自然地提取角度，灵活有效地资源整合。

[屏幕显示]

话题 1. 课文第一段表达作用欣赏

2. 课文铺垫手法欣赏

3. 课文详写部分的语言欣赏

4. 课文最后一段的意蕴欣赏

师：给四个话题给大家，注意：第一段表达作用欣赏，表达作用欣赏是高中学生必须接受严格训练的能力训练项目；第二，课文铺垫手法欣赏，手法欣赏也是重要的阅读能力；课文详写部分的语言欣赏，指的是，老王给我，给我们家送来了好香油大鸡蛋的那一个片段的语言描写；第四个话题：课文最后一段的意蕴欣赏，确切地说，是最后一句话的含义的欣赏。每位同学自选一个话题，老师给你们的时间是 8 分钟，每位同学都享受 8 分钟的静思默想的时间，把你的发言，把你的看法多少要写成一点文字，开始吧！

评点 用话题手法指引学生深入文本，用动笔训练带动学生深入品读。

（生思考，师巡视。）

师：好的，同学们，我们来进行话题欣赏，一个话题一个话题的来。第一个话题：课文第一段表达作用欣赏。什么是表达作用呢？就是这一段或者这一个地方它为什么要这样写，它的目的是什么，它有什么好处？表达作用和表达效果这 8 个字总是联系在一起的。

生 5：第一段“我常坐老王的三轮”中的“常”字，我认为“常”表示经常，体现出了我对老王的关心，这个字也为第二段埋下了一个伏笔。因为据老王自己讲他没有加入蹬三轮的组织，所以他的经济条件比较艰苦，所以说出于我对老王的关心，因为他的生活贫苦，作者就常坐他的车，在经济上支援他。还有，“他蹬我坐，一路上说着闲话”，这“闲话”体现了作者即使对陌生人也有无比的爱心。因为老王这时候最需要的也许不是经济上的帮助，而更多的是情感上的帮助。因为他现在最需要的就是情感寄托，同时也体现了作者极具爱心与同情心。

师：嗯，他是从词句表达，从句子的表达作用这个角度来分析的。还要把眼界拓宽一点，在全文中有必要这样写吗？它在全文中的作用还需要分析。

生6：“他蹬我坐，一路上我们说着闲话”，这一句“闲话”，在第二段和第四段中都有表现。它通过闲话的方式，告诉了读者，老王身为一个社会底层的三轮车夫的处境，性格与他贫穷的生活，同时为下文的高潮做一个伏笔。

师：嗯，好！第一段和第二段的关系非常微妙，极有匠心。“一路上我们说着闲话”，于是就有了“据老王自己讲”这一个大的片段，所以从近距离而言，文章的开头很顺利地引出了老王，介绍老王，而且是引用老王自己讲的内容。多精致啊！这样的开头和《背影》的开头是有异曲同工之妙的。《背影》中“我最不能忘记的是他的背影”，然后马上回扣背影说“那一年冬天”，来解释第一句话，这个第二段是一样的作用。好，继续！还需要阐释它在全文中的作用。

生7：第一节，我认为首先点出了老王的工作是一名三轮车夫，反映出了他的社会地位，第二个，“常”字表现出了我和老王的关系十分密切，引出了下文我们一家和老王之间的故事。“我们一路上说着闲话”表现出老王虽然是一个处于社会最底层的劳动人民，但作者并不因为身份的差别而排斥老王，表现出作者对老王的关心，为下文作者对老王的一些帮助做了铺垫。

师：这一段话很明显地介绍了人物之间的关系，这就是一个极其重要的作用，好，我给大家细细地讲来。

［屏幕显示］

课文第一段表达作用欣赏

这一段，在整篇文章的人物介绍、人物关系、时空拓展、事件安排、气氛营造等方面，都有不可忽视的作用。

师：就这一句话：这一段，在整篇文章的人物介绍，人物关系，时空拓展，注意这四个词，因为我和老王常常有来往，所以后面写的故事有时间，有空间，时空拓展。还有事件的安排，气氛的营造各个方面都有不可忽视的作用。什么气氛的营造啊，说的都是闲话啊，整篇文章没有大话，都是家常的话。我们能够从“他蹬我坐，一路上我们说着闲话”可以看出两个不同身份不同地位的人友好的关系。这就是这一段在全文中的表达作用，你们将来还会遇到很多关于表达作用欣赏的训练项目。如果说某一段的表达作用，一定要欣赏到在全文之中的作用这样一个高度上来。

评点 精段品读重在品词论句，灵活评点意在能力训练。

师：好，第二个话题，铺垫手法欣赏，请发表看法。

（老师巡视，一生举手。）

师：好，谢谢你。

生8：就是在第八段“他简直像棺材里倒出来的，就像我想象里的僵尸，骷髅上绷着一层枯黄的干皮，打上一棍就会散成一堆白骨”，我认为就是为下文老王到我这里的第二天就死了作铺垫。

师：嗯，也为老王走了之后我感到抱歉作铺垫，这样一个将死的人，这样一个形貌来到我的面前，而且是给我送香油和鸡蛋来的。

生9：而我没有请他喝水。

师：没有说请进，也没有请他喝水，想起来就内心有愧啊！这个细腻的描写是为作者的情感的抒发做准备的，既表现了人物也表现了作者。所谓的铺垫，就是前面的描写，前面的叙述是为主要的内容，主要的人物，主要的事件做准备的。好，继续。

生10：我看第二段，“有个哥哥，死了，有两个侄儿，没出息，此外就没什么亲人了”。我觉得这边这样写是为了表现第四段“住那儿多年了”，他却说这儿不是他的家，而是一个落脚的地方。就是第二段为第四段作铺垫。

师：嗯，他没有亲人，更严格地说这是照应，没有亲人和没有家是相互照应的。还有说法吗？看来铺垫的分析就是一个难点呐！好，老师给大家讲吧。

[屏幕显示]

课文铺垫手法欣赏

铺垫，铺叙衬垫，是为了突出主要人物、事物或事件，先对次要人物、事物、情节进行铺陈描述、进行“蓄势”的表现手法。

师：铺垫，铺叙衬垫，叫铺垫。是为了突出主要人物、事物或事件，先对次要人物、事物、情节进行铺陈描述、进行“蓄势”的表现手法。注意“蓄势”，就是把事情写得很丰厚，积蓄力量。这种手法普遍地用于咏物抒情的文章里面，把文章写得很厚实，然后一个转折点出一个哲理。“蓄势”的手法往往有厚重的铺垫。同学们，你们做了一点笔记没有啊？对啦，要把瞬间的感受变成文字沉淀下来，特别要把“蓄势”两个字记下来。我们来欣赏吧！

[屏幕显示]

课文铺垫手法欣赏

第二段写老王的“工作”状况与“家境”。

第三段写老王的身体状况。

第四段写老王的居住状况。

第五六七段写老王的老实善良与生活窘迫。

它们写老王、写“我”与老王的交往，为老王送香油、送鸡蛋的重要事件作了多角度的、层层深入的铺垫。

师：第二段写的是老王的“工作”状况与“家境”，这是一个角度；第三段写老王的身体状况，又一个角度；第四段写老王的居住状况，第三个角度；第五六七段写老王的老实善良与生活窘迫。迅速地旁批，第二段干什么，第三段干什么，第四段干什么，第五六七段干什么。写老王，写

"我"与老王的交往，为老王送香油，送鸡蛋的重要事件，它是详写的，作了多角度的、层层深入的铺垫。既写了老王的状况，又写我们家和他的感情，"我"和他的感情。看似平淡的文字里面，涌动着深深的情感，不断的描述，多角度的描述就是为了让最重要的一个部分出现。当然，前面的，我所说的铺垫的内容也不仅仅只是为了铺垫，更重要的是多角度地表现人物，这个懂了吗？好，谢谢大家的努力。

评点 手法欣赏不仅在于增加知识的厚度，更在于探究意蕴的深刻。

师：第三个话题：语言欣赏，表现手法欣赏，铺垫手法欣赏。语言欣赏，老王送香油、送鸡蛋，来到了我们家，作者是用怎样的语言来描述的？哪些重要的语句值得我们咀嚼，品味啊！请表达你的见解吧！

生11：第十三段，作者写了"我谢了他的好香油，谢了他的大鸡蛋，然后转身进屋"，这个转身进屋，说明作者的这个动作非常的熟练，好像是那种自然而然的条件反射，暗示出作者经常给予老王物质上的帮助。

师：马上要给钱给他，马上想到老王是一个经济条件很差的人，人家送这么好的礼物来了。"转身"这个词品得好！

生12：还有第十九节"呀，他什么时候……"作者平时对老王也非常的关心，但是作者都不知道他什么时候去世了，说明老王他无人关心，没有人照顾他也没有人关心他，显得非常孤苦伶仃，他的死讯无人知。

师：嗯，好的！"呀，他什么时候……"注意后面的省略号，没有把死说出来，回避这个词，这可能就是愧疚的原因之一啊！好，谢谢，继续欣赏。

生13：我认为在第十节，"我记不清是十个还是二十个，因为在我记忆里多得数不完"这一句话照应了第二十二节"我回家看着还没动用的那瓶香油和没吃完的鸡蛋"，这些鸡蛋在过了十多天之后还没有吃完，可见它的数量之多，表达了老王对我们家的回报和感恩之情。

师：好，谢谢，你终于欣赏出了一个字"多"，那么多的鸡蛋呐！一个"多"字就写出了人物的心意，心情。

生14：其实我认为，还是在第十节，"我记不清是十个还是二十个，因为在我记忆里多得数不完”，“十个”“二十个”是可以数清的，但是作者竟然说“数不完”，我认为是作者被老王这一行为而感动，就感觉它很多。

师：不用个数来衡量，就是多，“多”就是厚重，好，分析得好！继续，好，请你来。

生 15：我认为第八节写得好，“开门看见老王直僵僵地镶嵌在门框里”，这个“镶嵌”是指没有生命的物体嵌在另一个物体上，这里用“镶嵌”更能形容出老王那种病入膏肓的状态。

师：这个“镶嵌”是直接支撑“直僵僵”三个字的，这个人已经没有活力了啊，濒临死亡的人还撑着给我们家送来了香油和鸡蛋。“镶嵌”一词啊，其实写的是很悲哀的啊！好，谢谢。继续。

生 16：对于十九节，我有不同的意见，“呀，他什么时候……”也就是说，当老王去看作者的时候，他已经病得很重了，但是作者却没有继续关注他，只是在十多天后偶遇他同院的老李才顺便问起了，也可见作者对于老王并没有特别的关心。但是即使就是她平时偶尔对他的帮助，却值得老王在他临终前特意上门去送东西表示感谢，可见老王确实是没有什么人关心，这才为作者的“愧怍”作了铺垫。

师：嗯，好。作者不知道老王死了，这可能不是故事的必然，并不是说作者完全不关心他，可能是因为老王和作者之间离开的时间并不长，所以没有预料到会发生这样的事情。好，谢谢你的分析，接着来。

生 17：在十六段中“他一手拿着布，一手攥着钱，滞笨地转过身子”，我觉得这个老王是好心来给我送鸡蛋和香油，是来表达他对我的情义，他没有亲人，就把我当作他的亲人，但是我却用钱去侮辱他，他的内心应该是非常的落寞，心里比较失望，没有想到我会用钱去衡量这种亲情关系。

师：嗯，那么从主观上来看，老王是不是一定感到一种侮辱呢？我觉得也不一定。一个濒临死亡的人，一个没有文化的人，他对事物的理解可能还没有那么高雅的层次。注意“滞笨地转身”，仍然是写他的“直僵僵地”，甚至写他没什么意识了，就那样走回去的，但是他很顺从地把钱攥在手里了。这一幕也许也是作者感到愧疚的原因呐！还有吗？

生 18：第十一节和第十二节，“我强笑说：‘老王，这么新鲜的大鸡蛋，都给我们吃?’”“他说：‘我不吃。’”“强笑”就说明我并不太相信老王把这些东西都给我们，里面充满了作者对老王满满的感动，还有第十二节，“他只说：‘我不吃。’”并没有直接说这些都给你们的，因为他不想让作者心生愧疚。而这些东西他不吃，送给我们，这是一种不浪费的行为，是天经地义的表现，表现了他对我们家人般的关爱。

师：嗯，好。“强笑”一词用得好，其实作者当时的心里肯定是很难受的，看见老王那么一个身体状况，又送了那么多的礼物来，心里很难受。但是因为老王的来到，又不能够让老王感到自己的难受，所以就“强笑”，如果换个词“我笑着说”，那就没有这样的表现力了。好了，同学们，所谓的品味语言，就是欣赏字、词、句的表现力，欣赏它的作用。注意，有一种方法，要纵向地看，比如“直僵僵”，大家看一看写了几次“直僵僵”呢?噢，反复用“直僵僵”来写人物，为什么要反复啊?很心疼啊!这个里面就有情感。所以有时候是横向，有时候是纵向看。

[屏幕显示]

课文详写部分的语言欣赏

五个“直”字：三个“直僵僵”，五个“直着脚”。

三个表示赞叹的字：“多、好、大”。

一个含有深深情感的词：“抱歉”。

师：有几个字我给大家再点一下。五个“直”，我们没有从横向联系的角度看吧！三个“直僵僵”，五个“直着脚”，这个人身体已经完全僵硬了。这写的是临死之前的状态，但是老王仍然给我们家送来了礼物，回想起来怎能不心生愧怍啊！三个表示赞叹的字：“多”，多得数不完；“好”，好香油；“大”，大鸡蛋，多么平常的字眼呐！其实，都蕴含着情感。还有一个含有深深情感的词，我感到“抱歉”，注意，再横向看，“抱歉”一词出现了多次，“抱歉”、“不安”、“愧怍”，反复地，多次地，真切地书写自己的心灵啊！

评点 语言欣赏的妙处不仅在于选点品读咀嚼回味，更在于探究隐藏在语言背后作者的真实情感。

师：好的，最后一个话题：欣赏最后一段话的意蕴，欣赏最后一句话的含义。请发言。

生19：最后一句话中说“几年过去了，我渐渐明白：那是一个幸运的人对一个不幸者的愧怍”。其实从客观角度说，我认为这两人都是不幸的，因为他们都受到了“文革”时期的社会的压迫。可是在此句中，我认为这个“幸运的人”应该指的是作者。因为在“文革”的背景之下，虽然他们都受到了同样的压迫，可是从生活的条件与居住的环境和身边的亲人来看，作者相对于老王来说是个幸运的人了。那么这个不幸的人就应该指的是老王。这个句子反映了作者在多年之后，作者在对当初没有更好地关心老王，没有更好地照顾老王。她更注重了一种物质上的给予，而看轻了精神上的给予，从而作者感到了深深的懊悔还有惭愧。从此句中还可以看出，作者在老王死后，她一直没有忘记老王，她还在一直怀念着老王。

师：对，分析得很好！我接着他的话引申一下，“幸运的人”“不幸的人”，在这篇文章里有一个重要的词，你们看第二段，这个重要的词是什么呢？“组织”，老王这一生是没有组织的人呐！这就是他的最大的悲剧之一，没人关爱他，而我是有组织的人呐！尽管那个时候生活艰难，但我们那一家都是有组织的人呐！别小看这两个字，它有深刻的内涵。好，继续发言。

生20：作者认为她与老王之间的情感付出是不对等的，老王是把作者一家当作朋友，甚至当作唯一的亲人，而作者勉强只是算得上朋友，但大多数是对于老王的同情，所以说，作者在几年过去了才渐渐地明白。于是，她就觉得自己对老王这个无依无靠的人关心甚少，所以非常的惭愧。

师：老王为什么要把好香油大鸡蛋送到我们家来呢？应该说关心他的人也很多呀，一个老头子还甘愿送他的货物啊？原因就是老王从作者这里感受到的是尊重，能够“闲聊”啊，所以这一种尊重使老王感到做人的快乐，所以在临死之前还要把香油鸡蛋送到这儿来。好，继续发言。

生21：文章中，因为老王生活贫困，没有一个温暖的家，所以说他是一个不幸的人，而相对老王来说，作者是一个比较幸运的人。因为老王经常受到作者一家的接济和帮助，所以他心存感激。在他快要不行的时候，他给作者送来了好香油和大鸡蛋。因为这篇文章的背景，送来好香油和大鸡蛋的时候是在“文革”时期。这个时期，不是有钱就可以买到这些东西，还需要票据，而老王省吃俭用，把这些东西在他临死之际，换成了好香油和大鸡蛋来送给作者，用来感谢作者对老王的照顾。而作者却误会了老王的好意，用钱来衡量老王的心意，但后来老王死了，作者一生都无法弥补这个过错，所以说作者比较愧怍。

师：嗯，其实啊，作者明确地说道，“我不是因为吃了他的香油和鸡蛋，因为他来表示感谢，我却拿钱去侮辱他”，说“愧怍”，一定还有更深层的原因。老王这个人极善良，人缘关系非常好，从哪一句话可以看出来？老王死的时候，他的“身上缠了多少尺全新的白布”，一个没有亲人的人，人家给他送葬，那个时候的白布，就像这位同学所说的，是很难得到的啊！给他“缠了多少尺全新的白布”，所以这个人人缘好。为人家做事很老实，所以他死的时候，应该说得到了厚葬。所以作者可能在以后的生活里面回想起来，对这样的人在心灵上的关爱还有点欠缺，所以“愧怍”啊！

生 22：我觉得全文用大幅的篇章来写了老王的工作状况和老王的身体健康状况等，以此来写老王的生活艰苦。然后最后的一句话，我觉得从小的方面来说是作者对老王的这些关怀不够而产生的一种同情，而更多的则是愧怍。而从大的方面来说，作者认为社会上有许多像老王一样生活特别艰苦的人，他们正在努力地去谋生，而自己作为一个在这社会上算是一种比老王这些底层的人物稍微幸运的人，应该要对这些艰苦谋生的人给予关怀，这样才能够以后不愧对自己。

师：嗯，分析得好！作为一个高层次的知识分子，这里表达的实际上是对社会状况的思考。这个同学分析得太好了。所以说“愧怍”意蕴深刻啊！好，老师小结一下。

[屏幕显示]

课文最后一段的意蕴欣赏

“我”对自己不曾真正了解老王的心意而“愧怍”。

师：“愧怍”含义之一：“我”对自己不曾真正了解老王的心意而“愧怍”。就是临死之前的这个人的心意“我”忽略了，因此愧怍。从细节上来讲，就像我们那位同学分析的那样，没说“请喝水呀”，老王来到“我们家的时候”，“我”没说“请进”，老王走的时候，“我”因为紧张没有送他下楼，所以想起来“愧怍”啊！惭愧啊！“我”还活着，尽管生活是多么的艰难，但老王却死去了，“我”甚至不知道他是如何死的，什么时候死的，所以想起来心生“愧怍”啊！这两家，这两个人，是有特别感情的人，一般的感情她不会愧怍。所以这种愧怍就说明了心灵的呼应，两个不同的人他们的心灵都是很高贵的。“我”回想起来，对老王的关爱还很不够，为他做的事情也不多，所以“愧怍”。还有哦，“我”自省之后，意识到当时没有能够给老王以真挚的心灵上的关爱。所以想起来有一种再也没有办法弥补的伤痛，因而“愧怍”。

［屏幕显示］

“愧怍”意蕴的总结语

老王来的时候，我没有“请进”，老王离开的时候，我没有送下楼，“我”因此而“愧怍”。

我还活着，尽管生活是多么的艰难，但老王却死去了，“我”甚至还不知道他是如何死去的，因而“愧怍”。

“我”回想起来，对老王的关爱还很不够，为他做的事太少，所以“愧怍”。

“我”自省之后，意识到当时没有能够给老王以真挚的心灵上的关爱，因而“愧怍”。

作者的“愧怍”，表现了一个知识分子对待苦难人们的悲悯情怀，彰显了她敢于自责，深入思考社会的精神，是她人性光辉的所在，也是本文最富有内涵的意蕴所在。

师：这一句话，要大家一起来读一下。它表现的是心灵的高贵。

（板书：心灵的高贵。）

师：写老王这篇文章，它的意蕴也许就在此。作者的“愧怍”，读！

生大声齐读：作者的“愧怍”，表现了一个知识分子对待苦难人们的悲悯情怀，彰显了她敢于自责，深入思考社会的精神，是她人性光辉的所在，也是本文最富有内涵的意蕴所在。

评点 在对话交流中提升学生的品词析句的能力，在真情表达中引领学生感受悲悯的情怀。

师：好，谢谢同学们。今天我们通过老王，感受到一种心灵的美，同时进行了多角度的欣赏能力的训练。希望这节课对同学们有帮助，谢谢大家，下课！

（生起立。）

师：同学们再见！

生齐：老师再见

师：好，谢谢！

实录赏析

板块思路与主问设计，指导学生向思想更深处漫溯，能力训练与情感熏陶，引领学生向悲悯情怀靠近。

这是一节散文欣赏课，以话题讨论的形式完成。余老师从不同角度有序安排两次呈“块”状的教学内容，着眼于学生课堂实践活动的积极参与，着眼于学生散文欣赏能力的扎实训练。

自选角度阅读第四段，这就让学生直接进入文章“有嚼头”的地方进行细腻深入的品读，让学生在比较广的时间“面”上，静静地阅读，静静地思考，然后在一个“点”上进行精细地研读。这样既让学生读懂了这段话的本身内容，也通过品词析句了解了老王这一人物形象，更重要的是利用这一段多角度地训练了学生的阅读品析能力。再加上这一板块结束时余老师高屋建瓴的总结，这个“精段”的教学，不管是在课文内容理解上，还是在学生的能力培养上，都可以说意义非凡。

紧跟着的四个集中的话题讨论，这四个话题的设置就是以精心研读的线条来组织学生深入课文去研读文本，谈出深刻的体验与感受。有关表达作用的理解，铺垫手法的延伸，语言欣赏的细度，意蕴探究的情怀，教师一律未问，实际话题已抵千问。四个可供学生自由选择的话题使得学生能有大量的时间沉入文本中去思考，享受安静读书的美好；去书写，享受品味探究的美好；去表达，享受思维碰撞的美好；去笔记，在理解体味教师的精彩点评，感受语文知识与情感的魅力。尤其是与学生进行最后一个话题（课文最后一段的意蕴欣赏）对话时，余老师通过"愧怍"这一词语的解释，让学生感知心灵的美好、人性的光辉，语文课堂真正成为了对学生进行情感陶冶、气质培养的主阵地。四个主问题依次交流下来，对文本的深入理解，对能力的有效提高，对学生情感的美好浸润，都是丰厚的一笔。

丰富全面的话题来源于深入的教材解读，精妙深入的点评离不开精细的教材研读。以话题讨论式来实践的散文欣赏课在师生思维的交流与碰撞中结束了，但是个性仍在，余味仍在。

《我很重要》课堂教学实录及评点

执　教：余映潮

评　点：方沫

授课时间：2009 年 03 月 16 日

授课地点：深圳龙华中学

案例导读

阅读能力应该如何训练？这堂课给了我们这样一个启示：改编、集美、创造。把长文改短，把长文改美，依长文创写。这是一件有挑战性的事，因为我们从来没有这样尝试；这也是一件极有意思的事情，因为孩子们很喜欢、很投入；这还是一件有开创性的事，原来教材的研读永远教无定法却贵在得法。这堂课中还渗透了对学生个体生命价值启蒙的生命教育，从毕淑敏的《我很重要》到学生自我暗示和呼唤“我很重要”，是对学生认知自我的一次有力的撞击和重塑。

师：今天我们学习的这篇课文，选编在高一的教材“认识自我”这样一个单元里面。初三的同学上这节课，同样有这样的学习任务：“感受课文内容，认识每一个个体生命的重要价值”，用作者的话来说就是“我很重要”。咱们先看这篇文章的作者简介，是大家很熟悉的一位作家——毕淑敏，读一下。

[屏幕显示，学生齐读]

毕淑敏，女，从事医疗工作 20 年后，开始专业写作，共发表作品 200

多万字。曾获文学奖30余次。国家一级作家，内科主治医师，心理咨询师。

师：她的经历是很丰富的，创作也同样丰富。我们再看这篇文章，有一个很有意思的语言现象，选用了一批很生动的成语或者四字短语。第一个词我给大家解释一下，“美轮美奂”，原意是形容房屋高大华丽。但现在这个成语被用得很广泛，有时候写服装、写人也可以用美轮美奂。尽管有人提出质疑，有人提出批评，但是这个词运用的范围确实扩大了。现在请大家读第一面的三个词语。

[屏幕显示，学生齐读]

美轮美奂：轮，高大；奂，众多。形容房屋高大华丽。

鬼斧神工：像是鬼神制作出来的。形容艺术技巧高超，不是人力所能达到的。

生死攸关：攸，所。关系到生和死。指生死存亡的关键。

师：“生死攸关”的“攸”，就是生死所关联到的内容，就是关系到生和死。我们再看第二面的几个词语。“相濡以沫”，有时候比喻在困难环境里面互相的救助，但更多的是写家庭生活，写夫妻的情感状态，特别是老年夫妻的情感状态。相濡以沫一辈子，在困难的时候互相体贴，共渡难关。“万劫不复”的“劫”指的是世界从生成到毁灭的一个过程，万劫不复，永远不能恢复。“不可或缺”，或，稍微，不能有一点缺失。一起读。

[屏幕显示，学生齐读]

相濡以沫：比喻困境中的相依为命和相互救助。更多是比喻夫妻情感状态。

万劫不复：永远不能恢复。万劫：万世。佛教称世界从生成到毁灭的一个过程为一劫。

不可或缺：表示非常重要，不能有一点点的缺失，不能少一点。或：稍微。

评点 余老师用实践告诉我们，语言文字的积累需要长期地坚持，每天做一点，绝不是无用功。

师：来看我们今天的学习活动：做三次散文练习。通过课文的学习，既读懂课文内容，同时训练我们的能力。第一个练习是改编，第二个练习是集美，第三个练习是创造。这三个练习有两个是和你们现在的（中考）复习有关。

[屏幕显示]

一课三练

[屏幕显示]

改编、集美、创造

师：我们来看第一个学习活动有什么要求。

[屏幕显示]

学习活动一：改编

根据特定要求提取信息

要求：将《我很重要》原文裁剪为千字以内的适合于低年级学生阅读的“课文”。

师：改编的内涵是什么？是根据特定的要求提取信息。就像你们老师在教学有关的课文时说：请你们把这篇说明文所有的中心句画出来，再连起来看，所有中心句的联合体就是这篇文章的基本内容。还有我们学习过的很多课文实际上是经过浓缩，裁剪去繁琐的部分和写得不好的内容，然后形成一篇精致的文章。我们手上拿的这份讲义没有经过编选直接把它形成课文。它的内涵很丰富，语言很精致，但它的内容在表达上比较拖沓。

我们现在要做一个工作，“根据特定的要求提取信息。将原文剪裁为千字以内的适合于低年级学生阅读的‘课文’”。（低年级）或者是小学五年级，或者是小学六年级，或者是初一。注意，“根据特定的要求提取信息”。在我们这次练习里，“特定的要求”就是低年级，有哪些内容是适合于他读，有哪些内容不适合他读。这样经过我们剪裁，在结构上、在文意上更加精致精美，同时很适合于我们吟诵、朗读。下面开始我们的第一次活动，可以独立地操作，也可以两两为一个小组进行商量。开始。

（学生讨论交流五分钟。）

评点 对教学目标作阐释，有助于学生有的放矢地展开文本研读，阐释越清晰精准，学生所走的弯路越少，这也应该是对学生主问题研讨意识的培养。

师：同学们，我再做第二次技术指导。刚才我们明确了改编课文的要求，现在我们进入到课文里面了，怎么样使我们的活动更加有效率？我们需要考虑这样几点：第一点，看课文的脉络。它首先有一个总说，最后有一个总结。总说和总结需要精炼，保留它并且精炼它。我们再看课文内容层次，我们感受到它从写生命开始，写父母、写家庭、写子女、写朋友、写事业，层次很明晰了。这里面有哪些内容是适合低年级学生读的呢？大胆地保留，大胆地删去，你对整篇文章的剪裁就会比较的成功，从文章的结构来看会很清晰。继续操作。

（生继续交流三分钟。）

评点 在学生精读文章基础上提醒学生关注文章的结构层次，引导学生全面、多元地把握问题。

师：我们来交流看看。表述的要求是你认为哪个地方应该删去，简说道理就可以了。可以举手发言，谢谢，请你来。

生 1：首先我觉得第 1 段可以删去，直接从第 2 段开始。因为第 1 段里面有一些句子，比如说“颈项后面掠过一阵战栗。我知道这是把自己的额头裸露在弓箭之下了”，这些句子对于低年级的学生而言比较难理解。

师：不好懂。是的。

生1：还有就是下面的第10段和第14段，我觉得这里有一点重复了，一直说“一个男人和一个女人”，这里保留两三句就可以体现出自己的重要性。

师：交代生命的由来。说得好。

生1：还有就是16段到21段中间是讲我们对父母的重要性。但是这里有很多“假如”，我认为第18段的“假如”可以删去，19段和20段可以任选一个删掉，只留两个“假如”就够了。

师：这样就会更加的简练了。

生1：后面22段和23段是写同伴的。我认为这里讲同伴一个点就好，中间“失去了妻子的男人”和“失去了丈夫的女人”这两句话可以删掉。

师：这里写家庭生活，小孩子们读起来还不太懂。

生1：第24段是写孩子。但是中间有两句话：“我们是他们最初的宇宙，我们是深不可测的海洋”，还有下面“盘子破裂可以粘起，童年碎了永不复原”都可以删掉直接讲，这样比较容易被低年级的学生理解。第25段也是有很多个“夜深人静”，我认为这里有重复的地方，有一些句子也应该删去。第26段到40段中间大多数内容都是一直重复“我很重要”，其实有大部分可以删掉。

师：我们听她发言，她的语言表现出她的思路更多的是集中在句子上。有没有哪个地方是可以成块地成段地大片地删去呢？继续，请你来。

评点 由内容到结构，由句子到段落，由碎点到片段，老师再次对阅读方向作了调整，使学生站在更高的位置审视文章，从学生后面的发言可以看到这样的调整是正确有效的。

生2：首先这篇文章一开始作者一连用了四个排比句来解释“我不重要”的教育，这一段不能删。然后作者从多方面列举了我们重要的理由，主要有六个方面：对生命而言、对父母而言、对爱人而言、对子女而言、对朋友而言、对事业而言。我觉得可以把对爱人而言、对子女而言、对事业而言这三个方面删掉，只留下对生命而言，让他们感觉每一个生命都是来之不易的，“我们没有权利和资格说不重要”。还有对父母而言，我们是他们可爱的对象，幸福的中心，“我们不敢说是不重要”。然后对于朋友而言，相交多年密不可分，我觉得低年级的小朋友他们不可能相交多年，他们的友谊也不可能说是患难见真情，但是童年的友谊往往是最纯真的，所以“我们不好意思说我不重要”，这样我就觉得很好了。

师：嗯。表述非常明晰简洁。她的最主要的观点就是，生命那一块是要保留的，事业那一块是可以删去的，结合她的发言我们再来讨论她的发言里哪一项取舍是合理的或者是不合理的。谢谢。

生3：我觉得，首先讲“我不重要”的排比我们可以不删去，然后把35段前置。就是：“我很重要啊。我们每个人都应该有勇气这样说。我们的地位可能很卑微，我们的身份可能很渺小，但这丝毫不意味着我们不重要。”把它前置，表述成一个过渡。

师：真好，谈到文章结构了，细化到这样一个程度。

生3：然后我们就可以列举。“我们重要”主要表现在对我们的生命，我们的父母，我们的爱人，我们的孩童，我们的朋友，我们的事业。这里主要删去对于我们的爱人，我们的孩童部分，对于我们的事业可以保留。因为我们目前的事业就是学习，把自己的学业提高变优秀。到了结尾处，主要是第30至40段强调“我很重要”这一个点，我觉得要保留，第37段可以留下作为一个结尾，我认为结构就是这样子。

师：好啊，这样提取信息，这样改编文章，锻炼的就是思维。同时，这样一篇文章在你的印象里，起承转合，总分总，结构就很清晰了，内容也被你们分析出来了。现在我把3位同学的发言综合一下，加上我的体会，我们来形成一篇适合于低年级学生朗读和研读的精粹的几百字左右的课文。我来读，大家勾画。

（师读，生在课文中勾画。）

我很重要。

许多年来，作为一名普通士兵，作为一个单薄的个体，作为随处可见的人的一分子，我们——简明扼要地说，对于我们的父母，我们永远是不可重复的孤本。假如我不存在了，假如我生了病，假如我先他们而去，面对着这无法承载的亲情，我还敢说我不重要吗？

与朋友相处，相交多年的密友。我很重要。对于我的工作我的事业，没有人能替代我，就像我不能替代别人。我很重要。

是的，我很重要。重要并不是伟大的同义词，人们常常从成就事业的角度断定我们是否重要。让我们昂起头。我很重要。

生命这一块如果说还增加一点内容是可以保留的。但这个难度比较大，低年级学生读不懂。我看了很多关于中学生的阅读练习，大概的取舍就是我们今天这样剪裁的结果。

评点 老师的示范既是对这一阶段活动的小结，也是对学生这一阶段活动的肯定。

很感谢大家，分析得很好，剪裁得很好，我刚才念的不是唯一的答案。第二个活动：集美。我们刚才是删去句子，现在是组合句子，组合句或段。这个过程就比刚才的过程好做多了，因为我们已经熟悉了课文内容。

[屏幕显示]

学生活动二：集美

自选角度积累课文美句

要求：自选角度，组合文中语句，形成百字左右的适于朗读背诵的语言片段。

师：怎么样集美？有窍门的。自选角度组合文中的语句，形成一个语言的片段，可以朗诵的。你可以从文章中不同的地方选取几个句子把它们组合成一个小小的有主题的片段，你也可以截取课文中某一个部位形成一个语言片段。

我来做一个示例。我组织的一个语言片段我给它命名一个标题是：生命。大家一起朗读一下，它是不是有一个很有意味的主题在里面。“我是由”，读。

[屏幕显示，学生齐读]

我是由无数星辰日月草木山川的精华汇聚而成的。我是一株万年苍老树干上最新萌发的绿叶。不单属于自身更属于土地。我的生命端坐于概率累就的金字塔的顶端。我很重要。

师：你看。这就是课文集美。好，自选角度，像老师这样去操作吧，开始。

评点 再次明确阶段目标以及它的具体要求，示例是引领，方法在领悟。

（生独立思考五分钟。）

师：好的。我们请四到五位同学起来朗读你的课文集美片段，谁先试一下。

生1：对于我们的父母，我们永远是不可重复的孤本。对于我们的孩童，我们是至高至尊的惟一。对于我们的事业，我们是不可或缺的主宰。没有人能够代替我，就像我不能代替别人。我很重要。

师：这是生活中的我们和工作中的我们。多好。这就是课文集美。再来一位。

生2：我对自己小声说。我还不习惯嘹亮地宣布这一主张。我们在不重要中生活得太久了。我很重要。我重复了一遍。声音放大了一点。我听到自己的心脏在这种呼唤中猛烈地跳动。我很重要。我终于大声地对世界这样宣布。片刻之后，我听到山岳和江海传来回声。

这一个片段它的名字叫“庄严的承诺”。

师：充满智慧与自信。

生2：因为我觉得说出“我很重要”就是心灵对生命的一种庄严的承诺。而且毕淑敏由“不习惯”到“大声地说”，从“我对自己小声说”到“响亮地对世界宣布”。我觉得我们也应该像她这样有这份勇气，而且能够大声地说出“我很重要”。我选择这个片段的理由是觉得在毕淑敏的文章里，一连串的排比、假设、反问、重复中，每一次都是心灵的展示，细节的描述十分的使人震撼。每一分设问和呼唤里感受到了她的睿智和关怀。爱，所拥有的广大包容性；爱的价值和意义；爱给人的成长和完善所带来的积极影响，她让我们关注每一个“我”的记忆和价值，所以我选了这一段。

师：好的，谢谢你的生动有力的演讲。

生3：老师我能加几句话吗？我觉得我自己裁剪的这个片断我给它取名为“我是一道风景”。

师：多美的标题。

生3：我重要吗？作为一名普通的士兵，与辉煌的胜利相比，我不重要。作为一个单薄的个体，与浑厚的集体相比，我也不重要。作为随处可见的人的一分子，与宝贵的物质相比，我们并不重要。回溯我们诞生的过程，两组生命基因的嵌合，更是充满了人所不能把握的偶然性。我们每个个体，都是机遇的产物。面对大自然的鬼斧神工，我们还有权利和资格说我不重要吗？对于我们的父母，我们永远是不可重复的孤本。无论他们有多少儿女，我们都是独特的一个。面对这无法承载的亲情，我们还敢说我不重要吗？与朋友相处，多年的相知，使我们仅凭一个微蹙的眉尖、一次睫毛的抖动，就可以明了对方的心情。面对这般友情，我们还好意思说我不重要吗？没错。我就是一道独特的风景。让我们昂起头，对着我们这个美丽的星球上无数的生灵，响亮地宣布——我很重要。

师：很好。我们每一个同学的经历都是亮丽的，每一位少年都是亮丽的风景。

生4：对于我们的父母，我们是永远不可重复的孤本。假如我们先他们而去，他们的白发会从日出垂到日暮，他们的泪水会使太平洋为之涨潮。我们的记忆，同自己的伴侣紧密地缠绕在一起，像两种混淆于一碟的颜色，已无法分开。俯对我们的孩童，我们是他们最初的宇宙，我们是深不可测的海洋。面对这份无法承载的心情，面对相濡以沫的同伴，面对后代，我们还有胆量说我不重要吗？

师：好的，亲情的重要，谢谢你。男孩子们也很重要啊，还需要男孩子们说“我很重要”，试一下吧，勇敢的孩子。请这位男同学，谢谢你。

生 5：对于我们的事业，是不可或缺的。人们常常从成就事业的角度，断定我们是否重要。但我要说，只要我们在时刻努力着，为光明在奋斗着，我们就是无比重要地生活着。没有人能代替我，成就不能代替别人，我很重要。

师：这段写得很好，他关注的是课文结尾部分的内容，把全文作一个小结表示“我很重要”的自信。谢谢。

评点 学生的发言越来越精彩，阅读中引发学生共鸣的句子越来越有个性化印记，学生的阅读个性渐渐得以彰显。从课堂发言的层面来看，女生的确更乐于表达。老师机智幽默的鼓励激发了男生的表达欲望，真正做到让每位学生都意识到“我很重要”。

刚才的活动，进行得很好。弱点有两个，第一个是角度，有的不够精致，内容比较多一点。第二，审题，百字左右，有同学超过了 200 字。我们来看角度。“亲情”，读起来。

评点 有活动必有小结，这样的阅读活动才能张弛有度。

[屏幕显示，学生齐读]

对于父母，我永远是不可重复的孤本。假如我不存在了，他们就空留一份慈爱，在风中蛛丝般飘荡。假如我生了病，他们的心就会皱缩成石块，无数次向上苍祈祷我的康复。假如我先他们而去，他们的白发会从日出垂到日暮，他们的泪水会使太平洋为之涨潮。我很重要。

师：“友情”，读。

生齐读：与朋友相处，多年的相知，使我们仅凭一个微蹙的眉尖、一次睫毛的抖动，就可以明了对方的心情。相交多年的密友，就如同沙漠中的古陶，摔碎一件就少一件，再也找不到一模一样的成品。我很重要。

师：“事业”。

生齐读：我对于我的工作我的事业，是不可或缺的主宰。我的独出心裁的创意，像鸽群一般在天空翱翔，只有我才捉得住它们的羽毛。没有人能替代我，就像我不能替代别人。我很重要。

师：再换一个角度，“人生”，读。

生齐读：只要我们在时刻努力着，为光明在奋斗着，我们就是无比重要地生活着。让我们昂起头，对着我们这颗美丽的星球上无数的生灵，响亮地宣布——我很重要。

师：重新换一种思维，前五则是一种思维，这一则又是一种思维。“警句”，读起来。

生齐读：没有人能替代我，就像我不能替代别人。我很重要。我们的地位可能很卑微，我们的身份可能很渺小，但这丝毫不意味着我们不重要。重要并不是伟大的同义词，它是心灵对生命的允诺。只要我们在时刻努力着，为光明在奋斗着，我们就是无比重要地生活着。

评点 “教材也无非是个例子”，角度之美就在一则一则精致的集美范例中变得立体起来，不必刻意地纠正和强调，学生却可能收获阅读中的顿悟。

师：课文集美这种活动的好处是：第一，它是一种学习方法；第二，它帮助你积累了精致的语言材料；第三，它伴随着复杂的思维活动。希望同学们能够经常练习这种优秀的学习方法。下面最后一个练习：创造。

［**屏幕显示**］

运用美句雅词表达感悟

要求：运用一定的句式，写一个美句或一个精段，表达自己对“我很重要”的感受与感悟。

师：开始吧。

（生独立思考感悟并写作五分钟。）

师：好，先请你来。谢谢。

生1：每个人的生命，虽只是从生到死的短暂过程，但也未尝不是一次美妙的旅程。活着，就必定要经历快乐，当然也有痛苦与挫折。在快乐中，我们要感谢生命；在痛苦中，我们也要感谢生命。因为它为这个世界创造出了一个独一无二的我。我们因此都相信，我是一道独特的风景，只要拥有这样的自信，我们就能让有限的生命绽放出无限的光彩。

师：很流畅地表达，你不仅学习了这一刻的思想内容和语言表达的技巧，还学习了冰心《谈生命》的课文里的句子，很好。第二位请你来。

生2：这里的感悟有一部分是我从网上摘录下来的。

师：哦，你还做准备了。

生2：我做了充分的准备。（众笑）

师：你知道我会要你们写吗？

生2：没有啊。

师笑：好的，请你来。

生2：曾经有过那么迷惘不知所措的时光，找不到方向，前面是一片空白，我不知道何去何从，更不知道自己在做什么，整个脑子都处于死机状态，直到读到了这篇《我很重要》。第一遍我感动了，第二遍我震撼了，第三遍我明白了。渐渐地，我懂了，我知道了自身的价值，我找到了爱，找到了情，找到了我的方向。作为孩子，我们是父母生命的组成和延续，父母给予我们情的倾注，爱的奉献，我们的身上聚满了亲情关注的目光，爱的承载。作为父母，我们是孩子遮天避雨的大树，是温暖他们幼小心灵的太阳，爱的传递。我很重要，不只为父母，还为了孩子，不只为爱的接受，还为了爱的付出。作为朋友，我们是他们不可或缺的知音，有福同享，有难同当，这才有了刘、关、张三结义的美谈，才有了俞伯牙摔琴谢知音的佳话。对于事业，我们应该是自己的主宰，有自己的主见，而不因人云亦云迷失自我，丧失自信，缺乏创新。正如作者自己所说，“我们把自己的头脑变成他人思想汽车驰骋的高速公路，却不能给自己的思维留下一条羊肠小道。我们把世界万物保管得很好，却丢失了打开自己的钥匙”。也许我们很平凡，也许我们很普通，也许我们不会有惊天动地的伟业，也不会在史册上永垂不朽，但是我们作为一个生命，来到这个世界上走一遭，就注定了在我们个人史上也将是一片辉煌。因为我们对身边的人来说，都是不可或缺，无法替代的，我们确实很重要。而且只要我们无比重要地生活着，我们就无愧于心灵对生命的许诺。

师：谢谢你的不可遏制的激情，但是我要悄悄地提醒你，（活动）信息里是一个美句或者是一个段，千万要注意把握这种特定的要求。

生2：它们太美了，我不读不爽。（众大笑）

师：太感谢你了，真是一个光明的、灿烂的好学生，很好。再来一位，请你来。

生3：人的一生可能经历过许多喜怒哀乐，但真正拨动你心弦的，却可能是那一声高声宣布我很重要的勇气。它就像那一次次温暖轻柔的抚摸，又像那破茧成蝶的美丽，就像那徘徊在你心间，永远不熄灭的执着之灯。所以，请大家高声宣布，我很重要。

师：我接着你的句子续写：就像那冲破雾霭的阳光。哪一位再来啊。请你来，你看，男孩子也重要了吧！（众笑）

生4：我说的是今天文章的结尾：孩童的微笑是一缕阳光，让你的心灵即便在寒冷的冬天，也能感受到温暖如春。朋友的关怀是一泓清泉，让你的情感即便蒙上岁月的风尘，依然沉浸。父母的爱是一根穿针线，只要有一个小小的针孔，它便如春水般流淌，滋润你寂寞、疲惫甚至伤痕累累的心田。面对如此之多的关怀、关爱与呵护，我们有权利说我不重要吗？那么，让我们昂起头，对着我们这颗美丽的星球上无数美丽的生灵，响亮地宣布，我很重要。

师：充满激情、充满美感，而且充满技巧啊。把自己写的话和课文里的话糅合组合得非常严密，谢谢你。再来一个重要的男孩子吧？请你来。

生5：在这个世上，我们每个人都宛若一滴卑微的水珠，但正因这许许多多的我，才汇聚成辽阔的大海。此刻，谁还敢说我们不重要？我们好似一株渺小的小草，但正因为这许许多多的我，才形成绿意盎然的春季。此刻，谁还敢说我们不重要？我们犹如一颗黯淡的星星，但正因这许许多多的我，才凝聚成明亮的夜空。此刻，谁还敢说我们不重要？

师：多有才呀，他好像看到了我下一幕的文字了。（笑问）什么时候看到的？

生5：原创啊！（众笑）

评点 学生的展示，多好。学生的自信，多美。学生的收获，多棒。

师：谢谢你的原创，了不起。我们一起来读一下，你们看，跟他的意思是不是一样啊。“我虽是小溪”，读。

[屏幕显示，学生齐读]

生：我虽是小溪，但如果没有条条小溪，哪有汹涌澎湃的大海；我虽是沙砾，但如果没有颗颗沙砾，哪有巍峨挺拔的高山；我虽是泥土，但如果没有片片泥土，哪有广博宽厚的大地！

师：“跳跃飞溅的钢花中”，读。

生：跳跃飞溅的钢花中，没有我，将少一份热烈。拍打礁石的海浪里，没有我，将少一份激情。群星闪烁的夜色下，没有我，将少一份浪漫。我很重要。有了我，世界更加丰富多彩。

师：最后一则，“虽然我是”，读。

生：虽然我是天空中的一颗星，海洋里的一滴水，大地上的一粒尘，但是，我同样的如此重要。没有我，就没有完整的天空，完满的大海，完美的星空。

师：谢谢同学们，今天的三个学习活动大家完成得非常圆满。我说一句题外的话，咱们第三个学习活动其实带有复习课的性质，我们语段阅读题的最后一个题往往需要我们表述自己的感悟、感想，或者启迪。注意，建议使用优美的句式来进行表达。好，下课。同学们再见。

生：老师再见。

实录赏析

这堂课让旁听者有一种渐入佳境的感动，有一种怦然心跳的感动，有一种欲罢不能的感动。所有的感动，来自于余老师课堂教学艺术的引领，来自于孩子们个体生命意识的张扬。当生命的个体由羞怯到勇敢，当孩子们从置身事外到情动于衷，当思维的花朵一朵接一朵地绽放，当课堂由训练能力过渡到充满生命的情怀和感动的时候，这样的课，令人折服。忍不住想要在自己班上也试上一次，感受这种花开的美丽，吟诵这首智者为激发生命智慧而谱写的生命赞歌。

要让学生“感受课文内容，认识每一个个体生命的重要价值”，授课者首先要具有这样的生命意识。授课过程中，老师用温和儒雅的言语浸润着每一个学生的心灵，引导学生由关注他人的生命感受到关注自我的生命感受，明白对于每个个体而言，“我很重要”。这种认知不仅仅是通过细读文本收获的生命感悟，还渗透在每一个教学细节中。改编活动板块中，老师要求学生“根据特定的要求来提取信息”，而这个特定就是“低年级”。这是在告诉学生，我们要蹲下身来，考虑特定对象的感受，这是“由此”。而到了集美活动板块，老师开始强调“我”，“我来做一个示例。我组织的一个语言片段我给它命一个标题是：生命”。当“我”被唤醒，个体生命意识也就萌发了，因此才有了集美板块中学生极具个性的踊跃发言，这是“及彼”。当学生在最后的创造板块里自由表达，自信表达，毫无顾虑地说出：“它们太美了，我不读不爽”“（是我的）原创啊”的时候，我们听到一个个生命个体在欢叫，在“昂着头，对着我们这颗美丽的星球上的无数的生灵，响亮地宣布——我很重要”。这样的萌发，值得最热烈的掌声。

正如余老师自己在课堂中提到的那样，这样的阅读训练：“第一，它是一种学习方法；第二，它帮助你积累了精致的语言材料；第三，它伴随着一种复杂的思维活动。”从教学艺术的层面来看，这堂课既有学法式教学手法的运用，又有讲析式教学手法的穿插，有朗读，有体悟，还有浓浓的以生为本的教育情怀，唤醒了潜藏在每个生命个体里的生命价值。这样的选文，真好！这样的课，真好！

《听听那冷雨》课堂教学实录及评点

执　教：余映潮

评　点：边玉春

授课时间：2014 年 4 月 18 日

授课地点：山东省枣庄市舜耕中学

案例导读

《听听那冷雨》是中国当代散文的一朵奇葩。那传统意象的古典美、复杂浓郁的乡愁美、今昔两岸的时空美、叠字叠词的音韵美……都凸显着“美文”“难文”的特点。在彰显“美文美教”的教学艺术、实现“难文趣教”的教学策略、打造读写结合的高效课堂教学、突现语言学用的教学境界等方面，余映潮老师的这一课为我们进行了很好的诠释和示范。

师：好，同学们，上课！

生：老师好！

师：同学们好！请坐。

师：告诉我，课文在哪一页？

生：225 页。

师：好的，这节课大家一起，学习一篇美文！难文！长文！文章写得真的是很美！但是读起来，不太容易懂。我先给大家做一点“释难”的工作，铺垫一下，我们再上课，先读一读对余光中的简介，余光中……读！

[屏幕显示]

课文释难材料之一

余光中（1928— ），台湾著名诗人、散文家、学者。福建永春人，1949年后主要居住港台。其创作表现出浓厚的乡土情结，尤其是在20世纪70年代，写了许多思乡怀土的诗文。诗中最有名的是《乡愁》，散文中最出色的就是《听听那冷雨》。

生：（齐读。）

师：对。这一诗一文，我们在教材里面都要学到。注意！“思乡怀古”就是“乡愁”，就是思念故乡，思念大陆。好，再读，《听听那冷雨》……读！

[屏幕显示]

课文释难材料之二

《听听那冷雨》写于1974年，写作时的心境，作者说是“随着日子的流失愈多，我的怀乡之情便日重”。作者通过对雨声的细腻感受的描写，委婉地传达出一个漂泊他乡者浓重的思乡之情，表现了对传统文化的深情依恋和赞美。

生：（齐读。）

师：细腻的感受，浓重的情感。再读，作者……读！

[屏幕显示]

课文释难材料之三

作者不着痕迹地为自己的思绪安排了叙事的情境，那就是回家。从金门街到厦门街直到自己巷子里的家。一切思绪都在这个过程中，走到家了，思绪和文章就结束了。路是很短的，单纯的，但是思绪是绵长的，复杂的。

生：（齐读。）

师：大家看课文的第一段。“惊蛰一过”，就开始下雨了，那雨啊，“时而淋淋漓漓，时而淅淅沥沥”呀！雨伞就出现了吧？雨伞下的人就出现了吧？注意！“走入霏霏令人更想入非非”，听雨的过程就是作者思绪发展的过程。

再看课文的最后一段——12 段，“握着雨伞，他听那冷雨打在伞上”啦，然后就快到家了。“一座无瓦的公寓在巷底等他，一盏灯在楼上的雨窗子里，等他回去。”这篇散文呢，构思很精致的，以“回家”的过程，来串起自己绵绵不断的思绪。

再看一个材料——“一组美词”。

[屏幕显示]

课文释难材料之四

凄凉：①寂寞冷落，多用于形容环境或景物。②凄惨，如：身世凄凉。

凄清：①形容清冷，如：凄清的月光。②凄凉，如：琴声凄清。

凄楚：凄惨痛苦。

凄迷：①（景物）凄凉而模糊，如：月色凄迷。②悲伤；怅惘。如：神情凄迷。

师：这篇课文呀，我们要认的字，要认的词，实在是太多了，需要重点理解的是这些词。

师：你们找一找，看它们在哪一段里面。这是很高妙的表达呀！一个小小的段落里面，连续用了一组近义词来表达自己的思乡之情。哪一段？第五段吧。你起来读一读，“雨不但可嗅，可观……”读！

生：（齐读第 5 段。）

师：好的，我们一起来，把这一组词读一下，“凄凉……”读！

生：（齐读。）

师：默默地，把解释读一下。都是写的哀伤，都是写的内心的那种感觉——寂寞的、清冷的、痛苦的、悲伤怅惘的。

师：再来一个释难的材料。对课文标题的理解，最难最难的材料我不说，由你们来解决。对课文标题的理解！“听听那冷雨”这个标题有什么特点呢？表现了什么呀？

[屏幕显示]

课文释难材料之五

对课文标题的理解……

短短的标题，深长的意味……

师：我们试着来探讨一下这个问题，可以自由地发言，谈一谈你对标题的理解。

师：好，谢谢！

生 1：我对标题的理解，首先它告诉我两种感官：一“听听”，它调动听觉的感官，对雨的声音做了描写。二“冷雨”，“冷”是触觉的感受，所以调动了触觉；而“雨”他用的形容词是“冷”而不是“凉”，所以可以感到他的内心是如此的凄凉，正如第 5 段的以“凄”字组成的词语，与之呼应。

师：嗯！一种凄清的感觉，而且“听听”是一个叠词……

生 1：噢，还有，还有音韵的。

师：对！而且“听听那冷雨”在课文里面反复地出现，它就成为文章的……

生 1：线索。

师：线索。谢谢！

师：分析得多好啊！听听那冷雨呀！表现的是一种愁绪，“冷雨”！“冷”怎么可以听得见呢？因为有修辞手法，又听雨，又感受雨的那种凄冷，听听那冷雨！这个里面还有色彩，“冷雨”！没有色彩的雨，黑白的色彩，单调的色彩。一个标题出来，就能够让我们感觉到作者的匠心——短短的标题，深长的意味呀！

评点 切入——五层铺垫，搭建“释难”平台。余老师的课历来以“快捷切入，省时省力”而著称。《孤独之旅》以“开始我们的‘学习之旅’”一句话导入，利落亲切，漂亮高妙。《过故人庄》《游山西村》诗歌连读，则用“这两首诗都是写‘到乡村访友做客’的，咱们今天就与两位诗人‘同行’吧。”更是巧妙契合，自然应景。

而在本文，余老师却煞费苦心，五层“释难”；“精选资料，助教助学”，给学生搭建驶入文本学习的快车道。这一切，都体现了余老师学情第一、生本至上的教学理念和依文定法、难文趣教的设计艺术。

师：好，下面我们开始课文学习。“短短的标题，悠长的意味”，是对课文的某一个部分的概括，或者是点示。下面大家完成这样一个链接，我已经给大家降低了难度，我们一起用十个字，来概括这篇文章的意思。我写一半，你写一半。

[屏幕显示]

活动一：文意把握

听雨的美感，……

师：我写的一半是“听雨的美感，……”你们再来写什么呢？思考吧，开始写作吧。

(生思考，写作。)

师：都很聪明！都知道用五个字来和“听雨的美感”配合起来，好，开始说吧。你来说，我来评点。

生1：听雨的美感，思乡的心情。

师：好吗？很好！表达的就是思乡之情啊！通过听雨来表达思乡之情。

生2：寄思乡之愁。

师：寄思乡之愁。也是五个字，也写出了文章的主要意思。你看“听雨的美感……”怎样把你的五个字和它的对得更好一点呢？“寄思乡之愁”嘛！“寄”是一个字，后面是四个字，还要斟酌。

生3：享雨的惆怅。

师：享雨的惆怅，享受？

生3：对。

师：享受听雨时候的那种惆怅的感觉。你是把“听”和“享”连起来，说得过去，好！谢谢你！

师：继续！

生4：听雨的美感，嗅雨的清香。

师：哇！不但可听，还可嗅，那个雨呢还可以舔，这个你们都说到了。雨是清香的，但是带给内心的是一种惆怅之情。好，试一下。

生5：听雨的美感，思乡的情怀。

师：思乡的情怀。对得多好啊！听雨的美感，思乡的情怀。

生6：听雨的美感，看雨的凄迷。

师：奥，听雨，它有美感；看雨，它是凄迷的。很好！不错！我们就通过自己的概括，把这篇文章的大致的意思理解了一下。要表扬你们！

[**屏幕显示**]

听雨的美感，乡愁的悠长。

师：老师说的是什么？

生：听雨的美感，乡愁的悠长。

师：听雨的美感，乡愁的悠长哇！几十年！这篇文章里面，哪怕是回家的路上想的这一系列的镜头？他的思绪也是悠长的。悠长的思绪萦绕在作者的心头。下一个活动就好办了。第二个活动——

评点 徜徉——五字接龙，酝酿“美感”基调。《听听那冷雨》用文字的雨珠、声色光影、密密麻麻纵横编织着“中国，最美最母亲的国度”，在魂牵梦绕的乡愁中，在回不去的文化苦旅中，寻觅着余光中“今生今世的证据”，因此，那“听”的形象，那“雨”的意象，都是极富“美感”的！

本环节，余老师透视文本核心，搭建阅读支架，引领学生徜徉全文，把握文意，酝酿文本的“美感”基调，营造课堂深沉而温馨的氛围，为后面的学习创设心理准备和情感铺垫；下面对作家情感、文本主旨和作品风格的解读领悟才会切中肯綮，无有偏颇。

[屏幕显示]

活动二：课文集美

请同学们根据对课文的概括在文中找美段。找出来的段落必须符合前面10个字的概括：它既写了“听雨的美感”，又写了“乡愁的悠长”。

师：请同学们根据对课文的概括，就是刚才那十个字——“听雨的美感，乡愁的悠长”，在文章中找每一段，找出的段落必须符合这样的要求，那就是：它既写了“听雨的美感”，又写了“乡愁的悠长”。各自读书，找出有关段落，并且略加评点。开始吧，默读。

（生默读，找出段落，写评点。）

师：好啦！请你们来分析。谢谢你！

生1：我认为第1段描写雨的“时而淋淋漓漓，时而淅淅沥沥”这一句话可以表达出作者对雨的描写，而“每天回家，曲折穿过金门街到厦门街迷宫式的长巷短巷，雨里风里，走入霏霏令人更想入非非”，这里表达出作者思乡情愁是非常多的，这一段，就可以表达出“听雨的美感”和“乡愁的悠长”。

师：里面还有一个句子写得好，“连思想也都是潮润润的”呀！对不对？这就是人们在雨天里面连思想、连自己的情绪都是那么低沉的，都是那么冷的，因为想念远方，“想入非非”呀！暗写自己的想，然后，开启下面的内容。谢谢你！

生2：我认为在第5段，“无论是疏雨滴梧桐，或是骤雨打荷叶”，这里就符合了听雨的美感。然后，“大陆上的秋天，无论是疏雨滴梧桐，或是骤雨打荷叶，听去总有一点凄凉，凄清，凄楚”，这里感觉就是对大陆的怀念，然后突出了自己心情的凄凉。

师：对！“更笼上一层凄迷了”！

生3：我找的是第10段，“雨是一种回忆的音乐，听听那冷雨，回忆江南的雨下得满地是江湖下在桥上和船上，也下在四川在秧田和蛙塘下肥了嘉陵江下湿了布谷咕咕的啼声”，我感觉它既有“听雨的美感”，又有“乡愁的悠长”。首先回忆，回忆的地方是“江南”“四川”与“嘉陵江”这些地方，都是祖国的大陆；他现在身在台湾，并没有写台湾的景色，而是回忆了祖国大陆的美景，所以说他有一种思乡情怀，他的乡愁很悠长；再者说，“在秧田和蛙塘下肥了嘉陵江下湿了布谷咕咕的啼声”，雨带来了特殊的声音，再加上蛙声、布谷咕咕的声音，形成了一种音韵的共鸣，使这种声音表达得更加富有美感。

师：嗯。这位同学读得好听，讲得也好听。注意，“雨是潮潮润润的音乐”，这就和前面照应起来了吧。“潮潮润润的”，活在自己的心头哇！继续。

生4：还有第8段，“古老的琴，那细细密密的节奏，单调里自有一种柔婉与亲切，滴滴点点滴滴，似幻似真，若孩时在摇篮里，一曲耳熟的童谣摇摇欲睡，母亲吟哦鼻音与喉音。或是在江南的泽国水乡，一大筐绿油油的桑叶被……”

师：“被啮（niè）于……”

生4：“被啮于千百头蚕，细细琐琐屑屑，口器与口器咀咀嚼嚼”。刚才“在摇篮里，一曲耳熟的童谣摇摇欲睡，母亲吟哦鼻音与喉音”，说明他怀念小时候与母亲在一起的岁月，可以看出他有一种乡愁；还有“江南泽国”的声音，和雨的感受糅合在一起，也可以看出他有悠长的乡愁。

师：嗯。简单地说，就是想起了母亲，想起了江南！好，谢谢！还有吗？

师：噢。试一下，哎。

生5：同样是这一段。“雨来了，最轻的敲打乐敲打这城市，苍茫的屋顶，远远近近，一张张敲过去，古老的琴，那细细密密的节奏，单调里自有一种柔婉与亲切，滴滴点点滴滴，似幻似真，若孩时在摇篮里”，从这可以感受出在听觉上雨的节奏美，和下面的对童年美好的回忆，和对母亲的思念，对家乡的思念。

师：嗯。那雨啊，就像摇篮曲啊！那雨啊，就像妈妈的歌声啊！多好听！

师：还有吗？好，请你来。

生 6：我选的是第 7 段，“雨天的屋瓦，浮漾湿湿的流光，灰而温柔，迎光则微明，背光则幽暗，对于视觉，是一种低沉的安慰。至于雨敲在鳞鳞千瓣的瓦上，由远而近，轻轻重重轻轻，夹着一股股的细流沿瓦槽雨屋檐潺潺泻下，各种敲击音雨滑音密织成网，谁的千指百指在按摩耳轮”。首先，第一句话“对于视觉，是一种低沉的安慰”，从这里可以看出作者的思乡之情；而后面写“各种敲击音雨滑音密织成网，谁的千指百指在按摩耳轮”，这里可以看出听雨的美感和思绪的悠长。

师：嗯！好！我们从“听雨的美感”和“思绪的悠长”初步地赏析了课文里边的有关的文字。其实我们赏析的内容就是核心内容，就是“听雨”，就是“思乡”！老师写的活动标题是什么？“课文集美”呀！把课文最美的地方，集中！来欣赏！第 5 段，第 10 段，是最能够表现“听雨的美感”和“思绪的悠长”“乡愁的悠长”的段落。

评点 鸟瞰——多元解读，领悟“乡愁”情结。本环节承上启下，由面及点；引领学生俯瞰全文，聚焦精段；启发学生慧眼识珠，集美荟萃；真正落实个性品析，多元解读——正是余老师“含英咀华，课文集美”教学艺术的高妙展示，也是“深文浅教，难文趣教”教学理念的精彩回放。

全文共 12 段，这一活动，六位同学的品析涉及 5 个段落；教师的小结引向 5、10 两段，既肯定了学生的集美慧眼，又为下面的“活动三”做好了铺设，使得整个教学环环相扣，浑然交融。

师：咱们再来开展一个活动——吟读！

[屏幕显示]

活动三：美段吟读

雨不但可嗅，可观，更可以听。听听那冷雨。听雨，只要不是石破天惊的台风暴雨，在听觉上总是一种美感。大陆上的秋天，无论是疏雨滴梧桐，或是骤雨打荷叶，听去总有一点凄凉，凄清，凄楚。于今在岛上回味，则在凄楚之外，更笼上一层凄迷了。

师：看书吧，第5段。一起读，我听一下。“雨不但可嗅……”读！

(生大声地读第5段。)

师：轻声地读“雨不但可嗅……”读。

(生轻声地读。)

师：更深沉一点，更缓慢一点，“雨不但可嗅，可观，更……”读。

(生深沉地读。)

师：好！自由朗读，轻声地，速度更慢地，各自开始读。

(生齐读。)

师：开始读下面一段，第10段。“在日式的古屋里听雨……”读！

[屏幕显示]

在日式的古屋里听雨，春雨绵绵听到秋雨潇潇，从少年听到中年，听听那冷雨。雨是一种单调而耐听的音乐是室内乐是室外乐，户内听听，户外听听，冷冷，那音乐。雨是一种回忆的音乐，听听那冷雨，回忆江南的雨下得满地是江湖下在桥上和船上，也下在四川在秧田和蛙塘下肥了嘉陵江下湿布谷咕咕的啼声。雨是潮潮润润的音乐下在渴望的唇上舔舔那冷雨。

(生读。)

师：读好这一段的层次。大家听，“户内听听，户外听听，冷冷，那音乐”。停下来，这是一层。“雨是一种回忆的音乐，听听那冷雨，回忆江南的雨下得满地是江湖下在桥上和船上，也下在四川在秧田和蛙塘下肥了嘉陵江下湿布谷咕咕的啼声”又是一层。然后“雨是潮潮润润的音乐下在渴望的唇上舔舔那冷雨”，好！再试一次，“在日式的古屋里……”读！

(生齐读。)

师：好！下面我们就来欣赏。这次欣赏很特别，这个活动的要求很高！请同学们探求这两段文字在表达上的规律。要把 5 段和 10 段连起来读。知道了它们的表达规律，就大致地了解了全文的表达规律。现在，又要你们沉思默想了，又要你们去欣赏了，记住！拿着笔，有那么一点感触，就赶快在书本上写下来。好，开始吧。

评点 涵泳——浅吟低诵，品味“寻根”意蕴。余光中先生沉湎于羁旅之思、乡愁之怨，饱尝着“天长路远魂飞苦，梦魂不到关山难”的煎熬。

本环节聚焦 5、10 两段，反复吟读，一唱三叹，以验其忧思；分层低诵，回环复沓，以证其乡愁；标识句读，读出停顿，以感其离情。

余老师还不显声色，机藏不露，在浅吟低诵、潜心涵泳中，即为下面的“规律发现”蓄势积淀，彰显了余老师“小步轻迈”“以读带析”的教学匠心。

[屏幕显示]

活动四：规律发现

请同学们探求这两段文字在表达上的规律，知道了它们的表达规律，就大致了解了全文的表达规律。

（生读，做批注。）

师：好吧，我们继续分析，还是大家的事。刚才，每一位同学都在认真地研读，下面，请表达你的见解。

生 1：第 5 段和第 10 段通过大量的叠词，使得文章很具有音韵美，朗朗上口，更能够使作者抒发自己内心的乡愁。

师：好。叠词的运用是余光中先生在这一篇文章中着意的雕琢。很在意叠词的运用，几十个叠词，于是就暗合了“听听那冷雨”的音乐之美。

师：好，这位同学来。

生 2：我找到的是，他能在写雨的过程中，总会把大陆的雨和台湾的雨分开。就是在第 5 自然段，“于今在岛上回味”，后面写的都是台湾上的雨，而前面就应该突出写大陆上的雨。而第 10 自然段“在日式的古屋里听雨”，因为我们从历史知道《马关条约》，中国把台湾岛割让给了日本，日本侵略了台湾，台湾就会有一些日式的古建筑；而在后面“江南的雨”“四川的雨”和“嘉陵江的雨”，这都构成了一些大陆的雨景，所以说我认为，他在台湾的雨景之后又会写大陆的雨景，或在写大陆的雨景之后又会写台湾的雨景。

师：好的，由此及彼呀！这就叫思绪。注意！台湾的“日式的古屋”，其实就是中国的建筑。就像这位同学分析的那样，日本人侵占中国几十年，仿照中国的建筑，做了他的瓦屋，为什么能够听雨呢？是瓦屋，因此他称作是“日式的古屋”。

师：好，继续发言。好，请你来。

生 3：由雨对听觉上的美感，奠定了表达思乡的愁绪，这种抒情的听觉美与思乡之情形成对比，相互映衬，使作者的思乡情结蒙上神秘的面纱。

师：都是写听雨，然后都是写思绪。这位同学的分析，她重在哪里呀？重在语言的表达，语言的表达很美，和课文的语言相映成趣。

生 4：这两段描写雨的美，不仅来自于我们平常的生活，同样也来自于古典的美学传统。第 5 段里的“疏雨滴梧桐，骤雨打荷叶”和第 10 段里的“布谷咕咕的啼声”，这些更能增添作者对故乡的思念之情，而大陆“回忆江南”“下在四川”都有一种淡淡的愁绪围绕在其间。

师：分析得真好！这两段合在一起，共同地表现了古典的美、传统的美，那就是祖国的文化之美呀！谢谢你的分析！

生 5：作者通过对冷雨的不同时间、不同地点、不同阶段听到的不同感受，淋漓尽致地表达出对故土的怀念，对渴望回到祖国的期盼。

师：嗯！注意他的关键词——“不同的时间”“不同的空间”，非常重要！两段都表现了“时空之美”！时间和空间的距离，拉得很大很大！谢谢你！

师：同学们看第 5 段，注意两个关键词，“大陆上的秋天”——“大陆”！“于今在岛上回味”——“岛上”！时空啊！这是空间之美，同时也表现出时间之美。我们再看第 10 段，关键词——“回忆”！雨是一种“回忆”

的音乐！所以就忆起了“江南”“四川”，和它相对的是什么？“日式的古屋”，从日式的古屋里听雨，想到了江南，想到了四川，又是时空之美！

师： 好，我把几位同学的发言，再加上我的理解，给大家讲一下，这两段，共同表现出全文的表达之美，第一，运用了丰美的叠词。

[屏幕显示]

丰美的叠词

师： 数量不大，令人惊叹！形式之美，令人赞叹！几十个叠词，暗合课文标题——“听听那冷雨”。

师： 做笔记了吧？好的。

[屏幕显示]

美妙的修辞

师： 美妙的修辞啊！大量地运用比喻，来精致地抒发内心的情感，特别是把“雨”比作各式各样的音乐声，来引发自己对联想想象的表述，全文都是这样，不仅仅只是我们读到的这两个段落。

[屏幕显示]

奇丽的句式

师： 句式优美。短句、长句、标点句、没有标点的句子，作者都在运用。作者在写这篇文章的时候已经是很老的人啦，但是他的句式是很新潮的，第 10 段那么长的句子，读起来我们感觉都很费劲，但是他表达得是那样的优美。为什么用这样的句式呢？为什么没有标点呢？他的思绪断不下来呀！他一直在思念，一直在想象，所以，他一连串地写下来：“也下在四川在秧田和蛙塘下肥了嘉陵江下湿布谷咕咕的啼声”，一口气读不下来的，多美好的句式呀！

[屏幕显示]

精致的描写

师：每一段都有描写，不仅仅只是我们刚才品析的这两段。全文充满了文学的味道，充满了古典的味道，充满了生活的味道。

[屏幕显示]

明晰的线索

师：这两段里面都有“听听那冷雨”，全文的线索就是“听听那冷雨”。“听听那冷雨”随处可见，它们连点成线，贯穿全文，是作者抒情的线索。

[屏幕显示]

浓浓的乡思

师：然后，表现出来的是浓浓的乡愁，这两段和全文都是一样的。这就是全文表达的规律。如果还要加上四个字，那就是“时空之美”！如果还要加上四个字，那就是“虚实之美”！作者的想象都是虚的，他的回味那么悠长，都是思念的结果，都不是眼前的事情。全文在“时空之美”和“虚实之美”上也处理得非常漂亮！同学们，这节课我们实际上进行的是能力训练。我们要选课文中最漂亮的那一部分，来把它们提取信息，然后把它们集中起来进行分析，然后发现规律。

师：谢谢同学们的努力！下课！

生：起立！

生：老师再见！

师：同学们再见！

评点 陶冶——方法导航，提升“听雨”艺术。本节课五大板块，五次活动，环环相扣；该环节随文蓄势，水到渠成，高潮涌起：完成了由“点”到“面”，由“知”到“能”、由“情”到“理”、由“术”到“道”的教学进程，实现了余老师“深文浅教”“难文趣教”“美文智教”的教学理想。

实录赏析

《听听那冷雨》是余老师公开课历史的星空闪亮的一颗星！“五个基于”“五重境界”演绎其“难文”“美文”教学的经典：

基于课标，文、课相佐。《听听那冷雨》在北师版八年级上册“雨中情思”主题单元，也被选入苏教版高中必修二“慢慢走，欣赏啊”专题。如此主题多元、情思复杂、手法丰富、语言灵动的文章，该教什么？怎么教？没有课程意识、课标意识，就会茫然失措，无所适从。余老师确立“这一篇”的教学策略：“难文”定位，五个活动，由浅入深，层层推进，使得“文”“课”互证，双璧辉映。

基于学情，师、生相偕。文中的“冷雨”意象、“黑白片”背景，叠字叠词拟声词的交互使用，文白相济、回环复沓的语言风格以及唯美惆怅、婉约幽怨的情思，对八年级的学生来说，都有很大的理解障碍。余老师依据学情，以生为本，以学定教：搭建五层“释难”平台，每个环节都予以示范，降低学习难度；再适度引领，巧妙点拨，适时鼓励，及时纠错，使得“难文”不难，师生合作相偕，目标轻松达成。

基于活动，读、写相得。顾明远先生说：“没有爱就没有教育，没有兴趣就没有学习，教书育人在细微处，学生的成长在活动中。”《听听那冷雨》这一课，是对顾老这一理念的最好印证。活动二、活动三、活动四都是以读带析，读写结合；学生动脑动口，动笔动情；在活动中感悟作品的意象美、意境美、乡愁美、文化美和语言美。

基于学科，文、道相生。余老师根据文本特点和学情实际，强化“文”的价值：语言学用和表达规律；“道”的价值，则依言“悟道”，随文“渗道”；没有游离文本，生涩说教，实现了语文教学的最高境界——“文”与

“道”的精妙圆合，和谐统一。

基于人文，余、余相映。余光中，当代大陆情结、乡愁意象的代言人；余映潮，当今中学语文界的领军人物。余光中先生要做“屈原和李白的传人”，余映潮老师则愿做余光中的莫逆知音，同宗知己。那“冷雨”，点点叩击游子心，滴滴荡漾“语文潮”！在“乡愁”“寻根”的传统人文大背景下，两位“余氏”子弟，两颗赤子灵魂，神交两岸，默然相契。这样经典的文，如此精彩的课！——怎一个“缘”字了得！

《小狗包弟》课堂教学实录及评点

执　教：余映潮

评　点：毛永秀

授课时间：2015 年 4 月 2 日

授课地点：海南国兴中学

案例导读

这是一节文学欣赏课，从笔法赏析的角度对文章内容进行解读，抓住散文“形散神不散”的特点，进行了三个方面的探究：①简说课文首段的表达作用与表达效果；②欣赏文中对“包弟”的描写手法；③品析课文中“环境描写”的作用。以点带面，极简极精极美地完成了对课文的深刻理解。

师：这节课是文学欣赏课。更多机会是要同学们动笔，并且有一定的欣赏难度。现在开始学习。名作重读课，看我们的重读，还能够品味出本文的哪些特点、美点、亮点。好，先了解背景材料，读起来，“巴金”，读：

评点 开宗明义，单刀直入。交代方法，明确任务。

[屏幕显示，学生齐读]

巴金，1914 年生，2005 年 10 月逝世，四川成都人，曾任中国作家协会主席，主要作品有：爱情三部曲《雾》《雨》《电》。激流三部曲《家》《春》《秋》等。“文革”后出有《随想录》。

师：百岁老人，极其有影响的大作家，再读：

[屏幕显示，学生齐读]

巴金先生有着丰硕的文学成果，以及一生坦荡无瑕的人品。是现代中国不多的文学大师、思想家之一。

师：人品坦荡无瑕。了解一下"文革"。《小狗包弟》以小见大，用包弟的故事来表现"文革"的残酷，了解一下"文革"。读起来，"文革"，读：

[屏幕显示，学生齐读]

"文革"，一场无产阶级文化大革命，是1966年5月至1976年10月，给中华民族带来严重灾难的政治运动。

师：巴金用巧妙的笔墨，在《小狗包弟》里，多次点染了"文革"的场景，把课文介绍读一读，"小狗包弟"，读：

[屏幕显示，学生齐读]

《小狗包弟》，巴金《随想录》中的名篇。讲述了作者家中的一条可爱小狗在"文革"中的遭遇，从一个侧面反映那个疯狂时代的惨无人道的现实；文章描写了小狗的遭遇，留给作者心中永难磨灭的创痛，表达了深重的悲悯、歉疚和忏悔之情。

师：写物抒情，这篇文章是通过写小狗包弟来抒发自己的情感的，而且这种情感是坦荡无瑕的情感，愧疚、悔恨都在里面，好，有关的字、词，还要读一读。"款待"，读：

[屏幕显示，学生齐读]

kuǎn dài
款 待：亲切优厚地招待。

zū lìn
租赁：一种以一定费用借贷实物的经济行为。

zuò yī
作揖：汉族民间传统的一种礼节，两手抱掌前推，身子略弯，表示向人敬礼。

chì mà
叱骂：叱责，责骂。

评点 点示背景，积累知识；相机铺垫，增进理解。

[屏幕显示]

文学欣赏课

[屏幕显示]

微型话题式《小狗包弟》笔法赏析

[屏幕显示]

(1) 简说课文首段的表达作用与表达效果。

(2) 欣赏文中对“包弟”的描写手法。

(3) 品析课文中“环境描写”的作用。

师：好的，小狗包弟是会作揖的呀，多可爱的小狗，我们的文学欣赏，主要是笔法赏析，给大家三个微型话题。第一，检验一个人阅读水平高低的非常重要的一个侧面，就是表达作用、表达效果，同学们要阐述第一段的表达作用和表达效果。第二个话题，对包弟的抒写，是很重要的一笔，没有对包弟的了解，就难以抒发情感，那么作者是怎样用各种手法，对包弟进行描写的呢？欣赏文章对包弟的描写手法。第三，品析文中环境描写的作用，就是课文最后一个部分，写了一个惨淡的环境，它有什么作用呢？又是作用，读不到作用的高度，就难得欣赏到美妙的文学作品的深意。

评点 交代任务，集中精神；提出挑战，激发信心。

[屏幕显示]

(1) 简说首段的表达作用与表达效果

师：现在请大家静默思考，动笔圈画，批点。思考第一个话题：简说首段的表达作用与表达效果。写小狗包弟的故事，应该是从第二段开始的。作者应该这样写，我想起我曾经养过的那条小狗包弟，然后展开叙述，但是作者不这样写，他在前面写了很长很长的一个段落，这到底是为什么？

评点 提供方法，适时引导。

(学生思考。)

师：好的，请表达你的见解，举手说话。好，谢谢你。

生 1：作者在第一段讲的这个故事，同样也是发生在"文革"期间的，也是因为艺术家和狗的故事，和他自己个人的经历很相似，由此引出了他和包弟的故事。

师：好，这位同学谈了两个要点，第一，点示背景，"文革"。第二，引出作者和自己的小狗包弟的故事。大家把第二段的这个句子画一下，"听了这个故事，我又想起，我曾经养过的那条小狗"，再批四个字，"笔锋一转"，写着写着，就写到自己的故事这里来了，这叫"笔锋一转"。继续说。

生 2：在这一段里，这个艺术家和小狗不离不弃，就与后面我和包弟的故事形成了鲜明的对比。

师：怎样形成对比的呢？我来帮你阐释，艺术家和小狗的故事是很惨烈的故事。作者和小狗包弟的故事是一个很哀伤的故事。情感的氛围在这儿。对比的第二层意思是什么呢？艺术家和小狗的故事表现的是，艺术家的胆量，小狗对他的爱，关了之后，打了之后，出来他还要去看他的小狗。但是，巴金心里非常愧疚的是因为怕惹事，把这只小狗送到医院去，当解剖用的试验品，这就是鲜明的对比。说得好，继续说。还有一层非常深刻的意义在里面。好，谢谢。

生3：它在结构上，这个故事情节与后文我的小狗包弟的故事形成了鲜明的对比，是为下文作铺垫。结合上下文，人物形象上，同时还表现出了反革命分子的残暴。社会背景的渲染上，表现了“文革”的本质。

师：专政队，那个时候还不是反革命。作者写这一笔有非常深刻的含义，绝非自己随意下笔，一定是深思熟虑的。为什么不一开始写小狗的故事，他讲究文章的曲折婉转。但，那是次要的。这里写了狗和人的故事，同样的，狗死了；巴金和小狗的故事中，狗，也死了，这就不是一个孤立的现象，这就用双重的事例写了那个时代的荒诞，连狗都不放过，还有这样一个深意在里面。好吧，我们用文学的话来欣赏这一段话的作用，请大家做好学习笔记。

评点 学生简答，老师补充；完善思路，及时辅正。

[屏幕显示]

（1）简说首段的表达作用与表达效果

1. 宕开一笔，自然引出下文

师：这种写法叫“宕开一笔”。不是直接入题，从远处写起，从另外的故事写起，这四个字要学会观察，有时候“宕开一笔”是在文首，有时候是在文中，比如郁达夫的《故都的秋》，写北方的，但是第二笔又写到南方去了，“宕开一笔”。你们初中时候学过的《荷叶　母亲》，第一段写朋友送给我们家两缸莲花，应该马上写莲花的故事呀，但是第二笔，第三笔就写了家乡，八九年前的莲花，这就叫宕开一笔。所以，这一段，宕开一笔自然引出下文，引出另外小狗的故事。

[屏幕显示]

2. 增添故事，深化文章主题

师：第二，增添故事，深化文章主题。这个道理，老师刚才已经阐释过了，不是“无独”，而是“无独有偶”。用多个事例，来表现文章所要揭示的主题，再现“文革”，所以这一笔，有浓重的情感氛围在里面。表现了惨烈的情境。文章的描述，专政队是怎样打狗的，怎样关人的，那种残暴的打和小狗对人的亲爱，又形成了鲜明的对比。

这就是大家所说的，描述情境，暗含深刻的对比，多角度的，细微角度的对比。

[屏幕显示]

(1) 简说首段的表达作用与表达效果

1. 宕开一笔，自然引出下文

2. 增添故事，深化文章主题

3. 再现“文革”，表现惨烈情景

4. 描述情景，暗含深刻对比

评点 总结归纳，强化理解；适当延伸，举一反三。

师：刚才大家的品析，都在点子上，没有走题，很好。下面，我们来欣赏第二个话题，对包弟的描写手法，作者并没有浓墨重彩地描写包弟，而是用了散文式的笔法，在清淡的描写中表现出了不同的手法。我们可以就自己感觉到很明显的一种方法来表达见解。写事的，写物的散文，是一定要对事和物进行细腻的、多角度的充满情致的描写的。好吧，大家继续思考。

[屏幕显示]

(2) 欣赏文中对“包弟”的描写手法

（学生思考。）

师：“有位熟人，要调到北京去工作，想把他养的小狗送给我，因为我家有一块草地，适合养狗，我答应了，我儿子也很高兴。狗来了，是一条日本种的黄毛小狗，干干净净，而且有一种本领，它有什么需要的时候，就立即伸直，把两只前脚并在一起，不停地作揖，这本领不是我那个朋友训练出来的，他还有一位瑞典旧主人，关于那个人，我毫无所知，他离开上海回国，把小狗送给接受房屋租赁权的人，小狗就归了我的朋友。小狗来的时候，有个外国的名字，叫斯包弟，我们简化了这个名字，就叫它做包弟。”故事的开端就进行了描写。好了，大家可以说话了，欣赏描写包弟的手法。

生1：文中多次提到对小狗作揖的描写，这种反复的手法就更突出了小狗的可爱性。

师：分析得好，反复手法，描述一个可爱的典型特点：作揖。描写了多少次呢？六七次。怎样描写的呢？就是白描。大家的笔要跟着动啊。怎样描写呢？反复。描写什么呢？经典的，惹人喜爱的动作。反复的描写就叫渲染。还有，作揖的描写，有实，有虚。最后我梦里面的作揖，我悔恨里面的作揖，都是虚写，继续说话。请你来。

生2：还有外貌描写，还有动作描写，还从日本女作家话中侧面描写。

师：两个层次的描写在你的回答中。一、细节描写，二、侧面的手法。日本女作家，也很喜欢这个小狗的，还问，包弟怎么样了呀？这就是侧面烘托的手法。很好。继续说话。还要看到更深，更全面。（学生思考，无人回答。）试一下吧。好的，那就由老师教你们怎样观察对小狗的描写，请做好笔记，并旁批在有关的地方。

[屏幕显示]

（2）欣赏文中对“包弟”的描写手法

1. 深情的白描

2. 反复的烘托

3. 典型的细节

4. 直接的抒情

师：深情的白描。刚才我所读的小狗外貌的形态的描写就是白描。白描和工笔相对。工笔是极其细腻的描写，白描是粗笔的勾勒。白描手法反复进行。于是，就有了反复的烘托。小狗包弟里面写了一个非常重要的人物，你们没有看出来。比日本作家更重要。巴金的夫人，萧姗，也很喜欢包弟。在三年困难时期，她每次到文化俱乐部吃饭，总要向服务员讨一点骨头回去喂包弟。这就是衬托呀。简略的一笔，穿插在文章里面，好像一点都不起眼，但是一定有深刻的表达作用的。其实就这一句话的欣赏，我们都可以写一篇文章。大家看后面，又一次点到了萧姗，这个笔法太有吸引力了，课文结尾的时候，大家看是不是点到了萧姗？看出来了没有？照应，遥远的照应，使文章的文笔绵密，结构非常的细腻严谨。

师：好，第三种手法，典型的细节。典型的细节，我们刚才已经分析到了，反复写作揖，惹人喜爱，就集中在这两个字上。还有，直接的抒情。多么喜爱包弟，有直接的抒情，多么沉重的忏悔，有直接的抒情。要告诉大家两个重要的字，读散文，读小说，都要用到这两个字，为什么要反复的、多角度的，用那么大的篇幅写小狗包弟呢？为了抒情的需要，所以就要从多个角度来写，这就叫蓄势。记下来。

师：举例说明，你们初中读了《老王》，如果单单写老王给我送香油，送鸡蛋，一点也不感人，但是前面一个故事，两个故事，三个故事，四个故事，写下来，老王各方面的人品都摆在我们面前，再来写老王给我送香油，送鸡蛋，就感人了。所以叫蓄势。你们能不能把蓄势用另外两个字来代替它呢？其实就是铺垫。厚重的铺垫叫蓄势，不是一次铺垫。这样，我们又初步领会了文中对包弟的描写手法，而且知道了，描写包弟是蓄势，是铺垫，是为了最后火山迸发式的议论和抒情。

评点 补充提炼，知识渗透；小步轻迈，润物无声。

师：我们再来品析环境描写的作用。第十一段，我们一起用低沉的语调来读吧 。“整整十三年零五个月过去了”，读。

生齐读：整整十三年零五个月过去了。我仍然住在这所楼房里，每天清早我在院子里散步，脚下是一片衰草，竹篱笆换成了无缝的砖墙。隔壁房屋里增加了几户新主人，高高墙壁上多开了两扇窗，有时倒下一点垃圾。当初刚搭起的葡萄架给虫蛀后早已塌下来扫掉，连葡萄藤也被挖走了。右面角上却添了一个大化粪池，是从紧靠着的五层楼公寓里迁过来的。少掉了好几株花，多了几棵不开花的树。我想念过去同我一起散步的人，在绿草如茵的时节，她常常弯着身子，或者坐在地上拔除杂草，在午饭前后她有时逗着包弟玩。……我好像做了一场大梦。满园的创伤使我的心仿佛又给放在油锅里熬煎。

师：非常真切的文字，读得让人含泪。"文革"是1976年结束的，作者写这篇文章的时候，刚好是1980年。"文革"所造成的灾难，"文革"的思想仍然在这个时候没有得到消除，所以这是一片萧瑟的景象。请大家分析，这里的环境描写，在全文中到底起什么作用，略作思考吧。

评点 深情诵读，营造氛围；过渡自然，适时点拨。

[屏幕显示]

（3）品析课文中环境描写的作用

（学生思考。）

师：对比非常的细腻，"竹篱笆换成了无缝的砖墙。脚下是一片衰草。隔壁房屋里增加了几户新主人，高高墙壁上多开了两扇窗，有时倒下一点垃圾。当初刚搭起的葡萄架给虫蛀后早已塌下来扫掉，连葡萄藤也被挖走了。右面角上却添了一个大化粪池，是从紧靠着的五层楼公寓里迁过来的。少掉了好几株花，多了几棵不开花的树"。这是写景，由景及人，"我想念过去同我一起散步的人，在绿草如茵的时节，她常常弯着身子，或者坐在地上拔除杂草，在午饭前后她有时逗着包弟玩"。

好吧，请表述你的品析。谢谢，请你来。

生1：衰草，竹篱笆，新主人等词，生动形象地写出了景色的萧条败落，以哀景衬托了悲伤的心情。

师：景色的描写是为了表达心情服务的。美景能衬托哀情，哀景也能衬托不好的心情。阐述得好，继续。你来试一下。

生2：景物的变化，跟他一起的人也不在了，只有他一个人，有种物是人非，时过境迁的感觉。

师：触景生情，而且这样的触景生情。这种景是荒凉的，惨淡的景色，和原来美好的、温馨的情景相对比。都是虚写，想念，想念她，想念包弟。在虚写中对比实写的环境。你来试一下。

生3：以前的景色是美丽的，现在是萧条的，写出了他很爱小狗。

师：这一段仍有细腻的对比。

生4：在这段环境描写中，有实写的环境和虚写的环境形成了鲜明的对比，不仅表达了他现在的心情是煎熬的，内心充满了悔恨和歉疚。也是对以前美好环境的回忆，更是表达了对以前生活、以前的人的追忆和怀念。

师：其实这一段又是议论、又是抒情、又是环境的描写，表现的，仍然是一种非常惨淡的，复杂的、哀伤的心情，满园的创伤，实际上是满心的创伤，因此他说，想把这种煎熬终结，是非常不容易的事啊。

师：同学们，读名著、特别是优美的散文，每一笔都要考虑它的作用，现在我再给大家点几个句子，你们在不经意间会感到它的高妙。

[屏幕显示]

探析“笔锋一转”的高妙笔法

1. 第一笔：听了这个故事，我又想起我曾经养过的那条小狗。
2. 第二笔：……她的关心是不会减少的。然而我已经没有小狗了。
3. 第三笔：包弟送走后，我下班回家，听不见狗叫声 ……
4. 第四笔：整整十三年零五个月过去了。我仍然住在这所楼房里……

师：要画第二个句子了。第六段：“您的小狗怎样？倘使我能够再见到那位日本女作家，她一定会拿同样的一句话问我。她的关心是不会减少的。然而我已经没有小狗了。”

师：又要批四个字，“笔锋一转”。到了写小狗这个主体内容上来。注意，作者的转笔，承上启下的笔调极其美妙，再看第十段。“包弟送走后，我下班回家，听不见狗叫声。”承上启下，又笔锋一转，开始写自己的心情。第十一段，有一个句子，我们没看见啊。“整整是十三年零五个月过去了”，写现在。由过去写到现在，又是一转，所以这篇文章有四次笔锋的转折，极其流畅地，多角度地表现了生活。过去、现在、将来都在文章里面。好，我们再回到品析课文中环境描写的作用上来。

评点 宕开一笔，就势引入；鉴赏手法，促进理解。

［屏幕显示］

（3）品析课文中环境描写的作用

1. 巧妙点示时间和时代背景。

2. 象征“文革”造成的巨大摧残。

3. 渲染气氛烘托人物的心情。

4. 改变叙事角度并首尾呼应。

师：它的第一个大的作用就是，巧妙点示时间和时代背景。“整整十三年零五个月过去了”，这就是点示时间，时间到了 1980 年，“文革”过去了，“整整十三年零五个月”和前面第一段第一句话相照应的。第二，惨淡环境的描写，荒凉景物的描写，象征“文革”造成的巨大摧残。美丽的葡萄藤变成了化粪池，鲜艳的花朵变成了不开花的树，小狗没有了，夫人也死了。“文革”造成的巨大摧残。渲染气氛、烘托人物心情。写哀景，抒哀情。在这里，变换了叙事的角度。不再回忆往事了，笔锋一转，回到了现实，这就是变换叙事的角度。并且首尾照应，一个多月前，就是在十三年零四个月前发生的。听来的故事，就是在十三年零四个月前发生，于是就有了这个作品的写作。处处都是妙笔。这样的阅读才是深读、细读、美读。

评点 难点解析，深入细致；紧扣文本，有理有据。

师：其实，还有无数的线条我们没有读清楚，有兴趣的话，同学们还可以继续地品析。做笔记。我们还可以品析什么呢？

[屏幕显示]

我们还可以品析并阐释什么？

情节分析　　线索提取　　人物评价

选材技巧　　语言特点　　片段细读

师：情节分析，线索提取、人物评价。巴金先生在这篇文章里面所表现出来的是一个什么样的人呢？选材技巧、语言特点、还有片段细读，比如第十段，如果我们用来上课的话，就可以用一个课时来细细品读和欣赏。这就是经典作品带给我们的无限美感，怎么读都不过分。

好的，谢谢大家！

评点 课堂延伸，激发思考；提供思路，指引方向。

师：这节课，我们懂得了这样一个道理。“用文学的眼光”，读：

[屏幕显示，学生齐读]

用文学的眼光精读、细读、美读一篇课文，可以让我们在赏析能力的提升上有足够的收获。

师：而且这种能力一旦形成，就会终身受用了，好了，下课，谢谢同学们！

评点 诗意总结，强化记忆；照应开头，完美收束。

实录赏析

“研读教材，重视积累；设计活动，强化训练”，这是余老师的教学设计理念。在本课中，你也能感受到这种理念的强烈气息。

本文是一篇叙事散文，作者巴金是一个时代的良心，他勇敢地拿起笔，通过一只小狗的命运来表现一个时代的悲剧。于是本节课一开始，老师就简要介绍了巴金，介绍了“文革”，让同学们对作者及时代背景有了一个初步的了解。

学习散文，必然要抓住“形”与“神”来做文章，本节围绕课文的难点设计了三个赏析活动，妙在将“形”“神”无缝对接。

第一个板块是解决“形”的问题，首段的表达作用与效果，关乎文章手法、结构。在学生赏析的基础上，老师相机进行了“宕开一笔”这一手法的介绍，以新带旧，增强了学生对知识的理解。

第二个板块是对小狗的描写手法进行赏析，作者的情感就是寄托在小狗身上。描写手法是散文的重要手法，在此，老师又以旧带新，给学生明确了什么是白描，顺便还比较了两种手法：铺垫与蓄势。知识渗透，潜移默化，无形中为学生的写作提供了指导。

第三个板块是关于“神”的问题，表面上是环境描写的作用，实则关乎对主题的把握，因为景与情密不可分。对于今天的学生来说，“文革”是陌生的，如何让学生准确把握本文的情感，老师巧妙地选择了环境描写这一抓手，在诵读与点拨中加以落实，可谓是一针见血，水到渠成。在分析中，还顺势强化“宕开一笔”的手法，真是一举两得。

最让人感叹的是一课多得，完成本节任务后，余老师还提出这一问题：我们还可以品析并阐释什么，然后给学生提供了多种思考角度，可谓余音绕梁，让人回味再三。

不能不提的，还有那个美妙的结束语：“用文学的眼光精读、细读、美读一篇课文，可以让我们在赏析能力的提升上有足够的收获。”从开头到结尾，余老师的教学语言与文本有机融为一体，给人以极高的审美享受。听完本课，不仅了解了“文革”，懂得了巴金，还知道了什么叫“宕开一笔”，什么叫白描，什么叫铺垫、蓄势，还有种种作用呢，最关键的是，你会进入长长的思考之中。

《故都的秋》课堂教学实录及评点

执　教：余映潮

评　点：王娅莉

授课时间：2012 年 12 月 14 号

授课地点：广东江门市一中

案例导读

秋天，在画家笔下是色彩缤纷的；在农人眼里，是果实累累的；在游子心里，是寂寞凄清的；在诗人笔下，是愁绪纷纷的。多愁善感的郁达夫，向我们呈现了怎样的秋天？他的散文，体现了怎样的独特风格？如何欣赏他的文章？余映潮老师引导学生品析与鉴赏的过程，能够让我们深有体会——着眼于章法之美的欣赏。

师：同学们，上课！今天我们一起学习郁达夫的《故都的秋》，这是一篇长文、美文、难文，我们今天有选择地进行阅读技能的训练，好，我们来看一看背景材料。关于郁达夫，读起来，读。

[屏幕显示，学生齐读]

郁达夫，浙江富阳人，现代著名作家。他于 1921 年出版的《沉沦》，是中国现代文学史上第一部短篇小说集。30 年代以后写下的小品、随笔、游记等，有不少都是中国现代散文中公认的名篇，《故都的秋》，是其中脍炙人口的佳作之一。

师：《故都的秋》，几乎从它的诞生之日起就是教材，它是一篇古老的、历史悠久的教材。继续读。

[屏幕显示，学生齐读]

郁达夫从小熟读唐宋诗词和小说杂剧。1913 年赴日留学 10 年。1923 年起在北京大学等校任教。1938 年抵新加坡，任报纸编辑。1942 年流亡到苏门答腊。1945 年 9 月日本投降后被日本宪兵秘密杀害，年 50 岁。1952 年，中央人民政府追认他为“为民族解放殉难的烈士”。

师：文人的一生，向往革命的一生。郁达夫殉难后，他的遗骸还不知道在哪里。好，继续读。

[屏幕显示，学生齐读]

郁达夫于 1934 年 8 月写就的《故都的秋》，是现代散文史上写秋的佳作名篇。作家把真切、细腻、丰富、深沉的情感凝于笔端，融进北国皇城的寻常秋景中，绘画出 30 年代的故都秋色图。

师：这篇文章的典型性表现在两个方面，第一，北国皇城，写北京的秋色，故都的秋色，第二，写的是寻常秋景，表达内心丰富的感觉。这就是它的典型之处。再看它的语言特点。读。

[屏幕显示，学生齐读]

郁达夫把秋天写得这么有诗意，赋予它以一系列的诗意的高雅的话语，然而不时又穿插一些平民的俗语进去，把大雅和大俗融为一体。

师：大雅大俗的语言风格，这几个字要旁批在课文上，只有像郁达夫这样的大散文家，才有可能做到这一点。雅到极致，也俗得美好。这在咱们课文里也有例子。另外一位作家朱自清的作品，有时候也表现出大雅大俗的特点。我们学过的《背影》，有些文字很“俗”，但最后一段抒情的文字却是高雅的书面语，文章表现出大雅大俗的味道。

评点 这一部分体现了余映潮老师对积累的重视，阅读材料，也是一种积累。学生积累了赏析文段的方法，了解了作者生平、文章风格，就把握了理解文章的关键。材料的出示很有层次，为后文的赏析作好了铺垫。

师：《故都的秋》，如果从上课的角度来看，是比较难以处理的，它有那么多的角度让我们欣赏，请看：

[屏幕显示]

《故都的秋》的主要欣赏角度

1. 情感基调欣赏
2. 景物描写欣赏
3. 章法结构欣赏
4. 抒情手法欣赏
5. 作品语言欣赏

师：我们今天选一个特别的角度，同学们从来没有经历过的角度："章法之美"的角度来欣赏。

师：这节课主要欣赏作品的章法，这叫"专题赏析"课。

[屏幕显示]

专题赏析课

《故都的秋》章法之美欣赏

师：我们从两个方面来欣赏文章的章法，宏与微，就是先从大的方面、再从细节的方面来欣赏章法。

[屏幕显示]

《故都的秋》章法之美欣赏

宏与微

师：什么叫章法？通俗的说法，就是它的结构特点。我们从大的方面来欣赏《故都的秋》，欣赏全文的结构之美。这就是“宏”。过一会儿，每一个人都要写一段文字，来结合你感兴趣的、你选中的、力所能及的内容来赏析。

[屏幕显示]

宏

《故都的秋》全文的结构之美赏析。

师：所谓章法欣赏，第一，可观察文章的首尾。第一段和最后一段，对它们的关系进行欣赏，第一段有什么作用？最后一段有什么作用？它们之间是不是遥相呼应的？它们各用了什么手法？这是很重要的阅读欣赏能力的训练。

第二，从主体部分结构的角度来欣赏，那就是从第3段到第12段的行文布局有什么特点。给大家点示一下，这一部分的结构特点，四个字，叙议结合。你们要欣赏：为什么要这样写呢？

第三点是最难的，从画面结构变化的角度来欣赏。大家观察：写院落、写槐树、写蝉声，它们都是一个段一个段地进行的，但是到了写雨时，在画面的结构上，在画面的文面上，发生了奇妙的变化，这要你们观察得出来。

还要从特别笔法的运用上来欣赏，那就是遥相呼应的、对称式地宕开一笔。本来，第一段开始写故都之秋了，就应该继续往下写，描述秋味，但是大家注意到第2段没有？写到江南去了；本来文章收束时应该仍然扣住清静悲凉来写，但是第13段又回到了南国的秋天，第13段和第2段对应得极其漂亮。

这四个小话题，你任选一个，结合课文，作出自己的分析与欣赏。现在请大家动笔，自选一个话题，写一点赏析的文字。然后我们来交流。开始吧！

[屏幕显示]

活动要求：自选一个角度，写百字左右的赏析文。

（学生们长时间地动笔写作。）

评点 教师的解析十分细致，从首尾、主体、画面结构和特别笔法变化的角度指导学生赏析文章的章法，给学生点示了精读文章的角度，解决了学生不会赏析文章的难题。学生动笔的课堂活动，将课堂化动为静，有了更加深入的思考空间。

师：好的，谢谢大家这么聚精会神地分析。大家再来小声地互相交流一下自己的感受。

（学生小声交流讨论。）

师：很喜欢你们的学习状态，有的同学在交流的时候，还在继续地写。我们现在来表达自己的欣赏吧！

生 1：我觉得第一段和最后一段给我们首尾呼应的感觉。前面说的作者从青岛赶回北平的理由是为了饱尝这故都的秋，最后说愿意用生命的三分之二去换三分之一的秋天。

师：作者这样写，就是为了表达自己对秋意的深切的欣赏；运用夸张的手法，不惜用生命的美好去欣赏秋天。这是虚写，但又很真实。最后一段呼应哪个地方？“饱尝”二字。作者在文中就是饱尝秋味，有感而发。

生 2：我分析的是 6 到第 10 自然段，他写的是秋雨，对秋雨的景物一笔带过，写了很少的内容，却用更多笔墨去写都市闲人的生活，写北方的人和他们的对话，通过他们的对话来表现秋雨的凉意，这是一种自然和人文景观结合的写法，让人感到很亲切，表现了丰富的风土人情，而且和前面的故都的景有一种照应。

师：分析得很好！一般而言，写景文字最美妙的是点染“人”的活动。具备了这种眼光，赏析的能力就大大地提高了。我们回忆一首这样的词吧！

“枯藤老树昏鸦，小桥流水人家，古道西风瘦马，夕阳西下，断肠人在天涯。”“人”出来了，点染一下，这个画面的意境顿然升华，这就是赏析。《三峡》中也有：“故渔者歌曰，巴东三峡巫峡长，猿鸣三声泪沾裳。”你们看，点染“人”的活动，美妙啊！

生 3：我分析的是第 2 到第 5 段，开头写的是北国的秋，来得清，来得静，来得悲凉，从第 3 段开始说，早晨起来观秋景，第 4 段说的是清扫落蕊，第 5 段写秋蝉长鸣，这几段都表达了前面所说的清、静、悲凉的三个特点。这样就更好地揭示了文章的主旨。

师：如果把你的分析继续下去，就是看第 12 段，大家旁批四个字：“笔锋一转”，前面是描述，第 12 段就到议论上来了。这个大段的议论，充满了文化的味道，把视野拓宽到世界上文人对秋的感觉，无疑增加了文章的厚度，如果没有这一段议论，恐怕这篇文章基本上会没有深度。这段议论是很精彩的；文章主体部分表现出了叙议结合的特点，这就是妙笔。古代大家写文章基本的手法就是叙议结合。大家还记得《望岳》吗？

（师生一起诵读。）

望岳

岱宗夫如何，齐鲁青未了。
造化钟神秀，阴阳割昏晓。
荡胸生层云，决眦入归鸟。
会当凌绝顶，一览众山小。

师：典型的叙议结合的笔法。从文章的章法来看，就可以感觉到作者的手法，和他的文学修养。王维的《山居秋暝》、杜甫的《茅屋为秋风所破歌》、范仲淹的《岳阳楼记》，都是叙议结合的。这样我们对叙议结合表达之精妙，又有新的感受。

生 4：文章写北国之秋，但是在第 2 段和第 13 段，穿插了对南国秋景的描写，通过南国秋景反衬了北国秋景的美丽。作者略写了南国秋景，在举例上写出了个别的景物，如明月、秋潮、凉雾、残荷；而写北国秋景，却写了大段的景物，这样就表达出作者对北国秋景的喜爱。

师：第2段、第13段，在写法上叫“宕开一笔”，即离开原来的写作线索，先写其他事物，然后又回到主线上来。宕开一笔的好处是增加文面上的波澜之感，同时又形成映衬，或者渲染背景。还记得初中所学的鲁迅先生的《风筝》吗？开头写了第一段，第二段就宕开一笔，写到家乡的风筝上去了。再回忆《荷叶　母亲》，第一段写人家送我们两缸荷叶，第二段第三段却宕开一笔，写到家乡去了。笔法都很相近。本文第2段第13段这两处的宕开一笔，就是作者笔下的绝妙之处；它们相互照应，开头之后宕开一笔，结尾之前宕开一笔，太美妙了，形成美丽的格局，表现出文章的结构之美。

评点 这又是美妙的积累活动，学生在写的基础上读，在读的基础上评析。教师顺势穿插、点拨文学知识，既营造了典雅诗意的课堂，又体现了知识渗透的妙处，深化了学生对文章的理解，穿插的手法不露痕迹，水到渠成。

师：还有第三点没有说出来。有一位同学说出了画面的变化，但是没有从节奏角度来分析其变化，哪一位同学来尝试着说一下，这无疑是最难的地方。

(学生沉默。)

师：好的，老师给大家讲。注意做笔记，记下关键的地方。

师：第一，首尾照应，前详后略。前者，写无论什么样的秋天都是好的，但北国不同，这是用比较的、渲染的手法抒情，铺设了全文的基调。后者运用夸张的、假设的方法抒情，二者都是赞美北国的秋、故都之秋。开头结尾遥相呼应，这就是文章的章法之美，也是笔法之美。

［**屏幕显示**］

从文章首尾安排的角度来欣赏

文章的开头与结尾，前者详而后者略，但照应得非常恰切；前者运用了比较和渲染的手法进行抒情，后者运用了夸张式假设的方式抒情；开头铺设了全文的情感基调，结尾抒发了浓烈的情感。

师：第二，主体部分从记叙、议论两个角度表现故都纷繁多彩的清秋景象。记叙部分采用并列结构，秋院、秋槐、秋雨、枣树，逐一描绘故都风物，议论部分继续赞颂自然之秋，赞美北国之秋。

［**屏幕显示**］

从主体部分结构的角度来欣赏

主体部分从记叙和议论两方面表现故都纷繁多彩的清秋景象。

记叙部分采用并列结构，逐一描绘故都风物。

议论部分进一步赞颂自然之秋，赞颂北国之秋。

师：最有意思的是第三点，请大家读一遍下面的内容。

［**屏幕显示，学生齐读**］

从画面节奏变化的角度来欣赏

写了清晨的秋意、北国的槐树、秋蝉的残声之后，作者开始了“节奏”的变化，一是从文面上将整段的写作调整到“散”段的写作，一是内容上由对“物”的描述调整到对“人”的描述，然后再回到对“果树”的“整段”的描述。这种节奏的变化进行得非常自然，细细欣赏，美味无穷。

师：这一点，《故都的秋》在章法上是极其出色的。第 3 段是一个整段，第 4 段是一个整段、第 5 段是又是一个整段。如果写秋雨时继续再用一个整段，全文就这样一个整段一个整段地罗列起来，那就不是郁达夫的文章了。作者的巧妙之处，就是在三次整段之后变化节奏，将写雨的内容用三四个小段进行描写。这就是奥妙之处，如果没有这种变化，整篇文章的文面就很单调，这就叫画面节奏的变化，让我们大开眼界。

师：大家再看特别的笔法，第 2 段宕开一笔，第 13 段宕开一笔，这是谋篇布局的技巧，给我们审美的感受。

[屏幕显示]

从特别笔法运用的角度来欣赏

第二段宕开一笔，写：在南方，想北方。

第十三段宕开一笔，写：在北方，想南方。

遥相呼应，形成结构上的对称。

师：好的，我们这次是从整篇文章的章法变化来欣赏文章的章法之美。

评点 这一部分的教学，是从“宏”的角度，从章法结构上欣赏文章，既有叙议结合，抒情点染，又有互相映衬，还有文章画面结构的变化，从各个角度引导学生去欣赏景物描写，让学生领会了丰富的写景赏析方法，这种文学欣赏的过程极大地扩展了学生欣赏的空间，教给了学生多层次、多角度赏析的方法。

师：下面我们再从细节的角度来欣赏文章语言片段的结构之美；从“微”的角度来欣赏《故都的秋》精美的语言片段。

[屏幕显示]

《故都的秋》章法之美欣赏

微

欣赏《故都的秋》中精美的语言片段。

师：《故都的秋》写景抒情文字在层次的安排上非常精致，几乎所有的写景文字都极有层次。告诉大家一个秘诀，文中秋意是怎样表达出来的呢？秋意在哪里呢？往往表现于文段的最后一笔，稍微地点示一下，或稍微地暗示一下，秋意就出来了。

师：请大家看写“院落”的内容。读“早晨起来”——

［屏幕显示，学生齐读］

写“院落”

……早晨起来，泡一碗浓茶，向院子一坐，你也能看得到很高很高的碧绿的天色，听得到青天下驯鸽的飞声。从槐树叶底，朝东细数着一丝一丝漏下来的日光，或在破壁腰中，静对着像喇叭似的牵牛花的蓝朵，自然而然地也能感觉到十分的秋意。

师：大家看这段文字的层次，极其精妙的层次。先写天上，仰视。为什么是“碧绿的天色”？有两层含义，一是清早的天色，并不是碧蓝碧蓝的，一是“透过绿叶往上看”。写“槐树叶底”，是俯视的角度。请同学们把老师写的这一段话读一读：

［屏幕显示，学生朗读］

“俯”与“仰”层次。前一层“仰”，从视觉与听觉的角度，写看到很高很高的碧绿的天色；后一层“俯”，从视觉的角度，写“细数”树叶底下的日光，写“静对”破壁腰中的花朵。“自然而然地也能感觉到十分的秋意”一句，由景及情，因景抒情，表现出作者心中的“秋意”。

师：我们再来看写“槐花”的内容，极美的层次，非常自然地写扣题写秋意。观察一下，这段话表现出什么层次？

［屏幕显示］

写“槐花”

像花而又不是花的那一种落蕊，早晨起来，会铺得满地。脚踏上去，声音也没有，气味也没有，只能感出一点点极微细极柔软的触觉。扫街的在树影下一阵扫后，灰土上留下来的一条条扫帚的丝纹，看起来既觉得细腻，又觉得清闲，潜意识下并且还觉得有点儿落寞，古人所说的梧桐一叶而天下知秋的遥想，大约也就在这些深沉的地方。

师：这一段分两层。什么样的两层？第一层是描述，先概写“像花而又不是花的那种落蕊，早晨起来，会铺得满地”；再细写“脚踏上去，声音也没有，气味也没有，只能感出一点点极细微极柔软的触觉”。这一层写的是“落蕊”。

大家把下面的内容读出来：

（学生齐读。）

扫街的在树影下一阵扫后，灰土上留下来的一条条扫帚的丝纹，看起来既觉得细腻，又觉得清闲，潜意识下并且还觉得有点儿落寞，古人所说的梧桐一叶而天下知秋的遥想，大约也就在这些深沉的地方。

师：这一层主要是议论，在描述之后议论“落蕊”。“落蕊”，生命的衰败；扫街的“扫”，生命的消失。生命迹象都没有了，于是潜意识下觉得有点落寞，“悲凉”之味就出来了。为什么说是“深沉”，生命的消亡在秋天里发生，这就是秋意，这就是悲凉，清静悲凉啊。

师：《故都的秋》中几乎每一个写景的片段都是这样细腻、优美、深沉。再看写“秋雨”的段，三个“凉”字不断地渲染，表现出一种萧瑟之感。好，大家的作业就是欣赏秋雨描写的妙处，一定要欣赏到它的层次并分析它是怎样表现出悲凉的意境的。

师：同学们，这节课我们就从从“宏”、“微”两个方面欣赏了故都的秋的章法之美。谢谢大家用心的学习！

评点 这一部分的教学，是从“微”的角度，从语言片段的角度上欣赏结构之美。整节课积累充足，训练充分，活动多样，集体参与，既有丰富的层次，又有立体的精巧的构思。

实录赏析

郁达夫的故都的秋，是写秋的名篇，像一首婉约清丽的宋词，像一个满怀愁怨哀怨的女子，其低回吟唱的结构之美，清雅闲适的意境之美，是古典诗词与白话文的完美结合。中国士人自古悲秋，郁达夫笔下的秋，有时代的萧瑟气息，也有作家个性易于感伤的呈现。

所以，余映潮老师的教学铺垫就很有必要。从时代特征上认识作者，从个人经历上认识作者，从作品地位上认识作者，从语言风格上认识作者，为后文的赏析做了很好的铺垫。

从教学创意看，余映潮老师从“宏”“微”两个不同的维度处理教材、设计活动，这是别出心裁的独创。

“宏”的教学板块中：

第一个要点是欣赏文章的首尾安排之美，这是符合本文特色的。

第二个要点是赏析文章的主体结构之美。

在具体写秋的部分，作者的笔法是多变的，既有细部的刻画，有情感的抒发，又有一两笔恰到好处的议论，表达方式的综合运用，使文章摇曳多姿。

教师轻轻的提示，引导学生进入了第三个要点的赏析。

画面节奏的欣赏，学生未曾体会到。怎么办？这样重要的点能跳过去吗？余映潮老师自有办法，那就是讲析，对学生进行有高度有深度的文学教育。

仅有静止的画面，没有人的活动，画面就是停滞的。人的点染，使画面有了生机。余映潮老师对人的活动的强调，将学生引入第四个要点，特别笔法的赏析。

“微”的教学板块中：

写“院落”片段的品析，落脚到秋意上。

写“槐花”片段的品析，落脚到深沉的秋意上。

安排学生自己品析“秋雨”部分，点示出“萧瑟”的角度。

听课到此处，有秋风拂过，凉意顿生，诗意顿生。

秋蕊满地，落叶翩飞，一个静谧空灵的世界。

书声琅琅，议论纷纷，一个充满活力的课堂。